한국인이라면 반드시 알아야 할
일

대일

박진우 지음

✱싱어람미디어

차례

일본사의 시기 구분과 '근대 100년'

　일본사의 시기 구분은 원시, 고대, 중세, 근세, 근대, 현대로 나누어진다. 먼저 원시시대는 기원전 1만 년경부터 기원전 3세기경까지로 구석기시대와 신석기시대가 여기에 해당한다. 당시 사람들이 사용하던 토기를 죠몬토기라 하여 이 시기를 죠몬 시대라고 한다. 죠몬토기는 우리말로 빗살무늬토기와 같은 의미가 된다.

　고대는 기원전 3세기경부터 12세기 후반까지로, 중국이나 한국의 고대와 비교하면 상당히 오래 이어졌다. 이것은 일본이 섬나라로서 당시 동아시아 문명의 중심이었던 중국과 바다를 사이에 두고 떨어져 있기 때문이었다. 고대는 야요이(弥生) 시대, 야마토(大和) 시대, 아스카(飛鳥) 시대, 나라(奈良) 시대, 헤이안(平安) 시대로 이어진다. 야요이는 당시 사람들이 사용하던 토기가 발굴된 지명의 이름을 딴 것이다. 이후 야마토 시대부터 헤이안 시대까지는 모두 왕조가 있던 수도의 이름으로 시대를 구분한다. 아스카 시대까지는 수도를 천도한 정확한 연대를 알 수 없지만, 나라로 수도를 천도한 710년부터는 고대 문헌을 통해서 정확한 연대를 확인할 수 있다. 나라 시대는 왕권이 강화되어 천황이 직접 통치했지만, 헤

일본사의 시기 구분			
원시	죠몬(繩文)	B.C. 1만 년~B.C. 3C	
고대	야요이(弥生)	B.C. 3C~A.D. 3C	
	야마토(大和)	A.D. 3C~6C	
	아스카(飛鳥)	A.D. 3C~710	
	나라(奈良)	710~794	
	헤이안(平安)	794~1192	
중세	가마쿠라(鎌倉)	1192~1333	
	무로마치(室町)	1336~1573	남북조(南北朝, 1336~1392)
			전국(戦国, 1467~1573)
근세	아즈치·모모야마(安土桃山)	1573~1603	
	에도(江戸)	1603~1868	
근대	메이지(明治)	1868~1912	
	다이쇼(大正)	1912~1926	
	쇼와(昭和) 전기	1926~1945	
현대	쇼와(昭和) 후기	1945~1989	점령기(1945~1952)
	헤이세이(平成)	1989~2019	

이안 시대는 천황의 외척 세력이 권력을 잡고 귀족들이 지배하던 시기로 바뀐다. 귀족들이 정치를 장악하면서 권력투쟁이 빈번하게 발생하고 여기에 무사들이 개입하면서 고대 왕조정치가 끝나고 무사들이 통치권을 장악하는 중세로 넘어간다.

중세는 가마쿠라(鎌倉) 시대, 남북조(南北朝) 시대, 무로마치(室町) 시대로 이어진다. 일본 역사상 무사 정권이 3차례 수립되었으며, 그 첫 번째 무사 정권이 가마쿠라 막부였다. 가마쿠라는 일본의 관동지방에 있는 지명의 이름이고, 막부란 무사의 수장인 장군(쇼군)이 지배하는 정권을 의미한다. 따라서 가마쿠라에 막부를 세우고 지배하던 시대를 가마쿠라 시대라고 부른다. 두 번째로 수립된 무사 정권을 무로마치 막부라고 한다. 무로마치는 교토에 있는 지명의 이름이다.

일본사에서는 무사 정권이 수립된 후에도 고대부터 기득권을 가진 천황이나 귀족 세력을 제거하지 않았다. 이것은 중국이나 한국의 역사와 현저하게 다른 커다란 차이점이다. 중국과 한국의 역사에서는 하나의 왕조가 멸망하면 새로운 왕조가 세워지는 왕조교체가 되풀이되었지만, 일본에서는 왕조교체가 한 번도 없었다. 무사들이 권력을 장악하면서도 천황이나 귀족의 신분을 박탈하지 않고 존속을 허용한 것이다. 그 원인에 대해서는 여러 가지 설이 있지만, 일본은 하늘에서 신이 내려와 세운 나라, 즉 신국(神國)이라는 인식과 함께 천황은 신국 일본을 세운 신의 자손이라는 믿음이 있었기 때문이라고 보는 것이 가장 일반적인 견해다. 무사 정권 시대에 세속적인 정치 권력은 장군이 장악하고 신국 일본을 지키는 종교적 제사장의 역할은 천황이 분담하고 있었다.

가마쿠라 막부가 천황의 존속을 허용한 것은 가마쿠라 막부의 멸망에도 영향을 미쳤다. 가마쿠라 막부 말기에 96대 고다이고(後醍醐) 천황은 고대의 나라 시대와 같이 천황이 직접 통치하던 왕조정치로 되돌아가야 한다는 생각을 품은 특이한 인물이었다. 그는 막부의 감시를 받으면서도 평소에 가마쿠라 막부에 불만을 품고 있던 무사 세력을 규합해서 여러 차례의 전란 끝에 1333년 가마쿠라 막부를 멸망시키는 데 성공했다.

그러나 고다이고 천황의 왕조정치 부활은 불과 3년 만에 끝나버린다. 이는 고다이고 천황이 고대 왕조정치로 되돌아가기 위해서 가마쿠라 막부를 타도하는 데 공을 세운 무사들을 홀대하고 귀족들을 우대하는 정책을 펼쳤기 때문이다. 이에 불만을 품은 아시카가 다카우지(足利尊氏)라는 무사가 1336년 고다이고 천황을 추방하고 어린 꼭두각시 왕자를 데려와 앉힌 후 교토의 무로마치에 막부를 세웠다. 이때부터 무로마치 시대가 시작되지만, 고다이고 천황은 교토의 남쪽 요시노로 가서 새로운 왕조를 세우고 여전히 자신이 정통이라고 주장했다. 결국 두 명의 천황이 존재하게 되는데, 지리적으로 북쪽의 교토를 '북조'라 하고 남쪽의 요시노를 '남조'라 하여 두 개의 왕조가 공존하던 시대를 남북조 시대라고 부르게 되었다. 북조의 천황과 남조의 천황은 원래 조상을 거슬러 가면 하나의 혈통이기 때문에 1392년 북조와 남조가 교대로 왕위를 계승하자는 약속으로 통합했다. 그러나 이후 약속은 지켜지지 않고 북조의 후손들이 계속해서 왕위를 계승하여 지금 일본의 126대 천황까지 이어지고 있다.

무로마치 시대는 3개의 무사 정권 가운데 장군의 통치력이 가장 약한 시대였다. 전반에는 남조와 북조가 대치하여 정치가 불안정했으며, 후반에는 1467년부터 1573년까지 100년 이상 전쟁을 계속하는 전국시대가 이어진다. 전란이 장기간 계속되면서 전국시대 후기가 되면 하루속히 혼란을 종식하기 위해 천하 통일을 주도하는 시대의 영웅들이 등장하게 된다.

우리나라에도 잘 알려진 오다 노부나가(織田信長), 도요토미 히데요시(豊臣秀吉), 도쿠가와 이에야스(德川家康)의 세 사람이 그 대표적인 인물이다. 오다 노부나가가 천하 통일의 주도권을 잡고 도요토미 히데요시가 그것을 계승해서 천하 통일을 완성한 시대를 아즈치·모모야마(安土·桃山) 시대라고 한다. 아즈치는 교토 인근의 지명으로 이곳에 오다 노부나가가 아즈치성을 세웠고, 모모야마도 교토 인근 지명으로 도요토미 히데요시가 이곳에 성을 세웠기 때문에 두 지명의 이름을 합쳐서 아즈치·모모야마 시대라고 부른다. 일본사에서는 아즈치·모모야마 시대부터 에도(江戶) 시대까지를 근세로 본다. 에도 시대는 도쿠가와 이에야스가 1603년 에도(지금의 도쿄)에 막부를 세우고 그 후손들이 지배한 시대를 말한다. 에도 막부는 역사상 가장 통치력이 강한 무사 정권으로 근 270년간 권력을 유지했다.

근대는 1868년 메이지 유신부터 1945년 패전까지를 보는 것이 일반적이다. 근대부터는 메이지(明治) 천황, 다이쇼(大正) 천황, 쇼와(昭和) 천황이 재위한 시기 순으로 시대를 구분하여 메이지 시대(1868~1912), 다이쇼 시대(1912~1926), 쇼와 시대(1926~1989)로 이어진다. 다만 쇼와 시대는 전반기의 1926년부터 1945년까지가 근대에 해당하며, 1945년 패전 이후부터는 현대로 구분한다. 쇼와 시대 전반의 20년간은 군국주의가 지배하던 시기였으며, 패전 이후 일본은 이전과 전혀 성격이 다른 민주주의국가로 바뀌었다.

그런데, 근대의 출발점이 되는 메이지 유신을 이해하기 위해서는 에도 시대 말기의 정치적 격동부터 살펴볼 필요가 있다. 마찬가지로 근대 일본이 이룩한 성과가 대일본제국의 패망으로 끝난 결과 민주주의국가 일본이 어떻게 탄생했는지를 이해하기 위해서는 연합국의 점령통치가 어떻게 이루어졌는지도 함께 살펴볼 필요가 있다. 따라서 이 책에서는 메이지 유신의 정치적 격동이 시작되는 1853년 미국의 동인도함대 사령관 페리 제독의 내항부터 연합국의 점령통치가 끝나고 일본이 주권을 회복하는 1952년까지를 일본의 '근대 100년'으로 보는 관점에서 서술하고자 한다.

일본 근대를 100년으로 보는 것은 첫째로 일본이 '성공'과 '영광'으로 기억하는 메이지 유신과 메이지 시대의 유산이 끝내 비참한 전쟁과 패전으로 연합군의 점령통치라는 결과를 초래했다는 점, 둘째로 일본이 오늘날까지 침략전쟁을 부인하고 정당화하는 역사 인식의 배경에 연합국, 특히 미국의 관대한 점령통치가 있었다는 점, 셋째로 근대 100년이 남긴 상처의 유산이 지금까지도 치유되지 않고 있다는 점을 강조하기 위해서이다. 이는 곧 '근대 100년'의 유산이 현대 일본에서 어떻게 미화, 왜곡되고 있는지, 그 근원을 이해하기 위한 것이기도 하다.

1
메이지 유신
왕정복고의 쿠데타

| 세계사 속의 서구와 동아시아 |

근대 일본의 출발점이 되는 메이지 유신의 정치과정을 이해하기 위해서는 먼저 16세기 서구와 동아시아와의 힘의 균형이 19세기 이후 어떻게 변화하는지에 대한 이해가 필요하다. 16세기의 동아시아 정세를 보면 중국은 명청 교체기에 해당하고, 일본은 100년 이상 전란이 계속되는 전국시대에 해당한다. 이에 비하면 당시 조선은 상당히 안정적인 지배가 계속되고 있었다.

16세기의 중국과 일본은 혼란기였기 때문에, 조선 왕조와 비교해서 서구 문명이 침투하기 쉬웠다. 당시 서구 문명이라는 것은 세계지도, 지구본, 회중시계, 담배, 비누, 설탕, 카스텔라 등과 같은 갖가지 박래품도 있지만, 더욱 중요한 것이 기독교였다. 당시 서구에서는 무역선이 해외로 나갈 때 선교사들이 세계 각지로 포교를 위해 승선하는 경우가 많으며, 무역 상인들은 선교사의 요구에 따라 선교사가 원하는 지역까지 태워 주는 것이 관례였다.

일본의 경우 1543년 중국과 무역을 하던 포르투갈 상인들이 일본으로 가는 항로를 발견하면서 서구와의 무역이 시작되었다. 이를 계기로 1549년 선교사 프란시스코 하비에르(Franciscus Xaverius)가 일본에 도착하여 최초로 기독교를 전래했다. 당시 일본은 전국시대로 전란이 한창이어서 지방 영주들이 기독교에 대하여 경계할 여유가 없었다. 이러한 시대 상황에 편승해서 기독교가 급속하게 전파되어 1590년대 경에는 신자 수가 30만 명 정도나 되었다고 한다.

그런데 16세기 후반 도요토미 히데요시(豊臣秀吉)가 천하를 통일한 후부터 기독교를 적대시하여 이를 탄압하기 시작했다. 히데요시의 기독교 탄압은 에도 막부에도 그대로 계승되었다. 에도 막부는 서구의 무역 상대를 오로지 네덜란드로 한정하고 무역 장소도 나가사키(長崎) 한 곳으로 지정하여 기독교의 유입을 철저하게 봉쇄하는 쇄국정책을 펼쳤다. 막부의 기독교 탄압은 메이지 유신 직후까지도 계속되어 많은 순교자가 나왔다.

일본과 중국이 정치적 안정을 되찾으면서 서구와의 교류를 제한하고 기독교를 배척할 수 있었던 것은 당시 서구와 동아시아의 세력 균형에 그다지 큰 차이가 없었기 때문이다. 그러나 약 300년이 지나 19세기에 다시 나타난 서양은 이미 이전의 모습이 아니었다. 근 300년 사이에 서구는 영국에서 시작된 산업혁명을 비롯하여 프랑스혁명, 미국의 독립전쟁 등을 통하여 엄청난 변화를 겪으면서 발전했다. 산업혁명과 전쟁의 여파로 군사력이 월등하게 강력해지고 이에 따라 선박 기술도 발전하여 거대한 대포를 장착한 증기선으로 원거리를 항해할 수 있는 군함이 등장했다. 19세기에 새로운 식민지 시장을 확보하기 위해 물밀듯이 밀려오는 서구의 힘은 이미 중국이나 일본의 군사력을 훨씬 능가하고 있었다.

서양의 우월한 군사력이 진가를 발휘한 것이 바로 1840년의 아편전쟁이었다. 당시 영국의 무역 상인들은 식민지 인도에서 재배한 아편을 중국에 팔고 그 수익금으로 중국의 목면, 비단, 도자기 등과 같은 서구인들의 기호품을 유럽에 가져다 팔면서 막대한 이익을 누리고 있었다. 한편, 중국은 아편의 유입으로 중국인들이 아편에 중독되어 큰 사회 문제가 되고 있었다. 위기감을 느낀 청나라 당국이 광둥으로 들어온 아편을 모두 몰수하여 바다에 폐기 처분하자, 영국은 이를 선전포고로 받아들이고 전쟁을 시작했다. 중국은 영국을 300년 전과 같은 상대로 생각하고 있었지만 이미 상대는 이전의 모습이 아니었다. 결국, 청나라는 영국의 압도적인 군사력에 굴복하여 불평등조약을 맺으면서 서구 세력에 주권을 침탈당하기 시작했다.

청나라의 패배는 중국을 최고의 문명국으로 생각하던 일본에도 커다란 충격을 주었다. 특히 일본은 무사들이 지배하는 나라였기 때문에 현실적으로 서구의 군사력을 매우 심각하게 받아들였다. 아편 전쟁에서 영국의 압도적인 군사력에 대한 정보를 입수한 일본은 중국이 당한 일을 자신들도 머지않아 당할지도 모른다는 불안감에 사로잡히고 있었다. 그러한 불안은 머지않아 현실이 되었다. 1853년 7월, 미국의 동인도함대 사령관 매튜 페리(Matthew C. Perry) 제독이 거대한 군함 4척을 이끌고 에도 앞바다에 나타나 일본의 문호개방을 요구한 것이다. 일본에서는 이것을 페리 내항이라고 한다. 250여 년간 쇄국을 고수해 오던 에도 막부가 '페리 내항'으로 인하여 커다란 혼란에 휩싸이면서 정치적 격동이 시작되고 그 종착점이 메이지 유신이었다.

| 서구 열강의 접근 |

18세기 후반부터 빈번하게 접근하는 서구 세력의 선두주자는 러시아였다. 러시아는 17세기 중엽부터 당시 유럽 상류층의 기호품이었던 곰, 바다표범의 모피 등에 대한 수요가 증가하면서 사냥꾼들이 시베리아를 횡단하기 시작했다. 시베리아의 동쪽 끝에 도달하고 나서 러시아가 이곳을 '동방을 지배하라'는 의미의 '블라디보스토크'라고 이름 지은 것은 당시 러시아의 야망을 잘 나타내고 있다.

시베리아를 횡단한 러시아는 사할린을 거쳐 홋카이도까지 내려와 일본에 식량자원을 요구했다. 그러나 에도 막부가 쇄국을 고수하여 이에 응하지 않자 약탈행위가 발생하고, 이로 인하여 무력 충돌이 빈번하게 발생하면서 일본의 대외적인 경계심이 고조되었다. 그러나 러시아는 19세기에 들어와 나폴레옹의 러시아 침입(1804~1815년)과 크림 전쟁(1853~1856년)으로 극동 진출에 대한 야망을 잠시 접어둘 수밖에 없었다. 물론 결코 포기한 것은 아니었다. 18세기 시베리아를 횡단한 러시아는 19세기 홋카이도까지 내려오면서 일본과의 사이에 충돌이 더욱 빈번하게 발생했으며, 20세기 초에는 한반도에 대한 이권을 둘러싸고 일본과 또다시 충돌한 결과 발발한 것이 1905년의 러일 전쟁이었다.

러시아의 극동 진출이 잠시 완화된 사이에 일본에 나타난 서구 세력은 영국이었다. 영국이 에도 막부를 긴장에 빠트린 것은 1808년에 발생한 페이튼(Phaeton)호 사건이었다. 이 사건은 유럽에서의 나폴레옹 전쟁의 여파가 일본에까지 미친 사례라고 할 수 있다. 당시 일본은 쇄국을 고수하고 있었기 때문에 나가사키를 통해서 네덜란드와 통상을 하면서 다른 어떤 나라도 나가사키로 입항하는 것을 허용하지 않았다. 이에 영국 군함 페이튼호는 네덜란드 선박 나포를 목적으로 네덜란드 선박으로 위장하고 불법으로 입항하여 막부 당국을 긴장에 빠트렸다. 페이튼호는 물과 식량을 제공받고 출항했지만, 이 사건으로 나가사키의 책임자 수명이 할복하는 지경까지 이르렀다.

1820년대에는 영국의 포경선이 동아시아에 대거 진출하면서 일본 근해에 출몰이 더욱 잦아졌다. 1824년에는 영국의 포경선 선원들이 에도에서 그다지 멀리 떨어져 있지 않은 미토(水戶) 해안에 상륙하여 식량과 물을 요구하는 사건이 발생했다. 이 사건을 계기로 막부의 긴장감이 더욱 고조되어 이듬해 1825년에는 전국에 '이국선 격퇴령'을 내려 쇄국을 강화했다. '이국선 격퇴령'이란 해안에 포대를 설치하여 서구 선박이 해안으로 근접하면 상륙하지 못하도록 대포를 쏘아 격퇴하라는 것이다. 이후 영국도 1840년 아편전쟁으로 중국에서 이권을 차지하는 데 전념하면서 일본에 관한 관심이 잠시 멀어졌다. 결국, 일본의 쇄국 체제를 무너뜨리는 역할은 19세기 중반 미국이 출현하기까지 기다려야 했다.

산업혁명 이후 유럽 각국은 대량 생산된 공업품의 수출을 확대하기 위한 식민지 시장 확보가 본격화되고 있었다. 19세기에 들어와 중동, 중남미와 아프리카 등은 거의 모두 서구 열강의 식민지가 된 상태였다. 동남아도 영국, 프랑스, 네덜란드 등의 식민지가 되어 이제 남은 것은 중국을 비롯한 동북아시아뿐이었다. 미국은 인도와 동남아에 거점이 없는 후발주자로서 중국의 거대한 시장에 눈독을 들여 1833년 중국과의 조약 체결을 위한 특사 파견을 결정하고 동인도함대를 설립했다.

이후 미국은 1842년 동인도함대 사령관 제임스 비들(James Biddle) 제독을 중국에 파견하여 중국과 조약을 체결하고 중국 시장으로 진출하기 시작했다. 이러한 과정에서 태평양의 기항지로서 일본에 주목한 비들 제독은 1846년 일본과 교섭하기 위해서 2척의 군함을 이끌고 우라가(浦賀)에 입항하여 교섭을 요구했다. 그러나 막부는 쇄국 방침을 고수하여 상륙을 불허하고 네덜란드 이외의 국가와는 통상하지 않는다고 통고했다. 비들 제독은 "참을성 있게 미국에 대한 적개심과 불신을 부추기는 일이 없도록" 협상하라는 명령을 받았기 때문에 일단 교섭을 포기하고 철수했다.

이후 1848년 멕시코와의 전쟁에서 캘리포니아를 획득한 미국은 샌프란시스코

우라가(浦賀)

항을 거점으로 태평양을 횡단하여 중국의 광둥, 상하이로 연결되는 항로를 개발했으며, 북태평양에서의 포경업도 활발하였다. 따라서 무역선과 포경선의 태평양 횡단에 따르는 위험부담을 줄이기 위해서 난파선의 보호와 물자 공급, 그리고 석탄을 확보할 수 있는 중간 기항지의 필요성이 더욱 절실해졌다. 이에 따라 미국은 군함과 무역선, 그리고 포경선에 대한 석탄과 식량 제공, 난파선 수리를 위한 기항지로 홋카이도 남단의 하코다테(函館)를 주목했다.

| 페리 내항 |

비들 제독의 교섭 실패는 그의 뒤를 이은 동인도함대 사령관 페리 제독의 '포함외교'에 교훈을 주었다. '포함외교'란 거대한 군함을 앞세운 일종의 무력시위로 상대를 압박해서 자신들의 요구를 관철하는 것을 말한다. 페리 제독은 비들과 같이 인내심을 가지고 교섭해서는 결실을 거둘 수 없다고 보고 이제까지 서구 열강이 중국에 대하던 것과 같이 공포로 호소하는 것이 우호적인 접근보다 더 이점이 있다고 판단했다. 그리고 나가사키로 가면 네덜란드가 교섭에 방해할 것을 예상하고 막부와 직접 담판하기 위해 1853년 7월 8일 4척의 군함을 이끌고 에도 앞바다의 우라가에 나타났다. 일본 근대사에서는 페리가 내항한 1853년을 메이지 유신의 정치적 격동이 시작되는 출발점으로 본다. 에도 막부는 250년간 쇄국을 고수했지만 결국 페리 내항으로 쇄국을 포기하면서 국내 정치가 혼란의 소용돌이에 빠지고 그 연장선에서 메이지 유신으로 에도 막부가 멸망했기 때문이다.

만약 이때 페리가 오지 않았다면 에도 막부는 좀 더 오래 존속할 수

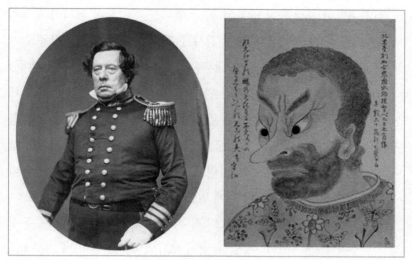
페리의 초상

있었다. 에도 후기가 되면 국내적으로 농민봉기가 빈번하게 발생하여 봉
건적인 지배 질서가 동요하고 있었지만 이로 인하여 막부가 멸망할 정도
는 아니었다. 그러나 내적인 동요를 강압적인 억압정치로 막을 수 있었던
막부도 강대한 군사력을 가지고 밀어닥치는 외압은 막기 어려웠다. 만약
미국의 요구를 거절하면 중국의 경우와 같이 무력 전쟁으로 확대하게
될 것이며 막부로서는 미국과의 전쟁에서 이길 자신이 없었다. 결국, 막
부는 미국의 요구를 들어 '쇄국'을 포기하고 '개국'하지 않을 수 없었다.

　당시 페리가 타고 온 군함은 이제까지 일본인이 본 영국이나 러시아의
범선과는 다른 거대한 증기선이었다. 일본인들은 검은 연기를 뿜어내는
거대한 증기선을 보고 일종의 공포심을 가지고 이를 흑선(黑船: 구로후네)
이라고 불렀다. 위에 있는 그림의 왼쪽은 페리의 초상 사진이고 오른쪽
은 당시 페리의 얼굴을 본 적도 없는 일본인 화가가 그린 상상화로 상당
히 협악하고 무서운 얼굴을 하고 있다. 그만큼 당시 일본인들에게 페리
는 일종의 공포심을 주는 존재였다는 것을 말해주고 있다.

페리 내항에 대응하여 막부는 하급 관리를 파견하여 페리의 목적이 막부의 장군에게 미국 대통령의 친서를 전달하는 것이라는 점을 알게 된다. 물론 미국 대통령 친서의 내용은 일본의 개국을 요구하는 것이었다. 그런데, 페리는 막부가 파견한 관리의 신분이 낮다는 것을 이유로 대통령의 친서를 전달하지 않고 신분이 높은 관리가 오지 않으면 병력을 이끌고 상륙하여 대통령의 친서를 장군에게 직접 전달하겠다고 협박했다. 더구나 페리의 함대가 우라가만을 측량한다는 구실로 에도 앞바다까지 접근한 것은 막부를 경악하게 만들었다.

막부에서 장군을 보필하는 최고위직 관리를 로쥬(老中)라고 하며, 통상적으로 3~4명으로 구성되어 있다. 당시 로쥬의 수석이던 아베 마사히로(阿部正弘)는 미국 대통령의 친서를 받는 쪽으로 가닥을 잡고 막부 고관을 우라가로 파견했다. 여기서 미국 대통령의 친서를 전달받은 막부는 "장군이 병환 중이므로 지금은 결정할 수 없다"라는 것을 구실로 페리에게 1년 유예를 요구했다. 페리는 막부의 요구에 응하여 1년 후 다시 오겠다고 통고하고 출항하면서 한 번 더 무력시위를 했다. 군함을 이끌고 우라가만에서 에도 시가지가 명료하게 보이는 지점까지 약 20마일 정도 북상하여 군함의 위용을 보인 후 의기양양하게 돌아간 것이다.

| 막부의 개국 방침과 존왕양이론 |

페리 제독이 돌아간 직후 막부는 커다란 난관에 부닥쳤다. 12대 장군 이에요시(家慶)가 심부전증으로 60세의 나이에 사망한 것이다. 이후 이에요시의 아들 이에사다(家定)가 30세의 나이에 13대 장군으로 세습하지만 어릴 적부터 병약하여 국정을 담당할 능력이 없었다. 더구나 외세의 압력이라는 중대한 사태에 직면하여 전혀 지도력을 기대할 수 없었다. 이에사다는 장군 취임 이후 병세가 더욱 나빠져 장군 보좌역의 로쥬 수석 아베 마사히로가 전권을 잡고 주도했다.

실권을 잡은 아베 마사히로는 미국의 개국 요구라는 막중한 사태에 직면하여 혼자서 책임지고 결단을 내릴 자신이 없었다. 이제까지 에도 막부는 250여 년간 모든 정치를 독점하고 전제정치를 펼쳐왔다. 그러나 유사 이래 최대의 난관에 직면한 아베 마사히로는 책임을 분담하려는 의도에서 천황과 다이묘(大名: 지방 영주)들에게 외교 문제에 대한 자문을 구하였다. 정치적 실무를 담당하는 막부의 입장에서는 이미 아편전쟁의 정보를 통해서 서양 군사력이 월등하다는 것을 알고 미국의 요구를 거부할 수 없다는 판단이었다. 그러나 자신들이 독단적으로 결정해 버리면 이후에 발생하는 모든 문제에 대하여 전적으로 책임을 져야 했다. 따라서 책임을 분담하려고 천황과 다이묘들에게 개국 여부에 대한 의견을 물은 것이다. 이에 대하여 121대 고메이(孝明) 천황은 단호하게 개국에 반대했다. 동시에 다이묘를 비롯한 전국의 무사들도 쇄국을 주장하면서 존왕양이론(尊王攘夷論)이 전국적으로 급속하게 확산했다. '존왕'이란 천황을 받들자는 의미이고 '양이'는 서양의 오랑캐를 물리치자는 주장을 말한다. 당시 천황을 받들고 서구 세력을 물리치자는 '존왕양이'의 대의명분을 내세우는 무사들을 근왕지사(勤王志士), 또는 지사라고 불렀으며 그들이 주도한 정치 운동을 존왕양이 운동이라고 한다.

| 미일화친조약 |

1854년 미국과 체결한 미일화친조약은 조약을 맺은 장소가 가나가와

에도만에 정박한 페리 함대의 모습

(神奈川: 지금의 요코하마)였기 때문에 가나가와 조약이라고도 한다. 1853년 7월에 1년 후 다시 오겠다고 으름장을 놓고 돌아간 페리는 홍콩에 체재하던 중에 장군이 사망했다는 소식을 전해 듣고 막부의 국정이 혼란한 틈을 노리고 허를 찌르기 위해 1년 유예의 반년을 앞당겨 1854년 2월 재차 내항했다. 더구나 이번에는 지난번보다 더 많은 7척의 대규모 함대를 이끌고 무력을 과시하면서 나타났다. 위의 그림은 당시 에도만에 정박한 페리의 함대를 일본인 화가가 그린 것이다. 결국, 막부는 페리의 무력시위에 굴복하여 가나가와에서 약 1개월간의 협의 끝에 화친조약을 체결했다.

조약의 주된 내용은 이즈(伊豆)반도 남단에 있는 시모다(下田)와 홋카이도의 하코다테(函館)를 개항하고 시모다에 미국 영사관을 설치할 것, 미국의 선박에 물, 식료, 석탄 기타 필요한 물자를 공급할 것, 미국의 선박

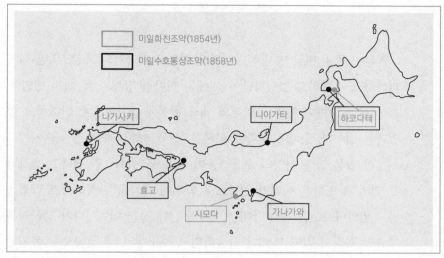

미국과의 조약 체결에 의한 개항

이 좌초하거나 난파했을 경우 선원들을 시모다나 하코다테로 이송하여 미국으로 신병을 인도할 것, 그리고 편무적인 최혜국대우를 한다는 것이었다. 최혜국대우는 일본이 미국 이외의 다른 나라들과 조약을 체결하면 미국도 자동으로 같은 조건으로 대우를 받게 되는 것으로 일본 측이 일방적으로 의무를 지는 조약이었기 때문에 불평등조약의 하나이다.

애초부터 미국의 목적은 화친조약이 아니라 통상조약이었다. 이러한 목적을 달성하기 위해 미국에서 파견된 사람이 타운센드 해리스(Townsend Harris)였다. 해리스의 임무는 미국의 동양에서의 무역권익 확보를 목적으로 일본과 통상조약을 맺는 것이었다. 1856년 초대 주일 영사로 부임한 해리스는 이듬해 에도성에서 장군을 알현하고 미국 대통령의 친서를 전하면서 강경한 태도로 통상조약 체결을 요구했다. 해리스는 당시 중국에서 2차 아편전쟁(애로우호 사건)으로 청나라가 영·불 연합군에게 패배한 사실을 구실로 막부를 압박했다.

| 막부의 통상조약 방침에 대한 장해 |

막부는 주일 미국 영사 해리스의 압력으로 미국과의 통상조약은 불가 피하다고 판단하고 있었지만, 여기에는 커다란 장해가 두 가지 있었다. 그 하나는 고메이 천황이 막부의 개국 방침에 결사적으로 반대하고 있었다는 점이다. 고메이 천황은 일본은 '신국(神国)'이라는 신념을 가지고 신성한 일본 땅에 서양의 오랑캐들이 발을 들여서는 안 된다고 생각하고 있었다. 천황은 이러한 신념으로 막부에 쇄국을 관철하라고 압력을 넣고 있었다. 또 한 가지 장해는 병약한 13대 장군 이에사다가 장군직을 계승할 자식이 없이 1858년 사망하면서 누구를 14대 장군으로 옹립할 것인가를 둘러싸고 막부 수뇌부에서 내분이 발생한 점이었다.

1603년 에도 막부를 설립한 도쿠가와 이에야스는 자손의 대가 단절되지 않고 장군직을 계승하면서 영속적으로 일본을 지배할 수 있도록 고산케(御三家)라는 것을 만들었다. 여기서 '고'는 존칭을 나타내는 접두어이고, '산케'는 세 가문이라는 말이다. 즉, 도쿠가와 이에야스는 자신의 9남, 10남, 11남의 세 명을 분가시켜 독립적인 가문을 만들어주고, 장군의 후사가 없을 때는 이 세 가문 가운데 적임자를 골라 장군직을 계승할 수 있도록 했다. 9남의 가문을 기이번(紀伊藩), 10남의 가문을 오와리번(尾張藩), 11남의 가문을 미토번(水戸藩)이라고 한다. 여기서 '번'이라는 것은 지방의 다이묘들이 지배하는 영지를 의미한다.

13대 장군이 사망한 후 후계자로 물망에 오른 인물은 기이번의 이에모치(家茂)와 미토번의 요시노부(慶喜)였다. 혈통으로 보면 이에사다의 조카에 해당하는 이에모치가 적임이었지만 그는 12세의 나이로 페리 내항 이후 격변하는 정세 속에서 능동적인 지도력을 기대하기 어려웠다. 한편 미토번의 요시노부는 당시 21세의 청년으로 어릴 때부터 총명하기로 소문이 자자했던 인물이었다. 결국, 14대 장군으로 혈통을 우선해서 기이번의 이에모치를 선택할 것인가, 아니면 능력을 우선해서 미토번의 요시노부를 선택할 것인가를 둘러싸고 막부 수뇌부에서 의견이 엇갈리면서 내분이 발생했다. 더구나 이에모치를 추대하는 자들은 개국을 지지하는 쪽이었고 요시노부를 추대하는 자들은 개국을 반대하는 쪽이었다. 따라서 이것은 곧 단순하게 장군의 후사를 결정하는 문제에 그치지 않고 사상 초유의 위기 상황에서 막부의 정책을 어떻게 이끌고 나갈 것인가와 연결된 중차대한 문제였다.

| 이이 나오스케의 안세이 대옥 |

장군 후사 결정 문제와 개국에 대한 찬반으로 국론이 분열된 상황에서 좀처럼 타개책을 찾지 못하고 있는 가운데 돌파구를 마련한 사람이 1858년 '다이로(大老)'에 취임한 이이 나오스케(井伊直弼)였다. 평상시 막부의 정치는 장군의 정치보좌역인 3~4명의 로쥬가 합의해서 정책의 최종적인 결정을 내리는 것이 관례였다. 그러나 비상시국에는 장군을 대신해서 모든 정책 결정에 전권을 가질 수 있는 '다이로'라는 직책을 두게 되어 있었다. 당시는 그야말로 비상시국이었기 때문에 로쥬들이 좀처럼 정책 결정을 내리지 못하는 상황에서 모든 책임을 지고 단호하게 결단을 내릴 수 있는 책임자로 '다이로'가 필요했다. 여기서 다이로에 취임한 것이 바로 이이 나오스케였다.

이이 나오스케는 명문 가문의 영주로 다이로에 취임하면서 곧바로 단호하게 사태를 처리했다. 먼저 14대 장군은 혈통을 우선해서 이에모치를 후사로 결정하고 통상조약에 대해서는 고메이 천황의 반대를 무시하고 조약에 조인했다. 이이 나오스케의 이러한 독단적인 결단은 존왕양이 운동에 불을 붙이는 계기가 되었다. 이이 나오스케는 천황의 의향을 무시하고 서양의 요구를 받아들였기 때문에, 존왕양이를 주장하는 자들에게 극악무도한 역적이 되어버린 것이다.

그러나 이이 나오스케는 여기서 물러서지 않고 자신의 정책 결정을 비판하는 개국 반대파에 대하여 일대 숙청의 대 탄압을 단행했다. 일본사에서는 이것을 안세이 대옥(安政大獄)이라고 한다. '안세이'는 당시의 연호이고, '대옥'은 대 탄압이라는 의미가 된다. 이 탄압으로 개국에 반대하는 100명 이상의 다이묘와 공경대부들이 연좌되어 숙청당했고, 존양양이 운동의 정신적 지도자 요시다 쇼인(吉田松蔭)을 비롯한 8명이 처형당했다. 결국, 피비린내 나는 숙청에 대한 보복으로 이이 나오스케도 2년 후 존왕양이파에 의해 처참하게 암살당하게 된다.

| 미일수호통상조약 |

미일수호통상조약은 이이 나오스케의 독단으로 1858년 7월 29일 체결되었다. 이 조약의 체결로 1854년 미일화친조약에서 개항했던 시모다와 하코다테에 더하여 가나가와, 나가사키, 니이가타, 효고를 개항하고 에도와 오사카의 시장을 개방했다. 다만 시모다는 5개월 후에 폐쇄하기로 했다. 그리고 개항지에는 미국인의 거류를 허용하고 토지 임차, 건물, 창고의 구입과 건축이 가능하게 되었다. 이를 계기로 일본의 개항지에 거류하는 미국의 무역 상인들을 보호하기 위해 영사재판권(치외법권)을 조항에 넣고, 무역 상인들의 이익을 우선하여 관세를 낮추게 하는 협정관세를 도입했다. 앞서 화친조약에서의 최혜국대우에 더하여 치외법권과 관세협정의 3가지는 불평등조약의 기본요소라고 할 수 있다. 이 불평등조약이 계속되면 자국의 주권을 침탈당할 수 있고 온전한 독립 국가로 보기 어렵다. 미국과 통상조약을 체결한 직후 일본은 네덜란드, 러시아, 영국, 프랑스와도 통상조약을 체결했다.

서구와의 통상조약으로 무역이 시작되면서 사회적 혼란은 더욱 심각해졌다. 특히 관세자주권을 상실한 일본에 서구 상품이 대량으로 유입되면서 수입초과의 현상을 빚어냈다. 또한, 무역량의 급속한 증가에 따라 차·생사 등의 국내용 물자가 부족하여 물가등귀 현상이 일어났다. 이에 더하여 금과 은의 교환 비율이 외국에서는 대체로 1대 15인데 비하여 일본에서는 1대 5였기 때문에 서구 상인들이 은을 가지고 금을 값싸게 손에 넣게 되면서 약 50만 양의 금화가 해외로 유출되어 경제는 극심한 혼란에 빠졌다. 무역에 따른 경제적인 혼란은 하급 무사와 농민, 도시 빈민들의 곤궁을 더욱 심화시키고 하급 무사의 반막부적인 기운과 농민봉기를 유발하여 막부 멸망의 시기를 앞당기게 된다.

| 사쿠라다몬가이의 변 |

1858년 이이 나오스케가 독단으로 통상조약을 체결하고 반대파들에 대한 숙청을 단행하면서 존왕양이 운동이 일거에 확산하였다. 그 최초이자 최대의 사건은 1860년에 발생한 이이 나오스케의 암살이었다. 이 사건을 발단으로 존왕양이를 주창하는 근왕지사들의 테러와 암살 사건이 빈번하게 발생하면서 정국은 그야말로 혼란의 소용돌이 속으로 치달게 된다.

이이 나오스케의 암살은 에도성의 사쿠라다문 앞에서 발생했기 때문에 사쿠라다몬가이(桜田門外)의 변이라고 한다. 이이 나오스케는 안세이 대옥 이후 반대파들이 자신을 암살하려고 한다는 불온한 정보를 입수했지만, 호위를 강화하는 것은 곧 자신의 정책이 실패했다는 것을 인정하는 결과가 된다고 판단하고 호위를 강화하지 않았다. 게다가 사건 당일인 음력 3월 24일은 새벽부터 큰 눈이 내리고 있었다. 아침에 에도성으로 등성하는 이이 나오스케를 호위하는 무사들은 눈에 대비한 복장으로 거동이 불편한 상태였기 때문에 암살범들의 습격에 대응하기 어려운 상황이었다.

에도성으로 등성하는 이이 나오스케의 행렬이 에도성의 사쿠라다문 앞에 당도했을 때 이이 나오스케가 타고 있던 가마를 향해서 피스톨 발사를 신호로 근왕지사 18명 전원이 습격을 개시하여 호위 무사들과의 사이에 피투성이의 난투극이 벌어졌다. 이이 나오스케는 이미 발사된 탄환이 허리에서 대퇴부로 관통하여 움직일 수 없는 상태에 있었다. 여기에 습격자들은 가마 밖에서 무차별적으로 난도질한 다음 이이 나오스케의 육중한 몸을 가마 밖으로 끌어내 목을 잘랐다.

이렇게 에도 막부의 최고 권력자가 에도성 바로 앞에서 무참하게 살해당한 것은 막부의 권위가 땅에 떨어졌다는 것을 말해주는 상징적인 사건이었다. 암살에 가담한 18명 중 1명은 습격 중에 난투극으로 사망하고 3명은 습격 중에 입은 중상으로 사망했으며 체포된 7명은 참수형, 5명은 할복 자결하고 나머지 2명은 잠복하였다.

| 데라다야 사건 |

1862년 발생한 데라다야 사건은 교토에 있는 여관 데라다야(寺田屋)에서 막부 고관 암살을 모의하던 사쓰마(薩摩)의 존왕양이파들이 영주의 아버지 시마즈 히사미쓰(島津久光)에 의해 진압된 사건이다. 여기서 기억해 두어야 할 것은 '사쓰마'라는 지명이다. 사쓰마는 지금 규슈의 남단에 있는 가고시마현(鹿児島県)의 옛 이름으로 메이지 유신에 결정적인 역할을 한 인물들이 배출된 지역이다.

사쓰마의 과격파 무사들은 서양과 교섭을 추진하는 막부의 고관을 암살하고 그 수급을 시마즈 히사미쓰에게 바쳐 봉기를 일으키자는 모의를 하기 위해 데라다야에 집결하고 있었다. 당시 봉건사회에서 무사들이 제각기 자신들이 소속된 영지를 이탈하는 것을 '탈번'이라고 하며, 요즘 말로 하면 군대에서 탈영하는 것이나 마찬가지로 엄벌을 받을 일이었다. 사쓰마의 과격파 무사들은 영주의 허락을 얻지 않고 영지를 이탈하여 교토에 모인 것이다.

사쓰마의 존왕양이파가 교토에 집결해서 모의를 도모하고 있다는 보고를 받은 시마즈 히사미쓰는 이들의 거동을 막기 위해서 검술 실력이 뛰어난 9명의 신하를 교토로 파견하여 소환을 명령했다. 그러나 과격파는 시마즈 히사미쓰의 소환 명령에 응하지 않고 격론이 벌어진 끝에 여관 안에서 난투극이 벌어지면서 과격파 6명이 사망하고 2명이 부상당했다. 그 2명도 나중에 할복을 명령받고 자결했다. 얼마나 치열한 난투극이 벌어졌는지 검술 실력이 뛰어난 진압파도 1명이 사망하고 5명이 부상을 입었다.

이 사건 후 시마즈 히사미쓰는 공무합체(公武合体) 정책을 추진하기 위해서 천여 명의 병력을 이끌고 에도로 가게 된다. 공무합체란 막부와 유력한 영주들이 합의 정치를 통해서 난국을 타개하자는 것으로 존왕양이 운동에 대한 대안으로 제시된 정책론을 말한다. 존왕양이 운동은 주로 하급 무사들이 주창한 것으로 막부의 고관이나 영주들이 볼 때, 신분이 낮은 신하들이 나서는 것이 마음에 들 리가 없었다. 히사미쓰는 존 왕양이 운동을 억제하고 유력한 영주와 막부가 힘을 합쳐 난국을 극복해야 한다고 생각하고 장군을 만나기 위해 에도로 상경한 것이다.

| 나마무기 사건과 사쓰에이 전쟁 |

시마즈 히사미쓰가 에도성에서 장군을 만나고 다시 자신의 영지로 돌아가기 위해 요코하마의 나마무기(生麦)라는 시골 마을을 통과할 때 4명의 영국인이 말을 타고 히사미쓰의 행렬에 들어갔다가 호위 무사들에게 살상당한 사건을 나마무기 사건이라고 한다. 사건 당일 4명의 영국인은 승마를 즐기면서 시골 마을을 관광하던 중이었는데 때마침 히사미쓰의 행렬과 맞닥뜨리면서 봉변을 당한 것이다.

에도 시대 영주들의 행렬은 적어도 300명 이상의 호위 무사가 수행하는데, 당시 히사미쓰는 천 명의 병력을 이끌고 있었다. 에도 시대에는 영주의 행렬이 시골 마을을 통과할 때 일반 서민들은 길가에 무릎 꿇은 자세로 머리를 조아리고 행렬이 지나가기를 기다려야 했다. 따라서 말을 탄 채로 영주의 행렬 속으로 들어가는 것은 있을 수 없는 일이었다. 그러나 영국인들이 이것을 알 리가 없고 오히려 영주의 행렬이 신기한 이문화 체험으로 보여 말을 탄 채로 정면에서 행렬 사이로 들어가 버렸다. 행렬의 선두에 있던 호위 무사가 일단 이를 제지하면서 말에서 내려 길가로 비킬 것을 요구하지만 말을 알아듣지 못하는 영국인들은 그대로 말을 탄 채로 진행했다. 결국 영국인들이 히사미쓰가 타고 있던 가마 가까이에 도달하게 되자 이를 저지하기 위해 호위 무사가 칼을 뽑아 이들을 살상했다. 이 사건으로 영국인 1명이 사망하고 2명이 중상을 입었다. 이 사건은 단순한 문화의 차이로 인한 외국인 살상사건에 그치지 않고 영국과 사쓰마와의 사이에 전쟁으로까지 발전하게 되는데, 이것을 사쓰에이 전쟁이라고 한다.

나마무기 사건에 대하여 영국은 자국민 보호의 차원에서 막부에 사죄와 배상금 10만 파운드를 요구하여 막부로부터 배상금을 받아냈다. 한편 사건의 당사자인 사쓰마에 대해서도 7척의 군함을 파견하여 범인의 처벌과 배상금 2만 5천 파운드를 요구했다. 그러나 사쓰마가 영국의 요구에 응하지 않고 교섭이 결렬되자 영국이 사쓰마 선박을 나포하고 이에 대하여 사쓰마가 영국 군함에 포격을 가하면서 전쟁이 발발했다.

당시의 화력으로 볼 때 사쓰마의 대포가 영국의 함대를 격침할 수 있는 수준이 아니었다. 오히려 영국 함대가 사쓰마의 중심부 가고시마를 향해 포격을 가하면서 시가지를 초토화했다. 이 짧은 전쟁에서 피해를 본 사쓰마는 요코하마의 영국공사관에서 강화회의를 통해서 영국에 2만 5천 파운드의 배상금을 지불했다. 다만 영국이 요구하는 범인의 처벌에 대해서는 사건의 가해자가 현재 도주 중이라고 해서 없었던 일로 처리했다.

이 사건을 계기로 존왕양이 운동에 커다란 변화가 나타나게 된다. 그것은 사쓰마가 영국의 군사력이 월등하게 뛰어난 것을 직접 경험하면서 '양이', 즉 서양 세력을 물리치는 것은 현실적으로 불가능하다는 것을 깨달았다는 점이다. 서양의 군사력이 일본보다 뛰어나다면 일본도 서양의 우수한 기술을 도입해야 한다는 생각을 가지는 사람들이 나오게 되는 것이다. 이러한 선각자들이 후일 메이지 유신을 주도하는 인물로 두각을 나타내게 된다. 한편 같은 시기에 교토에서도 정국이 급변하고 있었다.

1863년은 존왕양이 운동이 가장 고조된 시기였다. 교토에는 각지의 존양파(존왕양이파의 줄인말) 지사들이 집결하여 '천주'(天誅: 하늘이 내리는 벌을 대신해서 내리겠다는 말)를 외치면서 반대파에 대한 암살과 협박이 난무하고 있었다. 당시 존양파들이 교토로 집결한 이유는 간단하다. '존왕'이란 천황을 받들자는 의미이고, 당시 천황이 교토에 있었기 때문이다.

그리고 1853년 페리 내항 이후 천황의 권위가 급격하게 부상하면서 천황의 주변을 에워싸고 있는 조정에서는 존양파 공경들이 실권을 장악하고 있었다. 이러한 동향 속에서 천황은 '양이'를 기원하기 위해 가모(賀茂)·이와시미즈(石淸水) 신사로 행차하여 기도를 올리고 5월 10일을 양이 결행 기일로 정했다. 천황은 때마침 교토에 체재 중이던 14대 장군 이에모치에게도 '양이'를 실행에 옮길 것을 재촉하고 있었다.

이러한 가운데 실제로 '양이'를 실천에 옮긴 세력은 죠슈(長州)였다. 여기서 죠슈라는 이름도 사쓰마와 마찬가지로 기억해 둘 필요가 있다. 죠슈는 현재 혼슈의 가장 왼쪽 끝에 있는 야마구치현(山口県)의 옛 이름으로 이 역시 메이지 유신을 주도한 인물들이 배출된 곳이다. 사쓰마와 죠슈가 메이지 유신을 주도했다고 해서 이 두 지역의 머리글을 붙여 삿쵸라고도 한다.

죠슈는 5월 10일을 양이 결행 기일로 결정한 천황의 뜻에 따라 시모노세키 해협을 통과하는 미국 상선에 대하여 포격을 가했지만 죠슈 이외의 지역에서는 수수방관하면서 죠슈가 고립상태에 빠졌다. 죠슈의 존양파는 이러한 고립상태를 타개하고 국론을 '양이'로 통일하기 위해서 교토로 집결하여 천황의 주도에 의한 '양이' 실행을 기도했다.

그러나 아이러니하게도 고메이 천황은 열렬한 양이주의자였지만 존양파에 대해서는 불만을 품고 있었다. 고메이 천황은 막부에 대한 기대를 버리지 않고 공무합체, 즉 막부와 유력 다이묘들이 연합해서 양이를 실행할 것을 기대하고 있었다. 이런 사정을 배경으로 공무합체파와 존양파가 교토에서 충돌하여 존양파 세력이 교토에서 축출당한 사건을 8·18 정변이라고 한다.

당시 사쓰마와 아이즈(会津: 지금의 후쿠시마현)는 공무합체를 지지하는 쪽이었다. 이들이 중심이 되어 조정 내부에서 실권을 장악하고 있던 존양파 공경들을 조정에서 추방하기 위한 계획을 세우고 8월 18일 약 2천명의 병력이 조정의 궁궐을 에워싼 가운데 7명의 존양파 공경들을 추방했다. 동시에 공무합체파는 사쓰마와 아이즈의 병력을 이용하여 교토에 주재하고 있던 죠슈번의 병력을 교토에서 추방했다. 이 사건으로 교토에서 존왕양이 운동을 주도하던 죠슈를 중심으로 한 급진파 세력이 일시적으로 후퇴하고 조정 내부는 공무합체파가 주류를 이루게 되었다.

| 이케다야 사건과 금문의 변 |

이케다야 사건은 8·18 정변 이듬해 8월 교토의 여관 이케다야(池田屋)에 잠복하고 있던 죠슈와 도사(土佐: 지금의 시코쿠에 있는 고치현)의 존양파 지사들이 교토의 치안 조직 신센구미(新選組)의 습격으로 치명적인 피해를 본 사건을 말한다. 8·18 정변으로 죠슈의 병력은 교토에서 추방당했지만, 세력 만회를 노리는 소수의 지사들은 계속해서 교토에 잠복하면서 막부 고관의 암살 등을 모의하고 있었다. 이에 대하여 막부의 교토수호직(오늘날 우리 식으로 말하자면 서울경찰청장 정도에 해당) 마쓰다이라 다카모리(松平容保)는 존양파를 색출하고 단속하기 위해 신센구미를 결성하여

교토의 경비와 치안을 강화하고 있었다.

신센구미는 검술이 뛰어난 무사들을 중심으로 구성된 비정규 조직으로 처음에는 24명으로 발족하여 전성기에는 200여 명에 달했다. 이들의 주된 임무는 존왕양이파의 수색과 체포, 담당 지역의 순찰과 경비, 반란 진압 등이었다. 신센구미의 대장 곤도 이사미(近藤勇)는 검술에 뛰어난 무사로 이케다야를 급습하여 난투극 끝에 수십 명의 사상자를 내고 20여 명의 존양파 지사들을 체포하여 당대 최고의 검객으로 명성을 떨쳤다.

이 사건에 격분한 죠슈의 강경파가 병력을 이끌고 교토로 들어와 궁궐 앞에서 공무합체파와의 사이에 전투가 벌어지는 '금문의 변'이 발생했다. '금문(禁門)'이란 교토 궁궐의 서쪽에 있는 문의 하나이다. 죠슈와 사쓰마·아이즈와의 시가전으로 약 3만 호의 가옥이 소실될 정도로 치열한 전투가 전개되었다.

죠슈는 '금문의 변'에서도 패퇴하면서 급진파 지도자의 태반을 상실했다. 설상가상으로 막부는 '금문의 변'으로 교토를 혼란에 빠트린 죄를 물어 죠슈를 '조적'으로 간주하고 죠슈 정벌을 단행했다. 1866년에 재차 죠슈 정벌을 했기 때문에 1864년의 죠슈 정벌을 제1차 죠슈 정벌, 1866년의 죠슈 정벌을 제2차 죠슈 정벌이라고 한다.

| 죠슈 정벌 |

1864년 7월 23일 천황으로부터 죠슈 정벌의 칙명을 받아낸 막부는 35개 번의 15만 병력으로 정벌군을 편성했다. 정벌군의 총독은 도쿠가와 이에야스의 10번째 아들의 후손으로 오와리번의 영주 도쿠가와 이에가

쓰가 지명되었지만, 실질적인 권한은 사쓰마의 사이고 다카모리(西鄕隆盛)에게 전적으로 위임되었다.

전권을 위임받은 사이고 다카모리는 전투를 치르기 전에 죠슈와 교섭에 임하여 '금문의 변' 당시 교토로 진군한 3명의 가로(家老: 대대로 영주에게 충성을 바쳐 온 번의 요직자)는 할복할 것, 4명의 참모는 참수할 것, 그리고 교토에서 피신해 온 5명의 양이파 공경을 추방할 것 등을 제안했다.

사이고의 의도는 죠슈를 궁지에 빠트려 치열한 전투를 치르는 것을 피하고 죠슈 내부의 급진파와 보수파를 이간하여 내부 분열로 진압하려는 것이었다. 사이고의 의도가 적중하여 죠슈는 보수파의 주도로 사이고의 제안을 받아들이고 막부에 대하여 다시는 문제를 일으키지 않겠다는 '공순'을 표명했다. 이로써 죠슈 정벌군은 전투를 치르지 않고 12월에 철병했다.

죠슈의 존왕양이파는 8·18 정변과 금문의 변으로 많은 인재를 잃고 막대한 피해를 보았음에도 불구하고 포기하지 않았다. 이윽고 죠슈번 출신의 무사들이 메이지 유신을 주도하고 일본의 근대국가를 건설하는 주역이 되었으며, 나아가 대만과 조선을 침략하여 식민지로 삼는 데 중요한 역할을 한 사람들도 모두 이 지역 출신자들이었다. 우리가 잘 아는 이토 히로부미는 당시에는 죠슈에서 존왕양이 운동을 하던 존양파 지사들 가운데 한 사람에 지나지 않았다. 당시 죠슈의 존왕양이 운동 지도자는 이토 히로부미가 형님처럼 모시던 다카스기 신사쿠(高杉晉作)라는 인물이었다. 다카스기 신사쿠는 1860년 안세이 대옥에 연루되어 처형당한 요시다 쇼인의 제자로서 쇼인 사후 죠슈의 존왕양이 운동을 이끌고 있었다.

1차 죠슈 정벌 이후 죠슈번은 보수파가 실권을 장악했지만, 다카스기 신사쿠가 쿠데타를 일으켜 보수파를 축출하고 실권을 장악하면서 다시 막부에 도전장을 내밀었다. 이에 대하여 막부는 1866년 제2차 죠슈 정벌을 단행하지 않을 수 없었지만, 진퇴양난에 빠지는 상황이 되어 버린다. 막부의 위신을 세우기 위해서는 단호하게 응징해야 하지만, 각지의 영주들이 출병에 소극적이고 반대하는 여론이 강했으며, 1차 죠슈 정벌에서 선두에 섰던 사쓰마번은 출병을 거부했다. 그나마 1866년 6월부터 정벌에 동원된 정벌군과 죠슈번 사이에 전투가 개시되었지만 다카스기 신사쿠의 지휘하에서 일사불란하게 움직이는 죠슈의 병력은 쉽게 무너지지 않았다. 이에 더하여 에도와 오사카에서 농민봉기가 발생하면서 전황은 막부에 불리하게 전개되고 있었다.

진퇴양난에 빠진 막부에 철수할 명분을 준 것은 다름 아닌 14대 장군 이에모치와 고메이 천황의 죽음이었다. 먼저 제2차 죠슈 정벌이 교착상태에 빠져 있을 때 오사카에서 중병에 있던 장군 이에모치가 향년 20세의 나이로 죽었다. 장군의 사망으로 정벌군의 지휘를 승계받은 히도쓰바시 요시노부는 죠슈와의 휴전을 천황에게 상주했다. 이어서 요시노부는 이에모치의 뒤를 이어 15대 장군으로 취임하고 같은 해 12월 고메이 천황이 36세의 나이로 사망한 것을 구실로 정벌군을 철수시키면서 전쟁은 흐지부지 끝을 맺었다. 결국 죠슈 정벌의 실패로 막부의 권위는 완전히 땅에 떨어지고 말았다.

| 시모노세키 전쟁 |

죠슈는 1863년부터 1866년에 걸쳐서 8·18 정변, 금문의 변, 제1, 2차 죠슈 정벌 등으로 타격을 입는 사이에 1863년부터 1864년 사이에 영국, 미국, 프랑스, 네덜란드와도 무력 충돌이 있었다. 이것을 죠슈의 지명을 따서 시모노세키(下關) 전쟁이라고 한다.

시모노세키는 혼슈의 가장 왼쪽 끝에 위치하며 규슈 끝단에 있는 모지(門司)와의 사이에 1킬로미터 남짓한 폭의 좁은 해협이 있는데, 당시 서구의 선박들이 종종 이곳을 통과하고 있었다. 죠슈는 고메이 천황이 요망한 양이 실행 기일인 5월 10일을 기해서 해협을 봉쇄하고 이곳을 항해 중이던 미국 선박에 대하여 통고 없이 포격을 가했다. 미국은 이에 대한 보복으로 프랑스 함대와 함께 해협에 정박 중이던 죠슈의 군함을 포격하여 괴멸적인 피해를 입혔다. 또한, 이듬해 7월에는 해협의 봉쇄로 인하여 경제적인 손실을 본 영국이 보복 조치로 미국, 프랑스, 네덜란드와 함께 17척의 연합함대를 편성하여 죠슈의 포대를 포격한 후 육전대가 상륙하여 포대를 점거하고 이를 파괴했다.

사쓰마가 사쓰에이 전쟁 이후 서양의 군사력이 월등하게 우월하다는 것을 직접 경험하면서 현실적으로 '양이'는 불가능하다는 것을 깨닫고 서구의 우수한 기술을 도입하게 되었듯이 죠슈의 경우도 마찬가지였다. 서구와의 무력 충돌에서 이길 수 없다는 것을 깨달은 죠슈는 무력에 의한 '양이'를 포기하고 서구의 신지식과 선진기술을 적극적으로 도입하여 군사제도의 근대화에 주력하게 된다.

사쓰마와 죠슈는 8·18 정변부터 철천지원수의 사이가 되었지만 거의 같은 시기에 서구와 무력 충돌을 직접 경험하면서 서구의 근대적인 문물을 적극적으로 도입해야 한다는 것을 깨달은 점에서 공통으로 시대적인 변화에 능동적으로 대응했다고 할 수 있다. 그리고 그것이 이윽고 사쓰마와 죠슈가 동맹 관계를 맺으면서 메이지 유신을 주도하는 세력으로 대두할 수 있는 견인차가 되었다.

사쓰마와 죠슈가 '양이'는 불가능하다고 깨닫고 서구 문물을 적극적으로 도입하는 1864년경부터 '존왕양이'라는 구호는 명분이 없어지게 되었다. 이에 대신하여 공격 대상이 서구 세력이 아닌 막부로 바뀌면서 존왕도막 또는 존왕토막이라는 새로운 구호가 등장했다. 도막(倒幕)은 막부를 타도한다는 의미이고 토막(討幕)은 막부를 토벌한다는 의미가 된다. 천황을 받들어 막부를 타도, 또는 토벌하자고 주장하는 자들을 도막파 또는 토막파라고 하며, 그 선두주자가 죠슈와 사쓰마였다.

삿쵸 동맹

'삿쵸 동맹'이란 1866년 1월에 사쓰마와 죠슈 사이에 비밀리에 체결된 정치·군사적인 동맹을 말한다. 원래 사쓰마는 공무합체의 입장에서 막부의 개국 노선을 지지하고 있었고 죠슈는 급진적인 존양파의 선봉으로서 8·18 정변과 금문의 변에서 사쓰마와 충돌한 이래 적대적인 원수 관계에 있었다.

죠슈와 적대적인 관계에 있던 사쓰마는 공무합체에 의한 정치개혁이 좀처럼 진전을 보이지 않고 있는 상황에서 정치적 실권을 잡은 오쿠보 도시미치(大久保利通)와 사이고 다카모리를 중심으로 막부에 대한 강경론이 고조되고 있었다. 여기서 사쓰마와 죠슈에 돌파구를 마련해 준 사람이 도사 출신의 사카모토 료마(坂本竜馬)였다. 사카모토 료마는 일본 역사상 가장 인기 있는 인물 가운데 한 사람으로 영화, 드라마, 만화, 게임 등의 주인공으로도 자주 등장하고 우리나라에도 잘 알려진 인물이다.

사카모토 료마는 당시의 상황에서 사쓰마와 죠슈가 대립하고 있으면 막부를 타도할 수 없다고 판단하고 이들 두 지역이 손을 잡도록 중개했다. 이윽고 사카모토 료마의 중개로 1866년 1월 21일 교토에서 사쓰마의 사이고 다카모리와 죠슈의 기도 다카요시(木戸孝允)가 6개 조의 맹약을 체결했다. 사이고 다카모리와 기도 다카요시가 맹약한 내용은 막부와의 전쟁에서 승패의 모든 국면을 고려한 극비의 군사동맹이었다. 삿쵸 동맹을 계기로 막부 타도의 움직임은 급속하게 진전을 보이기 시작했다.

| 대정봉환과 왕정복고의 쿠데타 |

'대정봉환'은 장군이 천황에게 통치권을 되돌려 바친다는 것을 말한다. 1867년 11월, 15대 장군 도쿠가와 요시노부(장군이 되기 전에는 히도쓰바시 요시노부. 장군이 된 후 도쿠가와로 개성)는 사쓰마와 죠슈를 중심으로 한 도막운동이 고조되자 공격의 화살을 피하려고 통치권을 천황에게 반납한다는 '대정봉환'을 천황에게 상신했다. 다만 요시노부는 장군직을 내려놓지 않았고 군사 지휘권도 유지하고 있었다. 요시노부의 의도는 도막파의 공격으로 일어날 내전을 피하고 막부의 독재체제를 수정하여 장군을 의장으로 하는 제후들의 연합정권을 수립하려는 것이었다.

한편 사쓰마와 죠슈를 중심으로 한 도막파가 최종적으로 노린 것은 권력 탈취, 즉 막부를 멸망시키고 새로운 정권을 수립하여 자신들이 권력을 잡는 것이었다. 따라서 장군이 통치권을 반납해 버리면 막부 타도의 명분이 없어지는 것이었다. 여기서 도막파가 마지막 배수진을 치고 감행한 것이 '왕정복고'의 쿠데타였다. 후세에 이를 메이지 유신이라고 하지만 실은 권력 탈취를 위한 도막파들의 쿠데타였다.

도막파가 막부 타도를 정당화하기 위해서는 장군보다 상위에 있는 천황의 권위가 필요했다. 그러나 고메이 천황은 양이를 고집하면서도 막부를 중심으로 한 공무합체를 지지하고 있었고 막부 타도에 대해서는 부정적이었다. 따라서 천황의 권위를 이용해서 막부 타도의 명분을 얻으려는 도막파에게 고메이 천황은 커다란 장해가 될 수밖에 없었다. 이러한 정황으로 볼 때 1867년 1월 당시 36세의 고메이 천황이 급사한 것을 두고 독살설이 끊이지 않고 제기되고 있는 것도 무리는 아니다. 고메이 천황이 살아 있는 한 도막파의 권력 탈취를 위한 과업은 불가능하기 때문이다. 독살설은 집요하게 꼬리를 물고 지금까지 이어져 오고 있지만, 의혹만 무성할 뿐 진상을 아는 사람은 아무도 없다.

고메이 천황의 뒤를 이어 122대 천황으로 즉위한 메이지 천황은 당시 만 15세로 주도적으로 정치적인 리더십을 발휘할 수 있는 나이가 아니었다. 이는 곧 삿쵸 세력이 천황의 의사를 자유롭게 조작할 수 있게 된 것을 의미한다. 그런 점에서 오늘날 메이지 유신이라고 일컫는 '왕정복고'도 실은 정치적인 격동기의 권모술수를 바탕으로 성립된 것이었다. 실제로 메이지 천황이 즉위한 후 도막파는 천황의 '칙명'을 이용해서 막부를 공격했다. 물론 천황의 칙명은 메이지 천황이 직접 내린 것이 아니라 도막파가 작성해서 천황의 옥새를 찍어 자신들의 행위를 정당화하는 데 이용되었다.

조정에서 천황의 권위를 이용하여 막부를 공격하는 데 앞장선 인물은 이와쿠라 도모미(岩倉具視)였다. 삿쵸 세력를 비롯한 도막파는 대부분 무사 신분이지만 이와쿠라는 공경 계급으로 조정 내에서 도막 운동을 주도한 대표적인 인물이었다. 일반 무사들은 쉽게 궁궐 안으로 들어갈 수 없지만 이와쿠라는 신분이 높은 공경 귀족이기 때문에 궁궐 출입이 자유로웠다. 고메이 천황 독살설을 제기할 때 유력한 주모자로 지목되는 장본인이 바로 이와쿠라 도모미이기도 하다. 도막파는 12월 9일 병력을 동원하여 궁궐의 9개 문을 봉쇄하고 친 막부적인 공경들의 출입을 막은 후 이와쿠라의 주도로 왕정복고의 대호령을 선언했다. 이는 곧 에도 막부를 폐지하고 새로운 정부가 수립되었다는 것을 선언한 것이기도 했다.

이후 도막파의 주도로 성립된 정권을 '신정부'라고 부르고 막부는 이미 폐지되었기 때문에 '구막부'라고 부른다.

| 소어소 회의 |

도막파는 왕정복고 선언 직후 당일 저녁부터 이튿날 미명에 걸쳐 궁궐 안의 소어소(小御所)라는 건물에서 메이지 천황의 임석 하에서 최초로 회의를 개최했다. 물론 메이지 천황은 형식적으로 자리를 지킨 꼭두각시에 지나지 않았다. 이 회의에서 최대의 안건은 도쿠가와 요시노부 장군에 대한 처우 문제였다. 회의에 참석한 공무합체파는 장군을 회의 출석에서 배제한 것을 비난하면서 요시노부 장군을 의장으로 하는 연합정체를 구성해야 한다고 주장했다.

공무합체파의 비난에 대하여 앞장서서 반격한 것은 이와쿠라 도모미였다. 이와쿠라는 막부의 실정을 열거하면서 '사관(辭官)·납지(納地)'로 성의를 보이는 것이 선결이라고 밀어붙였다. '사관'은 장군직을 사임하라는 의미이며 '납지'란 막부의 장군이 소유하고 있는 영지를 조정에 모두 반납하라는 것이었다.

공무합체파는 도막파의 주장에 강력하게 반발했지만, 당시 궁궐은 사이고 다카모리가 지휘하는 사쓰마 병력이 에워싸고 여차하면 반대파들을 무력으로 제거할 계획까지 세우고 있었다. 이와쿠라는 반대파에게 무력 행사도 불사한다는 의도를 넌지시 비치면서 반대파를 압도하고 12월 10일 미명에 장군의 '사관·납지'를 결정했다. 심야부터 이튿날 미명에 걸쳐 진행된 마라톤 회의에서 메이지 천황은 단 한마디도 하지 않았다.

당시 교토에서 그다지 멀리 떨어져 있지 않은 오사카에서 사태의 추이를 지켜보고 있던 요시노부 장군은 측근으로부터 소어소 회의에서 '사관·납지'가 결정되었다는 보고를 받고 황급히 오사카를 탈출하여 배를 타고 에도로 돌아갔다. 장군이 도막파의 결정을 거부한 것은 전쟁을 불사하겠다는 것을 의미했다. 도막파는 장군이 탈출한 소식을 접하고 즉시 병력을 동원하여 구막부에 대한 토벌을 시작했다. 신정부군과 구막부군과의 전투는 약 1년 반에 걸쳐 계속되는데, 이 내전을 '보신 전쟁'이라고 한다. 1868년이 12간지로 보신(戊辰), 그러니까 우리말로 용띠 해에 해당하는 무진년이기 때문에 붙인 이름이다.

| 보신 전쟁 |

보신 전쟁은 왕정복고 직후에 신정부를 수립한 사쓰마, 죠슈, 도사 등을 중심으로 한 신정부군과 구막부를 지지하는 좌막군(佐幕軍) 사이에서 1년 반에 걸쳐 일어난 내전을 말한다. 좌막군은 여전히 막부에 충성을 하는 다이묘들의 병력을 말하며, 주로 동북 지역의 다이묘들이 여기에 가담하고 있었다. 신정부의 사쓰마, 죠슈, 도사 등은 모두 서쪽에 있어서 자연스럽게 동과 서로 양분되어 전쟁하는 형세가 되었다. 일본의 내전에는 당시 서구 열강들도 개입하고 있었다. 신정부와 구막부의 어느 쪽이 승리하느냐에 따라서 자신들의 이해관계가 좌우되기 때문이다. 당시 영국은 신정부에 무기를 제공했고 프랑스는 구막부에 무기를 제공하고 있었다.

보신 전쟁은 최초로 1868년 1월 교토의 외곽 도바후시미(鳥羽伏見)에서 1만 5천 명의 구막부군과 5천 명의 사쓰마군을 중심으로 한 신정부군이 교전하면서 시작되었다. 수적으로는 신정부군이 열세였지만 구막부군의 사기가 떨어져 있었기 때문에 쉽게 승리를 끌어내면서 파죽지세로 동쪽의 에도까지 진군하여 4월에는 에도성에 무혈로 입성했다.

동북 지방에서 끈질기게 저항하던 좌막군도 9월 아이즈번의 항복으로 기세가 꺾이기 시작했다. 아이즈가 함락될 때 소년 결사대 백호대(白虎隊)의 20명이 자결한 것은 무사도의 미담으로 지금까지 전해 내려오고 있다. 실제로는 한 명이 자결에 실패하여 결국은 19명이 사망했다. 아이즈가 함락된 후 구막부의 해군은 홋카이도의 하코다테(函館)까지 후퇴하여 최후의 저항을 하다가 1869년 5월에 투항하면서 내전은 종지부를 찍었다.

| 메이지 유신의 주역들 |

1853년 페리 내항부터 1868년 메이지 유신까지 수많은 인간군상이 등장하지만, 여기서는 그 가운데서도 가장 중요한 역할을 한 사람들 몇 명만 살펴보도록 한다. 메이지 유신을 주도한 도막파 가운데 가장 신분이 높은 사람은 이와쿠라 도모미였다. 이와쿠라는 왕정복고를 선언한 후 공무합체파의 반대를 물리치고 장군의 사임과 영지 반납을 주도한 사람이다. 이와쿠라는 고메이 천황을 독살한 장본인으로 지목되는 사람이기도 하지만 물증은 없다. 이와쿠라는 메이지 유신 이후 신정부의 요직을 차지하고 서구와의 불평등조약 개정 교섭을 위해 1년 반에 걸쳐 미국과 유럽 각국을 방문하는 사절단의 전권대사로서 중요한 역할을 했다. 이와쿠라는 1883년 58세의 나이로 사망했다.

다음으로 무사들 가운데 가장 대표적인 인물은 이른바 메이지 3걸로 불리는 사쓰마의 사이고 다카모리, 오쿠보 도시미치, 그리고 죠슈의 기

메이지 3걸: 사이고 다카모리, 오쿠보 도시미치, 기도 다카요시

도 다카요시이다. 사이고 다카모리는 사쓰마번의 하급 무사 출신이었지만 영주에게 능력을 인정받고 발탁되어 1864년 '금문의 변'에서 죠슈번을 물리치면서 두각을 나타내기 시작했다. 그 후 제1차 죠슈 정벌을 지휘하고 삿쵸 동맹과 왕정복고에서 중요한 역할을 했다. 또한, 보신 전쟁에서도 에도성 총공격을 지휘하면서 구막부의 군사총독 가쓰 가이슈(勝海舟)와 교섭하여 무혈 입성하는 데 성공하여 명성을 떨쳤다. 메이지 유신 이후 신정부에서는 육군대장, 근위도독을 겸하고 이와쿠라를 대표로 하는 사절단이 1년 반에 걸쳐서 서구를 순방할 때 수행하지 않고 남아서 신정부를 이끌어 나가는 중추적인 역할을 했다. 그러나 사이고는 1873년 발생한 정한론 정변으로 관직을 던지고 고향으로 돌아가 1877년 반란을 일으켰으나 실패하고 할복으로 생을 마감했다. '정한론 정변'과 사이고의 반란에 대한 구체적인 내용은 다음 장에서 다시 설명하기로 한다.

오쿠보 도시미치는 사이고와 같은 동향의 하급 무사 출신으로 어릴 때부터 사이고와 동문수학의 친구였다. 오쿠보 역시 영주에게 발탁되어 두각을 나타냈으며 왕정복고 직후의 소어소 회의에서는 이와쿠라와 함께 쿠데타를 주도했다. 오쿠보는 메이지 유신 이후 신정부의 중앙집권 체제의 기틀을 확립하는 데 중요한 역할을 했다. 특히 정한론 정변으로 사이고가 하야한 이후에는 초대 내무경으로 취임하여 실권을 장악하고 '부국강병'과 '식산흥업' 정책을 적극적으로 추진했다. 오쿠보는 1877년 사이고가 일으킨 반란에 대해서 직접 정부군을 지휘하여 절친 사이고를 죽음으로 몰았던 냉혈한 사람이기도 하다. 오쿠보는 그 이듬해 1878년 신정부에 불만을 품은 사족들에 의해 암살당했다.

죠슈의 기도 다카요시는 사이고나 오쿠보와 달리 죠슈의 상급 무사로 소년기부터 영재로 주목을 받은 인물이며 존왕양이 운동 당시에는 뛰어난 검술가로 명성을 떨쳤다. 기도는 시모노세키 전쟁 이후 서구 군사력의 우월성을 인정하고 영국으로부터 무기와 군함을 구입하여 죠슈번의 근대적인 군사제도 개혁을 주도했다. 또한, 메이지 유신 이후에는 일본의 문명개화 정책을 추진하여 봉건제도를 해체하는 데 노력했으며 이와쿠라와 함께 사절단으로 해외를 시찰한 후에는 헌법과 3권 분립의 필요성을 역설하고 국민교육의 확충에도 노력했다. 기도는 정한론 정변 이후 사이고와 오쿠보의 대립 사이에서 고뇌하다가 사이고가 반란을 일으켰을 때 44세의 나이로 병사했다.

이상의 인물들은 메이지 유신의 수많은 인간군상 가운데 가장 핵심적인 역할을 한 사람들이다. 이들은 존왕양이에서 존왕 도막으로의 전환을 주도하여 권력을 탈취하기 위해서는 천황의 칙명을 이용하는 권모술수도 서슴지 않는 마키아벨리스트였다. 이들은 맹목적으로 테러와 암살을 일삼으면서 존왕양이를 외치는 일반 지사들과는 구별되는 정치 그룹

이름	생몰연대	향년	유신 당시 나이
가쓰 가이슈(勝海舟)	1823~1899	76	44
이와쿠라 도모미(岩倉具視)	1825~1883	58	42
사이고 다카모리(西鄕隆盛)	1828~1877	49	39
오쿠보 도시미치(大久保利通)	1830~1878	48	37
기도 다카요시(木戸孝允)	1833~1877	44	34
사카모토 료마(坂本竜馬)	1836~1867	31	사망
도쿠가와 요시노부(德川慶喜)	1837~1913	76	30
나카오카 신타로(中岡愼太郎)	1838~1867	29	사망
다카스기 신사쿠(高杉晉作)	1839~1867	28	사망
이토 히로부미(伊藤博文)	1841~1909	68	26
메이지 천황(明治天皇)	1852~1912	60	15

이었다.

위의 표는 메이지 유신에서 중요한 역할을 한 인물들의 생몰연대, 향년, 그리고 메이지 유신 당시의 나이를 순서대로 표시한 것으로, 붉은색을 표시한 것은 막부 측의 인물이다. 여기서 가장 나이가 많은 사람이 구막부군의 군사총독 가쓰 가이슈로 유신 당시 44세였다. 가쓰 가이슈는 구막부의 개명파 관료로서 신정부군이 에도성을 총공격할 때 사이고와 담판하여 무혈입성을 도운 사람이다. 그는 메이지 유신 이후 신정부에 발탁되어 요직을 역임하고 백작까지 서훈을 받았으며 당시로써는 장수라 할 수 있는 76세까지 수를 누렸다. 다음으로 메이지 유신 당시 나이가 많은 사람이 이와쿠라 도모미로 42세이고 사이고 다카모리는 39세, 오쿠보 도시미치는 37세, 기도 다카요시는 34세였다.

삿쵸 동맹을 성사시키는 데 중요한 역할을 한 사카모토 료마는 도막파가 왕정복고를 선언한 12월 9일부터 약 한 달 전인 11월 15일에 교토의 막부 측 치안 조직에 의해 암살당했는데, 당시 나이가 31세였다. 에도 막부의 마지막 15대 장군 도쿠가와 요시노부는 당시 30세였다. 요시노부는 막부가 멸망한 후에도 신정부로부터 예우를 받고 76세까지 수를 누렸다. 다카스기 신사쿠는 죠슈의 존왕도막 운동을 주도한 지도자였지만 불과 28세의 나이에 막부의 멸망을 보지 못하고 1867년 5월에 폐결핵으로 사망했다.

우리에게 잘 알려진 이토 히로부미는 메이지 유신을 주도한 인물 가운데 가장 젊은 나이로 26세였다. 이토는 가난한 농민의 아들로 태어나 하급 무사의 양자로 들어가면서 무사 신분이 된 사람이다. 이토는 존왕양이 운동이 한창일 때는 요시다 쇼인에게서 배우고 영국공사관 방화와 반대파 암살 등에도 개입한 존양파였지만 1863년 죠슈의 장학생으로 영국 유학을 한 후부터 개국론자로 전환했다.

이토는 집안의 배경이 없었기 때문에 존왕양이 운동 당시에는 그다지 큰 역할을 하지 못했지만, 영국 유학에서 영어를 배운 후부터 출셋길이 열리기 시작했다. 1865년 영국에서 돌아온 후에는 죠슈의 실권을 장악한 기도 다카요시에게 발탁되어 외국 상인과 무기 구매를 교섭하는 데서 영어 실력을 발휘했다. 그리고 메이지 유신 직후 양이파가 프랑스 수병을 살해하는 사건이 발생했을 때도 영어 실력으로 사건을 원만하게 해결하면서 출세를 시작했다. 이후 이토는 일본의 초대 총리대신으로 취임하고 대일본제국의 헌법을 기초하면서 명실공히 메이지 정부의 최고 권력자가 되어 한국 침략을 주도했다. 이토는 1909년 10월 26일 안중근에게 암살당할 때 나이가 68세였다. 만약 암살당하지 않았다면 70세 이상으로 상당히 수를 누렸을 것이다. 그러나 이토는 사이고, 오쿠보, 기도 등의 메이지 3걸이 생존해 있을 때는 그다지 두각을 나타내지 못한 이인

자에 불과했다. 메이지 3걸이 1877년과 1878년의 2년 사이에 모두 사망해 버리면서 일인자의 빈자리에 올라갈 수 있었다.

　마지막으로 메이지 유신에 주도적으로 전혀 개입하지 않았지만 도막파들이 자신들의 정당성을 내세우기 위해서 없어서는 안 될 존재, 즉 메이지 천황은 당시 만 15세의 소년이었다. 앞서 말했듯이 도막파는 어린 천황을 꼭두각시로 내세워 자신들의 권력 탈취를 위한 명분을 내세울 수 있었다.

　메이지 유신은 일본사에서 매우 중요한 위치를 차지하고 있다. 특히 2018년 '메이지 유신 150년'을 맞이하여 일본에서는 국가적인 차원에서 대대적인 행사를 개최하면서 국민에게 "메이지의 정신에서 배우고 일본의 강점을 배우는 것이 중요하다"라는 점을 강조했다. 이렇게 일본에서 메이지 유신은 근대 일본의 영광스러운 시대의 출발점으로 기억하고 있지만, 그것은 이웃 나라 조선과 중국을 비롯한 근린 아시아에는 비극의 서곡이었다고 할 수 있다. 그렇기에 우리가 가지는 메이지 유신의 의미는 당연히 일본이 기억하는 그것과 같을 수가 없는 것이다.

일본은 메이지 유신과 메이지 시대를 어떻게 기억하고 있는가?

　'메이지 100년'을 맞이하는 1960년대의 일본은 고도 경제성장에 따른 라디오, 텔레비전의 보급과 함께 역사드라마, 역사소설 등의 붐으로 역사의 대중화 현상을 풍미하고 있었다. 특히 1962년부터 1966년까지 5년에 걸쳐 《산케이신문》에 연재된 작가 시바 료타로(司馬遼太郎)의 『료마가 간다(竜馬が行く)』는 1968년 NHK 대하드라마로 제작·방영되어 역사 붐을 주도했다. 또한, 시바 료타로의 러일 전쟁을 배경으로 한 소설 『언덕 위의 구름(坂の上の雲)』은 1968년부터 1972년까지 5년간 같은 산케이신문에 연재되면서 선풍적인 인기를 얻었다. 1960년대의 역사 붐에서 메이지 유신과 메이지 시대에 대한 예찬은 일본인의 정신적 심층에 메이지의 '성공'과 '영광'이라는 고정 관념을 뿌리내리게 하는 데 중요한 역할을 했다.

1960년대의 이러한 움직임에 정점을 찍은 것은 일본 정부가 일본근대화의 '성공' 캠페인을 대대적으로 전개한 1968년의 '메이지 100년제'였다. '메이지 100년제' 기념식은 1966년부터 2년 반의 준비 기간을 거쳐 1968년 10월 23일 일본무도관에서 성대하게 개최되었다. 이렇게 1960년대에 뿌리를 내린 메이지의 '성공'과 '영광'의 기억은 지금도 진행하고 있다. 시바 료타로의 소설 『언덕 위의 구름』으로 국민적인 인기를 얻었던 러일 전쟁의 신화는 2009년부터 2011년까지 3년에 걸쳐 NHK 대하드라마의 특별 방송으로 부활했다. 그리고 1968년부터 50년이 지난 2018년, 일본 정부는 '메이지 150년'을 맞이하여 또다시 메이지의 '성공'과 '영광'을 대대적으로 선전했다.

2016년 10월 7일, 스가 요시히데(菅義偉) 관방장관은 '메이지 150년 기념사업' 실시의 취지에 대하여 "메이지 150년은 우리나라에 있어서 하나의 커다란 분기점과 같다. 메이지의 정신을 배우고 일본의 강점을 재확인하는 것은 매우 중요하다"라고 강조했다. 이후 일본 정부는 내각관방에 '메이지 150년 관련 시책 추진실'을 설치하여 "메이지 이후의 발자취를 차세대에 전하고 메이지의 정신에서 배워 한층 더 비약하는 국가를 지향한다"라는 기본 방향을 제시하고 메이지 시대 자료의 수집·정리·공개 등을 비롯하여 당시의 기술과 문화유산에 충실을 기하는 사업을 추진했다.

그렇다면 과연 그들이 말하는 '메이지의 정신', '일본의 강점'이란 무엇인가? 2018년 1월 아베 신조(安倍晋三) 수상은 국회 연설에서 "메이지라는 새로운 시대가 키운 무수한 인재가 기술 우위의 서구 열강이 압박하는 '국난'이라 불러야 할 위기 속에서 급속하게 근대화를 이룩하는 원동력이 되었다"라고 역설했다. 이는 일본의 '국난'을 극복한 '메이지의 정신'과 '일본의 강점'이 주변국에 얼마나 커다란 피해와 희생을 초래했는지를 전적으로 외면한 것이었다. 동시에 그것은 동아시아에서 가해자였던 근대 일본의 모습을 외면하고 메이지 유신과 메이지 시대를 '성공'과 '영광'으로만 기억하는 선별된 '기억의 공동체'로 국민통합을 강화하려는 것이었다.

물론 일본이 메이지 유신을 계기로 아시아에서 유일하게 근대화에 성공한 것은 부정할 수 없는 사실이다. 그러나 일본의 근대화는 아시아 침략과 동시에 전개되었음을 잊어서는 안 된다. 메이지 정부는 부국강병의 구호 아래 1874년 대만 출병부터 시작하여 청일 전쟁 이후 대만을 획득하고 러일 전쟁 이후 한국을 강제 병합했다. 그 연장선에서 제1차 세계대전에 참전하여 중국에서의 권익을 확보하고 만주사변, 중일 전쟁, 아시아태평양전쟁을 일으켜 대일본제국의 패망을 초래한 것이다.

그것이 과연 '메이지의 정신'이고 '일본의 강점'이라고 할 수 있을까. 메이지 유신부터 대일본제국의 패전까지 77년간은 그야말로 침략과 전쟁으로 얼룩진 역사였다. 더구나 2018년은 '쌀 소동'이 발생한 지 100년이 되는 해이기도 하다. '쌀 소동'은 러시아혁명에 대한 간섭전쟁을 위한 출병으로 인하여 쌀값이 폭등하여 생활고에 시달리던 일반 민중들이 봉기를 일으킨 사건이었다. 이 사건으로 아베 신조 수상의 동향 선배인 데라우치 내각이 퇴진했다. 이러한 사실에 눈을 감은 채 '메이지의 정신', '일본의 강점'을 일면적으로 강조하는 것은 심각한 역사 왜곡이라 하지 않을 수 없다.

또한 '메이지 150년'의 제반 관련 시책은 2015년 유네스코 세계유산에 요시다 쇼인(吉田松陰)의 소카손주쿠(松下村塾)가 등재된 것의 연장선에서 전개된 것이었다. 2015년 7월 제39회 세계유산위원회에서 선정한 유네스코 세계유산에는 우리에게도 잘 알려진 군함도를 비롯하여 20여 건의 메이지 시대 산업혁명 유산이 등재되었고 그 가운데 요시다 쇼인의 소카손주쿠가 포함되었다. 소카손주쿠는 요시다 쇼인의 사설학원을 말한다. 요시다 쇼인은 존왕양이 운동의 정신적 지도자이며 일본이 서구 열강의 위협에서 벗어나기 위해서는 근린 약소국인 조선을 먼저 침략해야 한다는 '정한론'을 선구적으로 주창한 인물이다. 이토 히로부미, 야마가타 아리토모(山縣有朋)를 비롯한 죠슈 출신의 핵심 인물들은 모두 요시다의 제자들로 이곳 소카손주쿠에서 배웠다. 이렇게 '정한론'을 잉태한 원조를 세계유산에 등재했다는 사실은 메이지의 '영광'을 후세에 전하려는 그들의 저의가 무엇인지를 의심케 한다.

NHK에서도 이러한 움직임에 호응하여 메이지 유신을 미화하는 작업에 동참하고 있었다. 2015년 1월부터 12월까지 1년간 방영된 NHK 대하드라마 『꽃 타오르다(花燃ゆ)』는 요시다 쇼인과 소카손주쿠의 문하생 구사카 겐즈이(久坂玄瑞)를 중심으로 존왕양이 운동을 묘사한 드라마였다. 오늘날 일본인에게 주입된 메이지 유신은 하급 무사를 중심으로 한 근왕지사들에 의한 존왕양이 운동으로 근대 일본이 시작되었다고 보는 역사관이며, 그것은 작가 시바 료타로의 작품에 의해 '신화'가 되고, 또다시 NHK 대하드라마에 의해 오락적으로 영상화되면서 자연스럽게 국민 의식 속에 스며 들어간 것이다.

메이지 유신을 지나치게 미화하는 데 대한 비판은 일본에서도 제기되었다. 2018년 2월 11일 일본 역사학협회는 "사쓰마와 죠슈 출신자로 대표되는 '유신'의 당사자들을 실제 이상으로 높이 평가하여 '메이지의 정신'이라는 것을 표방하고 일본의 근대를 특정한 입장에서 일방적으로 밝은 역사로 생각하려는 정부의 방침에 강한 위화감이 있다"라는 성명을 발표했다. 또한 작가 하라다 이오리(原田伊織)는 『메이지 유신이라는 과오 — 일본을 멸망시킨 요시다 쇼인과 죠슈 테러리스트』(2015)에서 메이지 유신은 시바 료타로의 창작으로 지나치게 미화된 '메이지 유신의 꿈'에 지나지 않으며 NHK 드라마에서 묘사하는 요시다 쇼인을 비롯한 그 문하생들은 오늘날에서 보면 테러리스트 집단이라고 주장했다.

실제로 메이지 유신 과정에서 존왕양이 운동과 막부 타도를 주도한 근왕지사들의 실태를 보면 권력 탈취를 위해 권모술수를 일삼는 모략집단이었다. 특히 "왕정복고의 음모성을 한 몸에 체현한 책사"로 불리는 이와쿠라 도모미는 왕정복고 선언 당시 "지금의 형세는 춘추전국시대와 같다. 권모술수를 이용하여 대사를 치르는 것 또한 이상하지 않다"라고 공공연히 말했다. 그는 또한 표면상으로는 정당한 논리를 주장하더라도 그 속에 필승의 계략이 숨어 있지 않으면 도저히 성공할 수 없다고도 했다. 수구적인 정치의식을 가지고 있던 고메이 천황이 의혹의 죽음을 맞이하고 아무런 정치적 식견도 없는 어린 메이지 천황이 즉위한 것은 도막파가 천황의 의사를 훨씬 자유롭게 조작할 수 있게 된 것을 의미하며, 그 자체가 메이지 유신이라는 정치변혁에 하나의 전제가 되었다. 그런 점에서 권모술수를 농단하여 권력을 탈취한 도막파는 피로 얼룩진 메이지 유신 정부를 수립하고 근대국가를 만든 것이라 할 수 있을 것이다.

2

근대국가 형성과정의
시행착오

| 천황 이미지의 창출 |

막부를 무너뜨리고 권력을 탈취한 신정부는 대의명분으로 장군을 초월하는 천황의 권위를 이용하여 '천황친정(天皇親政)'의 기치를 내세웠다. '천황친정'이란 천황이 직접 통치권을 행사한다는 말이다. 그러나 그것은 명분에 지나지 않았고, 실제로는 막부 타도를 주도한 사쓰마, 죠슈, 도사(土佐: 지금의 고치현), 히젠(肥前: 지금의 나가사키현) 출신의 무사들이 권력의 요직을 장악했다.

한편 신정부가 '천황친정'의 대의명분을 표방한 이상, 천황의 모습을 직접 전면에 내세울 필요가 있었다. 신정부는 1868년 4월 '천황친정'의 명분을 과시하기 위해서 천황의 에도(江戶) 행차를 실행에 옮겼다. 천황이 교토를 벗어나 에도로 행차하는 것은 유사 이래 최초의 일이었다. 원래 에도를 중심으로 한 관동지방은 막부의 지배력이 강한 지역이며 장군이 일본의 지배자라는 인식이 강했다. 이에 대하여 신정부는 이제부터 천황이 새로운 지배자라는 것을 과시하기 위해 천황의 존재감을 선전하는 효과를 연출한 것이다. 천황이 에도에 도착한 후 신정부는 에도를 동쪽 수도라는 의미의 도쿄(東京)로 명칭을 바꾸었다. 천황 일행은 같은 해 12월 일단 교토로 돌아갔다가 이듬해 1869년 3월 다시 도쿄로 행차하여 정식으로 수도를 도쿄로 옮기고 에도성의 명칭도 궁성(宮城)으로 바꾸었다.

천황은 고대부터 전통적으로 구중궁궐 속의 시녀들 사이에서 생활하면서 여성적인 이미지가 강하게 남아 있었다. 더구나 메이지 천황은 15세의 어린 나이에 천황이 되어 연약한 이미지를 아직 벗어나지 못하고 있었다. 따라서 근대국가를 이끌어가는 강인한 군주의 이미지를 새롭게 창출할 필요가 있었다. 다음 페이지에 나오는 사진과 같이 전통적인 복

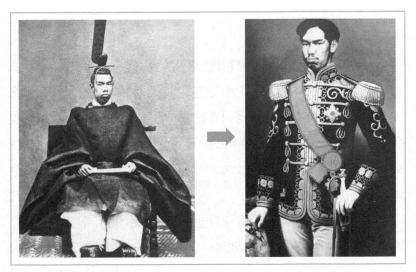
메이지 천황 이미지의 탈바꿈

장에 연약한 느낌의 모습에서 서구 국가의 황제와 같은 복장을 하고 강한 이미지로 탈바꿈한 것이다.

　다음 페이지 위의 이미지는 1872년 찍은 사진을 바탕으로 이탈리아 화가에게 위촉하여 그린 초상화로 좌측이 1873년, 우측이 1878년에 제작된 것으로 추정된다. 천황은 신분이 높은 사람이기 때문에 일반인들처럼 세워놓고 그림을 그릴 수 없었다. 초상화 제작을 위탁받은 화가는 천황의 사진을 보고 초상화를 그리고 천황의 개성을 나타내기 어려운 부분은 문 뒤에 숨어서 천황의 식사하는 모습이나 사람들을 만나는 모습을 관찰하면서 그렸다고 한다. 다음 페이지 밑의 이미지 우측은 1872년에 찍은 사진이고, 좌측은 1888년 이탈리아의 또 다른 화가가 그린 초상화이다. 이 그림은 실제 인물과는 동떨어진 그림이지만 사진의 실제 인물보다는 훨씬 잘생기고, 위엄이 있어 보여서 메이지 시대 가장 많이 유통된 초상화가 되었다.

메이지 천황의 초상화 1

메이지 천황의 초상화 2

　천황의 초상화는 1874년부터 소학교에 배포하기 시작해서 이후 전국의 모든 학교와 관공서에도 배포했다. 천황의 초상화는 천황의 신체와 같이 신성한 것으로 다루어 어진영(御眞影)이라고 했다. '어(御)'는 존경을 나타내는 접두어이고 '진영(眞影)'은 천황의 진짜 그림자라는 의미를 가지고 있다.

　'어진영'은 기원절이나 천장절과 같은 축일 행사에서 천황에 대한 숭배심과 경외심을 주입하는 도구로도 이용되었다. 기원절(紀元節)은 일본 신화에서 1대 진무(神武) 천황이 즉위했다고 전해지는 날로 서력으로 환산하면 기원전 660년 2월 11일이 된다. 메이지 정부는 1874년 이날을 '기원절'이라 하여 국가적인 축일로 지정했다. 일본이 패전한 후에는 명칭을 '건국기념일'로 바꾸고 국가의 축일로 지정하여 오늘에 이르고 있다.

　천장절(天長節)은 천황이 오랫동안 장수하기를 기원한다는 의미를 담고 있는 것으로 1873년에 메이지 천황의 생일인 11월 3일을 국가적인 축일로 지정했다. 메이지 천황이 죽은 후에는 다음 천황의 생일이 천장절이 되면서 메이지 천황의 생일은 '메이지절'로 명칭이 바뀌었다. 다이쇼 시대에는 다이쇼 천황의 생일인 8월 31일이 천장절이 되고, 쇼와 시대에는 쇼와 천황의 생일인 4월 29일이 천장절이 되었다. 천장절도 패전 후 명칭을 '천황탄생일'로 바꾸어 국정 공휴일이 되었다.

　천황의 '어진영'은 평소에는 학교의 교장실에 보관하고 있다가 기원절이나 천장절과 같은 축일 행사 때에는 전교생이 보는 앞에 걸어두고 최경례를 하여 천황에 대한 숭배심 함양에 이용되었다. 그런데 1921년 나가노현의 소학교에서 화재가 발생했을 때 교장 선생이 '어진영'을 구하려고 들어갔다가 불에 타 죽는 사건이 있었다. 이 사건을 계기로 교정에 따로 봉안전(奉安殿)을 만들어 '어진영'을 보관하게 했다. 이는 화제를 피하고 인명 피해를 줄이기 위한 것이었지만 학생들에게는 천황에 대한 숭배심을 더욱 배양시키는 결과를 가져왔다. 이전에는 축일 행사가 있을 때만 행사장에 걸어두고 최경례를 하게 했지만, 이제는 학생들이 등하교할 때마다 교정의 봉안전 앞을 지나가면서 최경례를 해야 했기 때문이다.

| 근대국가의 제도 정비 |

메이지 정부는 근대적인 국가로 제도를 정비하기 위해서 에도 시대의 봉건적인 영지 지배제도를 개혁해야 했다. 에도 시대에 전국적인 통치권은 막부의 장군이 가지고 있었지만, 지방의 영지는 다이묘들이 지배하는 지방 분권적인 성격이 강했다. 따라서 근대적인 국가로 개혁하기 위해서는 강력한 중앙집권적인 정부를 형성할 필요가 있었다.

그 첫 번째 중앙집권화 사업은 1869년에 실시한 판적봉환(版籍奉還)이었다. '판'은 판도, 즉 '영지'를 의미하고 '적'은 백성의 '호적'을 의미하는 것이며 '봉환'은 받들어 반환한다는 의미가 된다. 따라서 '판적봉환'이란 다이묘들이 이제까지 자신들이 지배하던 영지와 그 영지에 소속된 백성을 모두 천황 정부에 반환한다는 것을 의미한다.

'판적봉환'으로 중앙정부가 전국에 대한 통치권을 가지고 세금의 전국적인 징수가 가능하게 되었다. '판적봉환'은 메이지 정부의 중추를 이루던 사쓰마와 죠슈가 먼저 모범적으로 반납을 했으며, 다른 다이묘들도 판정봉환에 대한 커다란 반발은 없었다. 왜냐하면, 판적봉환으로 다이묘들의 통치 비용에 대한 부담을 중앙정부가 떠맡게 되었기 때문이다. 또한, 다이묘들에게는 연금이 보장되고, 특권적인 신분도 유지되었기 때문에 큰 불만은 없었다.

'판적봉환' 다음으로 시행한 것이 1871년의 폐번치현(廃藩置県)이었다. '폐번'이란 '번'을 폐지한다는 의미이고, '치현'은 '현'을 설치한다는 것을 말한다. 메이지 정부는 이제까지 다이묘들이 지배하던 전국의 '번'을 폐지하고 지방을 중앙 관하의 '부'와 '현'으로 일원화하는 행정개혁을 했다. 이로써 이제까지 전국 280여 개의 번으로 나누어져 있던 것을 3부 72개의 현으로 통폐합했다. '폐번치현'은 헤이안 시대 후기의 11세기경부터 이어져 오던 영주들의 지배체제에 종지부를 찍은 메이지 유신 최대의 개혁이라고 할 수 있다. '폐번치현' 이후 지방의 다이묘들은 도쿄로 이주하고 '번'에 대신하여 설치된 '현'에는 중앙정부에서 현령이 파견되었다.

'번'을 폐지하면서 이제까지 각 번에 소속되어 있던 무사들이 대량 해고되었다. 무사들에게는 일종의 퇴직금에 해당하는 녹봉이 지급되었지만, 그것으로 생계를 꾸려가기는 힘든 일이었다. 결국, 메이지 정부의 개혁적인 조치에 불만을 품은 무사들이 이윽고 반란을 일으키는데 이것을 사족 반란이라고 한다. 사족 반란은 1877년까지 계속되지만 메이지 정부의 무력 진압으로 모두 실패로 돌아갔다.

한편, 정부는 생계가 어려워진 무사들의 구제책으로 사족수산(士族授産) 정책을 펼쳤다. '수산'이란 직업이 없거나 가난한 사람에게 살길을 열어주기 위해 일자리를 마련해 주는 것을 말한다. 사족들을 구제하기 위한 정책으로 시행된 대표적인 사족수산 정책이 홋카이도 개발이었다. 이제까지 황무지에 불과했던 홋카이도에 사족들을 이주시켜 대규모의 농지를 개간하여 살길을 마련하도록 한 것이다.

| 신분 해방 |

　근대국가를 형성하기 위해서는 근대국가의 구성원으로서의 '국민'의 존재가 불가결하다. 오늘날 우리는 '국민'이라는 것을 당연하게 생각하지만, 봉건시대에는 백성, 영민, 서민 등과 같은 말은 있어도 '국민'이라는 개념이 없었다. '국민'이란 그야말로 근대국가의 구성원으로서 국가에 대한 귀속감을 가지는 것을 말한다. 봉건시대의 신분제도에서 일반 서민들은 자신이 소속된 영지에 대한 귀속감은 있어도 일본이라는 국가에 대한 구성원의 한 사람이라는 의식은 희박했다. 따라서 근대국가의 구성원으로서의 '국민'이라는 자의식을 가지게 하기 위해서는 먼저 봉건시대의 신분제도를 철폐할 필요가 있었다.

　에도 시대의 신분제도는 조선이나 중국과 같이 사농공상으로 나누어져 있었다. 다만, 일본의 경우 '사'는 무사 계급으로 전체 인구의 약 5% 정도이고 80% 이상이 농민으로 구성되어 있었다. 메이지 정부는 폐번치현과 동시에 '사민평등'을 공포하여 신분제도를 철폐하고 봉건시대에 사농공상에도 속하지 않고 신분적으로 차별을 받던 피차별 부락민에 대해서도 신분해방령을 내려 모두 같은 평민이라는 것을 선언했다.

　피차별 부락민은 우리나라에서 말하는 일종의 백정과 같은 직업을 가진 천민을 말한다. 일본은 6세기경부터 불교가 들어오면서 육식을 하지 않았기 때문에 소나 말의 사체를 다루는 직업을 가진 사람들을 '게가레'라고 하여 더러운 것이 묻어 있다고 인식하고 이들을 기피하는 경향이 강했다. 그런데, 메이지 정부가 피차별 부락민에 대한 신분 차별을 폐지하고 일반 평민과 같다고 하자 이를 이해하지 못한 마을 사람들이 피차별 부락을 습격해서 부락민을 살해하는 사건까지 발생했다. 이것은 봉건적인 인습에 젖은 농민들이 메이지 정부의 근대적인 개혁정책을 이해하지 못했기 때문에 일어난 사건이었다.

| 식산흥업 |

근대국가 형성에서 판적봉환, 폐번치현, 신분제도의 철폐 이상으로 중요한 것은 강력한 중앙정부의 주도로 산업을 일으키는 식산흥업이었다. 식산흥업을 위해서는 가장 먼저 재정수입을 확보할 필요가 있으며, 이를 위해 개혁한 조세제도가 지조개정(地租改正)이었다. 메이지 정부는 판적봉환 이후 전국적으로 토지조사를 하고 토지가격의 3%를 토지세로 부과하여 재정수입을 확보했다. 그리고 이제까지 금지되어 있던 토지 매매를 허가하고 토지소유자는 현금으로 세금을 부담하게 했다.

자본주의 산업경제를 발전시키기 위한 인프라 구축도 급속하게 진전되었다. 해운업 발전을 위해 항만과 등대를 설치하고 전산망과 우편제도를 도입했으며, 중앙은행의 설립으로 엔을 단일 화폐로 하는 통화제도를 정착시켰다. 또한, 철도망의 확충은 경제적인 효과뿐만 아니라 시간, 거리, 사회적 행동에 대한 감각의 변화를 가져오는 문화적 파급효과도 가져왔다. 열차는 시간표에 따라서 운행함으로써 시간을 엄수하는 습관이 생기기 시작했고 이에 따라 손목시계와 탁상시계의 수요도 증가했다.

또한, 정부는 조선소, 광산, 기계 제작소, 군수공장, 방적공장 등의 산업체를 직접 설립하고 운영했다. 다만, 당시는 아직도 일본인 기술자들이 극히 부족한 시대였기 때문에 선진기술을 배우기 위해 많은 외국인 기술자들을 초빙했다. 이렇게 초빙된 외국인들을 일본에서는 고용외국인이라고 불렀다. 1868년부터 1889년까지 공적, 사적인 기관과 개인이 고용한 외국인은 약 2,700명이었다. 그들이 종사한 분야는 철도건설, 건축(영국), 교육(미국), 군사(프랑스), 의료와 지질(독일), 해운(네덜란드), 기타 법률, 외교, 예술 분야에 이르기까지 매우 다양했다. 이들에 대한 대우도 매우 좋아서 당시 최고 대우를 받은 조폐창의 지배인 윌리엄 월은 월 1,050엔을 받았다고 한다. 당시 메이지 정부에서 가장 높은 신분인 우대신 이와쿠라 도모미가 월 600엔이었다고 하니 상당한 대우를 받았다는 것을 알 수 있다.

고용외국인들은 1890년대부터는 서서히 모습을 감추기 시작한다. 그것은 메이지 정부가 급속하게 추진한 근대화정책이 성과를 거두고 서양으로부터 배워야 할 기술은 거의 다 배웠다는 것을 의미한다. 일본이 서양 문물을 얼마나 서둘러 배웠는지는 당시 고용외국인으로서 일본에 체재한 독일인 의사 벨츠(Erwin von Bälz)가 일기에 남긴 다음과 같은 글에서도 엿볼 수 있다.

> 일본 국민은 유럽이 오늘날까지 문화발전에 500년이 걸린 것을 하루아침에 자기 것으로 만들려 하고 있다. … 이러한 대약진의 경우 대부분은 역효과를 가져와 터무니없는 잘못을 초래하기 쉽다. 신기하게도 지금 일본인은 자기 자신의 과거에 대해서는 아무것도 알고 싶지 않은 것이다. 심지어 교양인은 그것을 수치로 생각하고 있다. … 일본인이 이렇게 자국의 고유문화를 경시하면 오히려 외국인의 신뢰를 얻을 수 없다. … 일본인은 근본에 있는 정신을 탐구하는 대신 최신의 성과만 수용하면 충분하다고 생각하고 있다.

벨츠는 1876년 도쿄의학교(현재 도쿄대학 의학부) 교사로 초빙되어 29년간 일본에 체재하면서 일본인 여성과 결혼하고 일본의 의학 발전에 공헌한 인물이다. 1902년 도쿄제국대학을 퇴임한 후에는 궁내성의 시의로서 메이지 천황의 주치의를 맡기도 했다.

| 이와쿠라 사절단 |

이와쿠라 사절단은 1871년 11월 12일부터 1873년 9월 13일까지 미국과 유럽 각국에 파견된 사절단을 말한다. 구성원은 전권대사 이와쿠라 도모미를 비롯한 정부 수뇌부와 유학생을 포함한 107명이었다. 사절단의 목적은 일본과 조약을 맺은 각국을 방문하여 국가원수에게 국서를 전달하고 메이지 유신 이전에 막부가 서양 각국과의 사이에 맺었던 불평등조약을 개정하기 위한 예비교섭을 하는 것, 그리고 서양의 선진적인 문명의 실태를 조사하는 것이었다.

사절단은 요코하마항을 출발하여 태평양을 건너 미국의 샌프란시스코에 도착한 후 대륙을 횡단하여 워싱턴까지 가는 데 8개월이 걸렸다. 이후 대서양을 건너 영국, 프랑스, 벨기에, 네덜란드, 독일, 러시아, 덴마크, 스웨덴, 이탈리아, 오스트리아, 스위스를 거쳐 지중해에서 수에즈운하를 통과한 후 홍해에서 스리랑카, 싱가포르, 사이공, 홍콩, 상하이를 거쳐 요코하마까지 돌아오는 데 무려 1년 10개월이 걸렸다.

이와쿠라 사절단은 불평등조약을 개정하는 것이 주된 목적이었지만 현실적으로 서구 국가들은 일본이 아직 근대적인 법 제도가 정비되지 않았다는 이유로 조약 개정에 응해주지 않았다. 그러나 메이지 정부의 수뇌들이 직접 서양문명과 사상, 문화 등을 접하고 선진국의 실정을 체험한 것은 그들이 귀국한 후 근대국가 건설에 지대한 영향을 미쳤다. 또한, 사절단과 동행한 유학생들은 귀국 후 정치, 경제, 과학, 교육, 문화 등의 갖가지 분야에서 활약하여 일본의 근대화에 크게 공헌했다. 사절단에는 사절단의 행적을 기록하기 위해서 도쿄대학의 역사학과 교수 구메 구니다케(久米邦武)도 수행했다. 구메 교수는 귀국 후 전 100권에 이르는 『특명전권대사미구회람실기(特命全權大使米毆回覽実記)』라는 방대한 보고서를 제출하여 정부로부터 거액의 장학금을 받았다. 보고서는 당시 사절단이 어디를 가서 무엇을 보고 무엇을 느꼈는지를 상세하게 서술하고 있어 당시 일본의 서양 인식을 이해하는 데 매우 귀중한 자료로 남아 있다.

| 문명개화 |

문명개화란 메이지 시대 일본에 서구 문명이 도입되어 제도와 습관이 크게 변화한 현상을 말한다. 문명개화라는 말은 일본 문명의 근대화에 가장 커다란 영향을 미친 지식인 후쿠자와 유키치(福沢諭吉)가 1875년에 출간한 자신의 저서 『문명론의 개략(文明論之概略)』에서 영어 'civilization'을 번역해서 사용한 것이 처음이었다. 일본은 에도 시대 말기부터 서구 문명에 대한 열등감을 품고 있었고 하루속히 서구의 근대 문명을 배우는 것은 메이지 정부의 일관된 과제였다. 특히 이와쿠라 사절단이 서구를 순방한 이후 근대화는 더욱 시급한 과제가 되었다. 하루속히 서구와 같은 수준의 근대화를 달성하지 않으면 서구 국가들이 불평등조약 개정에 응해주지 않을 것이기 때문이었다.

메이지 정부가 모든 제도와 관습의 전반에 걸쳐 추진한 '근대화(modernization)'는 '서구화(westernization)'와 거의 같은 의미이며 당시에는 탈아입구(脱亜入欧)라는 구호로 표현되기도 했다. '탈아입구'란 서구화를 지향하는 근대 일본의 서구 지상주의를 대변하는 말이었다. '탈아'란 미개한 아시아에서 벗어난다는 말이고 '입구'의 '구'는 'Europe'을 한

년도	변화된 생활양식
1869	인력거 발명, 도쿄·요코하마 승합 마차 개업, 전신의 실용화
1870	자전거 보급, 양복 착용, 양산 보급, 구두의 국산제조 개시
1871	단발령, 서양요리점 개업, 규나베(牛鍋) 유행
1872	모자 유행, 긴자(銀座) 벽돌 건물 거리, 박람회 개최, 신바시·요코하마 철도 개설, 태양력 채용
1874	긴자 거리 가스등 등장
1876	폐도령, 일요 휴가제 적용, 근대 공원 조성(우에노 공원)
1877	전화 개통
1882	니혼바시·신바시 철도마차 개업, 전등 설치, 우에노 동물원

자어로 표기할 때 사용하는 '구라파(歐羅巴)'의 '구'를 의미하므로 서구 문명으로 들어가자는 의지를 나타낸 말이었다.

　문명개화는 메이지 정부가 추진한 식산흥업, 부국강병 등의 근대화정책뿐만 아니라 위생, 태양력, 서양식 건축, 단발, 양장, 양식 등 일상생활 전반에 걸쳐 추진되었다. 위의 표는 메이지 초기의 문명개화 정책으로 생활양식이 변화한 것을 연대순으로 나열한 것이다. 1871년을 보면 서양 요리점 개업과 규나베(牛鍋) 유행이라고 적혀 있다. 규나베는 소를 의미하는 '규'와 냄비를 의미하는 '나베'의 합성어로 우리말로 하면 일종의 쇠고기 전골이다. 일본은 6세기 중엽에 불교가 전래하면서 육식을 하지 않았는데 메이지 정부가 육식을 적극적으로 권장하면서 일본인의 입맛에 맞는 요리가 개발된 것이다. 정부가 육식을 적극적으로 권장한 것은 육식하는 서양인들의 신체가 일본인보다 월등하게 큰 것을 보고 식생활이 신체 발육에 영향을 미친다는 것을 알았기 때문이었다. 1874년에는 긴자

거리에 가스등이 등장했다. 이때부터 긴자는 도쿄 최고의 번화가로 명성을 떨치기 시작했다.

메이지 정부의 문명화 정책은 사회생활 전반에 대한 개혁에까지 영향을 미쳐 나체, 노상 방뇨 등의 풍속교정, 민간신앙의 통제, 거지와 구걸의 금지, 창부 규제 등 다양하게 전개되었다. 정부의 급속한 문명화 정책은 민중들에게 전통적인 생활 세계를 해체하는 것으로 받아들여져 맹렬한 반발을 초래하기도 했다. 이것을 일본사에서는 '신정반대일규(新政反對一揆)'라고 한다. '일규'란 일본어로 '잇키(一揆)'라 하며 민중봉기를 의미한다. 전통적인 인습에 익숙해 있던 일반 민중들은 정부의 개화 정책을 이해하지 못하고 '신정', 즉 정부의 새로운 정책에 반대하는 봉기를 일으킨 것이다. 피차별 부락민에 대한 신분해방령에 반대하는 민중들이 부락민을 살해한 사건도 신정반대일규의 한 사례라고 할 수 있다. 메이지 정부의 신정에 반대하는 민중봉기는 메이지 10년경까지 계속되었다.

| 후쿠자와 유키치 |

근대 일본의 문명개화에 사상적으로 가장 큰 영향을 미친 사람은 후쿠자와 유키치였다. 후쿠자와는 지금의 규슈에 있는 오이타현(大分県) 나카쓰시(中津市) 출신으로 에도 막부 말기에 나가사키에서 네덜란드의 학문을 배웠다. 이후 1860년 에도 막부의 사절단이 통상조약의 비준서를 교환하기 위해 미국으로 건너갈 때 막부의 통역 담당으로 수행했다. 그리고 1862년에는 유럽을 방문하고 1867년에는 두 번째로 미국을 방문했다.

후쿠자와는 몇 차례의 서양 체험을 통해서 개인의 자유 존중, 신앙의 자유 보장, 과학 기술의 촉진, 학교 교육의 보급, 산업의 육성, 국민복지

의 향상 등이 근대화에 매우 중요하다는 것을 깨달았다. 후쿠자와는 이 것을 『학문의 권함(学問のすすめ)』, 『서양사정(西洋事情)』, 『문명론의 개략(文明論之概略)』 등과 같은 책을 저술해서 국민 계몽을 이끌었다. 후쿠자와는 1868년 게이오의숙대학을 설립한 것 외에도 1882년에는 《시사신보(時事新報)》를 창간하여 언론 활동도 적극적으로 펼쳤다. 후쿠자와는 근대 일본 최고의 지식인으로 손꼽히며, 1984년부터 1만 엔권 지폐에 초상이 채용되어 있어 그의 얼굴을 모르는 일본인이 없을 정도이다.

후쿠자와는 당대의 저명한 지식인임에도 불구하고 평생 관직에 오르지 않고 재야에서 활동한 인물이었다. 후쿠자와가 평생의 과제로 삼은 것은 문벌 제도와 같은 봉건사상을 비판하고 서구의 근대적인 합리주의의 입장에서 개인의 자발적 정신과 실학 정신을 고취하여 국가의 독립을 이루고 부국강병의 길로 가는 것이었다. 당대 최고의 베스트셀러였던 『학문의 권함』에서 후쿠자와는 첫머리에 인간 평등을 선언하면서 국민 개개인이 주체적이고 자발적인 정신을 가지고 봉건적인 노예 상태에서 독립해야 비로소 국가의 독립을 이룩할 수 있다고 주장했다.

후쿠자와는 또 다른 베스트셀러 『문명론의 개략』에서도 일본의 전통적인 봉건제도를 비판하고 하루속히 서양문명을 배워 국가의 독립을 꾀해야 한다고 주장하고 있다. 특히 여기서 주목되는 것은 당시의 세계를 문명과 야만으로 분할하고 지금의 일본은 '반개(半開)', 즉 반쯤 개화된 상태에 있다고 보는 점이다. 이는 곧 서양을 문명으로 보고 중국, 인도 등의 아시아 국가들은 야만의 영역에 있으며, 현재 일본은 야만에서 문명으로 진행하고 있는 반쯤 개화된 상태에 있다고 본 것이다. 따라서 하루속히 국가의 독립을 성취하기 위해서는 국민 개개인의 정신적 자립, 즉 '일신 독립'을 이루어 '반개'의 상태에서 벗어나야 일국의 독립을 이룩할 수 있다는 것이었다.

이러한 후쿠자와의 사상은 근대 이후 일본인들의 서구에 대한 열등감, 동경심과 동시에 아시아에 대한 멸시감과 우월감을 심어주는 데도 커다란 영향을 미쳤다. 후쿠자와가 1885년 자신이 창간한 《시사신보》에 실은 사설 탈아론은 바로 그 단적인 사례라고 할 수 있다. 후쿠자와는 '탈아론'에서 중국과 조선을 나쁜 친구라는 의미의 '악우(惡友)'로 표현하고 있다. 즉, 일본이 중국이나 조선과 같은 나쁜 친구와 교제를 계속하면 서양인들이 일본을 보기를 중국이나 조선과 같은 야만국으로 볼 수 있으므로 이들과의 교제를 거절하고 속히 서양의 문명권으로 들어가야 한다고 주장한 것이다. 실제로 후쿠자와는 강화도조약 이후 김옥균을 비롯한 조선의 개화파를 배후에서 지원하고 있었다. 그러나 1884년 갑신정변의 실패로 조선 개화파의 지원이 좌절되자 제국주의적인 개입을 주장하는 논조를 펼치기 시작했다. '탈아론'은 바로 그 출발점이었다.

| 정한론 정변 |

이와쿠라 일행이 구미를 순방하고 있을 때 메이지 정부는 조선과의 국교 문제로 갈등을 빚고 있었다. 이제까지 에도 막부와 교린 관계를 맺어 오던 조선 정부가 메이지 유신 이후 신정부와의 교섭에 응하지 않기 때문이었다. 조선 정부는 메이지 정부가 조선에 보낸 국서의 명의가 '천황'의 '칙서'로 되어 있었기 때문에 교섭에 응하지 않았다. 에도 막부와 동등한 교린 관계를 맺어 오던 조선 정부로서는 '황'이나 '칙'이란 용어는 '왕'의 상위에 있는 중국의 황제가 사용하는 것이기 때문에 도저히 받아들일 수 없었다.

이에 대하여 일본에서는 조선의 국서 수리 거부를 외교적 예의에 어긋

나며 일본을 모욕한 것으로 받아들이고 조선을 정벌해야 한다는 이른바 정한론(征韓論)이 팽배하게 분출되었다. 메이지 정부는 재야의 정한론 열기를 배경으로 1873년 6월 각의에서 사이고 다카모리를 전권 사절로 조선에 파견할 것을 결정했다. 각의에서 사이고는 자신이 전권 사절로 건너가 조선을 설득해 보고 만약 조선이 이를 듣지 않는다면 병사를 일으키자는 제안을 강력하게 밀어붙여 결정되었다. 그러나 3개월 후 서구 각국을 시찰하고 돌아온 이와쿠라 사절단의 일행은 시기상조와 내치 우선을 이유로 결사적으로 '정한'을 반대했다. 특히 사이고의 절친 오쿠보 도시미치가 극구 반대하면서 격론이 벌어져 의견 차이가 좀처럼 좁혀지지 않았다. 결국, 사이고를 비롯한 정한파는 모두 관직에서 물러나 하야하고 정한을 반대한 사절단의 오쿠보 도시미치 등이 권력의 중추를 장악하게 되었다. 이것을 '정한론 정변'이라고 한다.

메이지 초기 재야에서 '정한론'이 비등했을 당시 우리나라의 국호는 '조선'이었다. 따라서 조선을 정벌하자고 한다면 '정조론'이 되어야 하는데 왜 '정한론'이라고 했을까? 이것은 에도 시대 후기부터 대외적 위기감이 심화하면서 서구에 대한 열등감과는 대조적으로 조선을 일본의 아래로 내려다보는 멸시관이 대두한 것과 관계가 있다. 에도 시대 후기부터 일본의 지식인들은 8세기에 편찬된 『고사기(古事記)』와 『일본서기(日本書紀)』에 등장하는 신공황후(神功皇后)의 삼한정벌 신화를 근거로 조선에 대한 우월감을 표출하고 있었다. 신공황후는 실존하지 않는 신화 속의 인물이지만 『고사기』와 『일본서기』의 기록에 의하면 14대 천황의 부인으로 3세기 초에 남편이 죽은 후 임신한 몸으로 병력을 이끌고 한반도로 건너가 삼한을 정벌했다는 내용이 있다. 메이지 초기 정한론의 '정한'은 바로 신공황후의 삼한정벌 신화를 상기하여 조선을 멸시하는 의미로 사용한 말이었다.

| 사족 반란 |

　메이지 정부의 제반 정책으로 무사 계급의 신분적인 특권이 폐지되고 무사 제도 자체가 해체된 것에 대하여 불만을 품은 무사들을 불평 사족이라고 하며, 이들이 일으킨 반란을 사족 반란이라고 한다. 불평 사족들은 1873년 정한론 정변으로 사이고 다카모리, 에토 신뻬이(江藤新平) 등이 하야하여 고향으로 돌아가자 이들을 수장으로 추대하여 반란을 일으켰다.

　최초의 사족 반란은 에토 신뻬이를 지도자로 1874년에 사가(佐賀: 현재의 나가사키현)에서 발생한 사가의 난이었다. 사가의 난은 메이지 유신 이후 최초의 대규모 사족 반란이었다. 반란에 가담한 불평 사족들은 주로 '정한'을 실시하면 선봉에 서겠다고 주장한 '정한당'과 봉건제로의 복귀를 주장한 반동적인 '우국당'으로 이루어진 혼성군 약 5천 명으로 구성되었다.

　그러나 전신의 정보력과 증기선의 수송력을 활용한 정부군의 신속한 대응으로 반란은 곧 진압되었다. 반란 진압에서 효력을 발휘한 것은 1873년의 징병령으로 징집된 정부군이었다. 이제까지 전쟁은 전적으로 무사들이 담당하고 일반 서민들은 전혀 전쟁에 참여할 수 없었지만, 징병령으로 징집된 일반 서민이 근대적인 군대의 훈련을 받고 조직적으로 대응하면서 그 효력이 입증된 것이다.

　주모자 에토 신뻬이는 메이지 유신에 공을 세우고 메이지 초기에 사법성(현재로 말하자면 법무부) 장관까지 지낸 인물이었지만 정부에 반기를 든 주모자로 즉결처형당하고 그의 목이 효수되었다. 에토 신뻬이는 사후 1919년 메이지 유신에서 세운 공로가 인정되어 특사로 사후 사면을 받고 명예 회복했다. 사가의 난은 정부군의 총공격으로 곧 진압되었지만, 이후에도 각지에서 사족 반란이 발생했으며, 1877년에는 최대 규모의 마지막 사족 반란인 세이난 전쟁이 발생했다.

| 세이난 전쟁 |

세이난 전쟁은 규슈의 거의 전 지역에서 사이고 다카모리를 맹주로 하여 발생한 메이지 유신 이후 최대 규모의 마지막 사족 반란이었다. 세이난(西南)이란 우리나라 말로 서남쪽을 말한다. 규슈 지역이 일본 전체에서 볼 때 서남쪽에 해당하기 때문에, 일본 서남쪽에서 일어난 전쟁이라는 의미에서 세이난 전쟁이라고 한다. 또한, 메이지 정부에 대한 반란임에도 불구하고 '전쟁'이라고 한 것은, 그만큼 규모가 컸기 때문이다.

사이고 다카모리는 하야 후 고향으로 돌아가 가고시마 전 지역에 사립학교와 분교를 창설하고 지역 청년들을 교육하면서 불평 사족들을 규합, 통솔하여 사족 지배체제를 이어가고 있었다. 이러한 사이고의 존재가 메이지 정부로서는 불편한 상대일 수밖에 없다 보니 당연히 사이고에 대한 암살설이 나돌았다. 1877년 1월 사이고 암살계획이 누설되자 불평 사족과 사이고의 사립학교 학생들이 격분하여 사이고에게 궐기를 부추겼다. 이윽고 2월 5일에는 사이고 휘하 간부 200여 명의 대책 회의에서 무장봉기가 결정되었다. 반란군의 제1진이 정부군의 주둔지가 있는 구마모토 방면으로 출발한 것은 봉기 결정 열흘 후인 2월 15일이었다.

이에 대하여 정부가 진압군 출병을 결정한 것은 그 나흘 후인 2월 19일이었다. 그 이틀 후인 2월 21일 사이고군은 정부의 1개 사단 병력이 주둔하고 있는 구마모토성을 포위하여 총공세를 펼쳤다. 구마모토성이 궁지에 빠지자 이를 구원하기 위해 급파된 정부군과의 사이에 피아를 구분하기 어려울 정도로 치열한 육박전이 전개되었다. 당시 진압군의 실질적인 총사령관은 죠슈 출신의 육군 중장 야마가타 아리토모(山県有朋)와 사쓰마 출신으로 사이고와는 친척 관계에 있던 해군 중장 가와무라 스미요시(川村純義)였다. 두 사람 모두 반란의 진압으로 공을 세우고 출세했다. 특히 야마가타 아리토모는 이토 히로부미와 필적하는 메이지 시대 정치 거물의 한 사람으로 이름을 기억해 둘 필요가 있다.

사이고군이 봉기할 당시 반란군은 1만 4천 명이었고 구마모토에 주둔하고 있던 사단 병력은 4천여 명이었다. 수적으로는 반란군이 우세했지만, 반란군의 무기는 칼이나 창과 같은 전근대적인 무기가 대부분이었고 대포도 부족하여 구마모토성을 함락시키기에는 역부족이었다. 이에 비하여 주둔군은 우수한 대포와 탄약을 보유하고 있어 지원군이 올 때까지 버틸 수가 있었다.

구마모토성을 구원하려는 정부군과 이를 차단하려는 반란군 사이에 3월 1일부터 한 달에 걸쳐 구마모토의 다바루자카(田原坂)에서 치열한 격전이 벌어졌다. 전쟁이 얼마나 치열했으면 100년 이상이 지난 지금도 다바루자카에서는 당시의 총탄과 탄피가 발견되고 있을 정도다. 사이고군은 다바루자카에서 밀리면서 최초로 무장봉기를 결의하고 출발했던 가고시마로 후퇴하여 시가전을 전개했다.

사이고는 9월 22일 정부군의 항복 권유를 무시하고 수십 명의 측근과 최후의 결전을 각오했다. 이틀 후 정부군의 총공격으로 복부와 허벅지에 총탄을 맞은 사이고는 천황이 있는 동쪽을 향해 절을 하고 할복을 준비하지만 이미 자신의 배를 가를 힘조차 없어 자세를 취하고 있을 뿐이었다. 사이고의 최측근 벳뿌 신스케(別府晋介)가 "용서하세요!"라고 외치면서 사이고의 목을 내리치고 벳뿌도 그 자리에서 할복했다. 이를 지켜보던 나머지 측근들도 모두 최후의 저항을 하다가 총탄에 맞아 전사하거나 스스로 목숨을 끊으면서 세이난 전쟁은 끝을 맺었다.

　세이난 전쟁에 투입된 병력은 정부군이 약 7만 명이고 사이고군이 약 3만 명으로 우열관계가 확연하지만, 전사자 수를 보면 정부군이 6,404명, 사이고군의 전사자가 6,765명으로 백중지세의 전투를 펼친 것을 알 수 있다. 한편 당시 구마모토성에 주둔하고 있던 주둔군의 지휘관들은 후일 모두 출세했다. 당시 구마모토성의 사령관 다니 다데키(谷干城)는 후일 농상무 대신을 역임했으며, 참모장 가바야마 스케노리(樺山資紀)는 해군대신과 초대 대만총독, 참모부장 고다마 겐타로(児玉源太郎)는 육군대신과 참모총장, 참모 가와가미 소로쿠(川上操録)도 참모총장을 역임했다. 그만큼 세이난 전쟁에서 공을 세운 것을 인정받은 것이다.

| 세이난 전쟁의 영향 |

　전쟁은 끝났지만, 그 여파로 인한 영향은 곳곳에 남았다. 특히 경제적 영향은 이후 일본 자본주의 발달에까지 영향을 미쳤다. 정부에서는 반란군을 진압하기 위한 전쟁 비용으로 당시의 세수 4,800만 엔에 육박하는 4,100만 엔을 지출했다. 게다가 정부가 전쟁 비용을 조달하기 위해 불환지폐를 남발하여 인플레 현상을 초래했다. 당시 재무상 마쓰가타 마사요시(松方正義)는 인플레 현상을 막기 위해 세금을 올리고 관영기업을 불하하는 등의 디플레이션 정책을 펼쳤다. 이로 인하여 농촌의 빈부 격차가 더욱 심해져 전국의 소작농이 이전의 38%에서 47%로 증가하는 한편 소수의 대지주가 발생했다. 농촌의 곤궁한 농민들은 도시로 유입되어 관영기업의 불하로 발생한 재벌 기업의 공장에서 저임금으로 노동하는 도시 빈민층을 형성하게 된다.

그런 점에서 세이난 전쟁은 당시 국민의 대다수를 차지하는 농민층을 몰락시키고 도시의 빈민층이 증가하는 데 영향을 미치는 한편 대지주와 재벌의 자본 축적으로 초기 자본가가 등장하는 데도 영향을 미쳤다. 이렇게 등장한 초기 자본가의 자본 집중으로 민간의 대규모 투자가 가능해지면서 일본근대화를 추진하는 데 중요한 역할을 하게 되지만, 한편으로는 빈부 격차가 더욱 심화하면서 사회주의운동이 확산하는 데도 영향을 미쳤다.

세이난 전쟁은 일본 최후의 내전으로 무사라는 군사적 전문직이 소멸하는 데도 결정적인 영향을 미쳤다. 특히, 세이난 전쟁은 사족으로 구성된 반란군에 대하여 징병을 주체로 한 정부군의 승리로 사족 출신과 농민 출신 병사의 전투력에 차이가 없다는 것을 입증하는 계기가 되었다. 이는 이후 징병에 의한 국민개병제가 정착하는 데도 영향을 미쳤다.

한편 병사들의 사기 문제가 과제가 되어 병사들에 대한 정신교육을 중시하게 되었다. 특히 정신교육에서 가장 중요한 것은 병사들의 천황에 대한 충성을 어떻게 끌어내는가 하는 것이었다. 그 결과로 만들어진 것이 1882년 전 장병들에게 천황의 이름으로 내려진 군인칙유(軍人勅諭)였다. 약 300자 정도 분량의 군인칙유의 골자를 한마디로 말하자면 천황을 위해 충성을 다하라는 것, 즉 천황을 위해서 목숨을 바치라는 것이었다. 이후 일본의 군대는 1945년 패전할 때까지 병사들에게 이러한 정신교육을 철저하게 주입했다. 이로 인하여 무모한 전쟁에서 수백만 명의 병사들이 '천황폐하 만세'를 외치면서 죽어갔던 것이다.

| 사이고 전설 |

사이고 다카모리는 반란군 주모자로서 최후를 마쳤지만, 일반 서민들은 여전히 메이지 유신의 영웅으로 기억되고 있었으며 사이고의 죽음을 애도하는 분위기는 사이고의 고향 가고시마뿐만 아니라 전국적으로도 널리 퍼져 있었다. 이러한 분위기 속에서 사이고가 죽어서 하늘의 별이 되었다거나, 사이고는 아직 죽지 않고 살아 있으며 언젠가 다시 나타날 것이라는 소문이 나돌았다.

사이고가 별이 되었다는 소문은 사이고의 죽음을 애도하는 사람들 사이에 유포된 소문이지만 전혀 근거가 없는 것은 아니었다. 1877년은 과학적으로 계산해 보면 우주의 화성이 지구에 가장 가깝게 접근한 시기였다 (지구에서 5,630만 킬로미터). 당시 이것을 본 사람들이 "갑자기 나타난 별의 붉은 빛 속에 대장의 정장을 한 사이고 다카모리의 모습이 보였다"라는 소문을 퍼트린 것이다. 소문이 널리 퍼지자 이에 편승해서 '사이고별'을 그린 그림이 수 종류 유포되었다. 오른쪽 그림은 그 가운데 하나이다.

또 하나의 전설은 생존설이다. 사이고가 중국으로 건너가서 살고 있다거나, 세이난 전쟁이 끝나고 10년 후인 1886년에 일본의 군함이 행방불명되었을 때 사이고가 그 배를 타고 일본으로 돌아올 것이라는 소문이 퍼졌다. 또 1891년에는 당시 러시아 황태자(후일 니콜라이 2세)가 일본을 방문하여 가고시마로 갈 때 사이고가 러시아 황태자와 함께 귀국할 것이라는 소문이 퍼졌다. 이 밖에도 사이고가 메이지 유신 이전에 사쓰마 영주의 명령으로 대만으로 건너가 현지 조사를 할 때 대만 여성과의 사이에 태어난 아이가 대만에 살고 있다는 소문도 나돌았다. 그 어느 것도 허구에 지나지 않는 것이지만 모두가 사이고의 죽음을 아쉬워하는 서민들의 정서를 반영한 것이었다.

사이고의 죽음에 대해서는 메이지 천황도 상당히 애석하게 생각하고 있었다. 사이고는 1890년 대일본제국헌법 공포를 기념해서 천황의 특사로 명예를 회복했다. 2018년에는 메이지 유신 150년을 맞이하여 사이고 다카모리가 다시 주목을 받았다. NHK가 2018년 1월부터 12월까지 48회 방영한 대하드라마 〈사이고돈(西郷どん)〉이 그 대표적인 것이다. '돈'이란 가고시마의

'사이고별'을 묘사한 당시의 그림

방언으로 표준어로 말하면 '상'이 된다. '사이고상'이라 하지 않고 '사이고돈'이라 하면 좀 더 친근감 있게 들린다는 의미일 것이다. 다만 시청률은 예년의 다른 대하드라마에 비하면 낮은 편으로 12.8%에 그치고 있었다. 그러나 사이고의 고향 가고시마에서는 최고 36.9%의 높은 시청률을 기록하여 사이고의 인기가 여전히 살아 있다는 것을 입증했다. 실제로 사이고는 지금도 고향 가고시마에서는 최고의 영웅으로 칭송되고 있다.

| 자유민권운동 |

정한론 정변에서 하야한 사이고는 무장봉기로 비참한 최후를 맞이했

지만, 함께 하야한 이타가키 다이스케(板垣退助)는 비폭력 반정부 운동인 자유민권운동의 지도자로 활동했다. 일본에서는 자유민권운동을 일본 최초의 민주주의 운동으로 평가하고 있지만, 그 출발점이 정한론 정변에서 하야한 사람들이 중심이었다는 점에서 석연치 않은 부분이 있다. 조선을 침략하자는 '정한'을 주장하다가 그것이 좌절되자 관직을 벗어던지고 메이지 정부를 비판하는 자유민권운동을 전개했다는 점에서 볼 때 순수한 민주주의 운동으로 평가하기 어려운 것이다.

자유민권운동은 정한론 정변에서 하야한 이타가키 다이스케, 고도 쇼지로(後藤象二郎), 에토 신페이, 소에지마 다네오미(副島種臣) 등이 1874년 입법부에 '민선의원설립건백서(民撰議院設立建白書)'를 제출한 것을 계기로 시작되었다. 민선의원이란 요즘 말로 하면 국회의원을 말하고, 건백서란 일종의 청원서와 같은 것으로 헌법을 제정해서 국회를 개설하고 국회의원을 선출해서 민의를 반영한 정치를 하라고 청원한 것이다. 실제로 당시 메이지 정부는 사쓰마와 죠슈 출신을 중심으로 한 소수의 관료가 권력을 독점하고 있었다. 이를 비판하여 민선의원설립건백서가 제출된 것을 계기로 전국 각지에서 200여 개의 정치결사가 결성되어 헌법 제정, 의회 개설, 토지세 경감, 불평등조약 개정, 언론·집회의 자유 보장 등을 요구하는 운동이 활발하게 전개되었다.

자유민권운동을 가장 먼저 주도한 것은 정한론 정변에서 하야한 이타가키 다이스케였다. 이타가키는 도사의 상급 무사 출신으로 메이지 유신에 중요한 역할을 한 인물이다. 왕정복고 직후 보신 전쟁에서는 도사의 근왕당을 이끌고 선봉대의 참모로 활약했다. 그리고 메이지 유신 이후에는 기도 다카요시, 사이고 다카모리, 오쿠마 시게노부 등과 함께 정부의 요직에 취임하고 1871년에는 참의로 승진했다. 이후 정한론 정변으로 하야한 이타가키는 민선의원설립건백서를 제출한 직후 정치결사 애국공당(愛國公黨)을 결성했으며, 고향에서 입지사(立志社)를 설립했다. 이에 영향을 받고 시코쿠, 규슈의 각지에서도 정치결사가 결성되어 애국사(愛國社)로 결집하고 전국 8만 8천 명의 서명을 모아 국회 개설 탄원서를 정부에 제출했다. 그러나 초기의 자유민권운동은 주로 메이지 정부에 반감을 품은 불평 사족을 중심으로 한 이른바 '사족민권'이었다. 실제로 사족 반란에 가담했다가 반란이 실패로 끝난 후 민권운동에 투신한 자들도 있었다.

이후 자유민권운동은 정부의 토지세를 개정하는 작업이 진행되면서 농촌을 중심으로 지방 자치를 의미하는 민회 설립을 요구하는 움직임이 활발해졌다. 여기서 운동의 주체가 사족층에서 농촌의 호농층으로 이동하면서 전국적으로 확산했다. '호농'이란 지주이자 지역 유지, 또는 지역의 명망가 등을 일컫는 말이다.

호농층을 중심으로 애국사는 1880년 국회기성동맹(國會期成同盟)으로 개칭하고 20만 명의 청원 서명을 획득하여 정부에 국회 개설을 요구하는 청원서를 다수 제출했다. 동시에 전국 각지의 정치결사와 민권운동을 주도하는 운동가들에 의해 60여 종의 '사의헌법(私擬憲法)' 초안이 만들어졌다. '사의헌법'이란 정치결사 단체나 개인이 사적으로 만든 헌법 초안을 말한다. 당시 민권운동가들은 문명개화기에 계몽사상가들이 소개한 서양의 법률서나 민법과 공리주의, 사회계약설 등의 영향을 받고 있었기 때문에 헌법 제정에 관한 관심이 매우 컸다.

한편 자유민권운동의 확산에 대해서 정부는 집회조례, 보안조례 등으로 집회와 결사를 금지하고 언론 탄압을 강화했다. 그러나 정부의 탄압은 자유민권운동에 더욱 불을 붙이는 결과를 가져왔다. 더구나 정부 내부의 비리가 폭로되면서 궁지에 빠진 정부는 타개책으로 자유민권운동의 요구를 들어주지 않을 수 없게 되었다. 그 계기가 된 것이 1881년 정

변이었다

| 1881년 정변 |

자유민권운동의 의회 개설, 헌법 제정 요구가 고조되는 가운데 정부 내에서도 헌법 제정에 관한 논의가 있었다. 대표적으로는 군주 대권을 명시한 독일의 비스마르크 헌법을 지지하는 이토 히로부미와 영국의 의원내각제를 지지하는 오쿠마 시게노부(大隈重信)의 의견대립이 표면화되고 있었다.

이러한 상황에서 1881년 7월 사쓰마 출신의 홋카이도개척사(北海道開拓使) 장관 구로다 기요다카(黑田淸隆)가 같은 고향의 정상(政商: 정치가와의 연고로 유착관계를 맺어 사업을 확장하는 상인) 고다이 도모아쓰(五代友厚)에게 정부가 1,400만 엔을 투자해서 건설한 농장, 탄광, 사탕 공장 등의 관유물을 무이자 30년 부로 39만 엔으로 팔아넘긴 사실이 폭로되었다. 이 사건을 일본사에서는 '홋카이도관유물 불하사건'이라고 한다. 이 사실이 언론에 보도되자 정부에 대한 비판과 함께 자유민권운동이 더욱 격렬하게 확산하였다.

이토 히로부미는 이 사건을 이전부터 관유물 불하에 반대하던 오쿠마가 민권파와 결탁하여 정보를 언론에 누설한 음모로 단정하고 오쿠마를 파면함과 동시에 관유물 불하를 중지하고 10년 후에 국회를 개설하고 헌법을 제정하겠다는 방침을 발표했다. 이것을 1881년 정변, 또는 '메이지 14년 정변'이라고 한다. 국회 개설과 헌법 제정의 약속을 받아낸 자유민권운동은 이후 하행선을 그리게 되고 이토는 그 이듬해 독일의 비스마르크 헌법이 일본의 현상에 적합하다고 판단하고 독일 헌법을 조사하기

위해 출국했다. 약 1년 반 동안 독일에서 헌법학을 배우고 돌아온 이토
는 본격적으로 헌법 제정 작업에 착수하여 1889년 대일본제국헌법을 공
포했다.

| 치치부 사건 |

자유민권운동은 사족, 호농 등과 같이 사회적으로 상층부의 사람들
이 중심이었기 때문에 일반 농민들의 운동은 아니었다. 어느 정도 서양
의 사상을 접하고 지식을 가진 사람들이 헌법 제정과 국회 개설을 주장
하는 운동에 참여했다고 한다면 일반 민중은 자신들의 생활 세계를 지
키기 위해서 정부의 제반 근대화정책에 저항했다. 근대 일본에서 농민들
이 생활고로 인하여 봉기를 일으킨 가장 대표적인 민중의 저항은 1884
년에 발생한 치치부(秩父) 사건이었다.

메이지 정부는 세이난 전쟁의 군사비 조달로 불환지폐를 남발하여 발
생한 인플레이션을 막기 위해 과감한 디플레이션 정책을 펼쳤다. 이것
을 당시 재무상 마쓰가타 마사요시의 이름을 따서 '마쓰가타 재정', 또는
'마쓰가타 디플레'라고도 한다. '마쓰가타 재정'은 정부의 세입을 늘리고
인플레를 진정시키는 효과를 가져왔지만, 한편으로는 농작물 가격이 하
락하여 농업 부문에 심각한 불황을 초래했다. 특히 1882년부터 1883년
에는 생사의 국내 가격이 크게 폭락하여 양잠업이 성행했던 치치부 지역
의 농민들이 치명적인 타격을 입었다. 당시 생사는 부국강병의 국책에 효
자 노릇을 하던 유력한 수출품이었는데, 이것을 생산하는 양잠업자들
이 몰락할 지경에 빠진 것이다.

치치부의 농민들은 '곤민당(困民黨)'이라는 자치 조직을 결성하고 관청

에 부채 감면과 탕감을 여러 차례 요구했지만, 고리대금업자와 결탁한 관리들이 요구를 들어주지 않자 이윽고 무력 봉기를 일으켰다. 치치부 사건은 1884년 10월 31일 치치부 지역의 농민들이 궐기 집회로 봉기를 개시하면서 시작되었다. 봉기에 가담한 5천여 명의 농민들은 11월 1일 하루 만에 치치부 지역 일대를 제압했다. 봉기의 목적은 고리대와 관청의 장부를 파기하고 조세 경감을 정부에 청원하는 것이었다.

이에 대하여 정부는 1개 사단을 투입하여 11월 4일부터 무력 진압이 개시되었다. 농민군을 대상으로 정규군 1개 사단을 투입했다는 것은 그만큼 사태가 심각하다고 보았기 때문이다. 정부군에 대하여 게릴라전으로 저항하던 봉기군은 불과 일주일 만에 완전히 괴멸했다. 진압 후 재판에서 유죄판결을 받은 사람은 무려 4천 명이나 되며 중죄 300명, 사형이 7명이나 되었다. 정부는 농민들이 생활고로 일으킨 봉기를 국가를 상대로 한 반란으로 간주하고 엄하게 벌한 것이다.

그러나 치치부 농민들은 결코 반란을 모의한 폭도들이 아니었다. 농민 봉기라는 것은 원래 권력층에서 보면 반란으로 보이지만 농민 측에서 보면 정당한 자신들의 권리를 주장한 것이었다. 치치부 사건은 오랫동안 역사 속에 파묻혀 있다가 1960년대부터 역사학자들의 노력으로 재평가되기 시작했다. 봉기에서 희생된 농민들의 묘가 만들어지고 1984년에는 사건 100년을 기념해서 비석이 세워졌으며 2007년에는 영화로 제작되기도 했다. 치치부 사건에서 희생된 무명전사의 묘에 새겨진 글을 보면 "우리 치치부 곤민당, 폭도로 불리고 폭동이라고 말하는 것을 거부하지 않는다"라고 적혀 있다. 그만큼 봉기에 자부와 긍지를 가진다는 말이다.

마쓰가타 재정으로 인플레를 극복한 정부는 신속하게 자본을 축적하여 자본주의의 길로 돌진하게 되지만, 거기에는 수많은 농민의 희생이 뒤따라야 했다. 그런 점에서 치치부 사건은 일본의 근대화 과정에서 농민들의 엄청난 희생이 뒤따라야 했다는 것을 단적으로 보여준 사건이었다.

| 대일본제국헌법의 제정과정 |

1889년 공포된 '대일본제국헌법'은 일반적으로 메이지헌법이라고도 한다. 원래 메이지 정부는 처음부터 헌법 제정과 의회 개설을 서두르지 않았다. 서구 열강에 뒤떨어진 일본으로서는 강력한 중앙집권체제의 주도하에서 조속한 근대화를 추진할 필요가 있었기 때문이다. 그런데 앞서 보았듯이 홋카이도관유물 불하사건을 계기로 자유민권운동이 전국적으로 광범위하게 확산하자 메이지 정부가 사태를 진정시키기 위해 1881년 10월 향후 10년 이내에 국회를 개설하겠다는 공약을 한 것이다. 이듬해 1882년 3월에는 이토 히로부미가 독일 헌법을 조사하기 위해 유럽으로 파견되어 베를린대학과 빈대학에서 독일의 헌법 이론을 배우고 1883년 8월에 귀국했다.

이후 1884년 3월부터 이토 히로부미의 주도하에서 이노우에 고와시(井上毅), 이토 미요지(伊東巳代治), 가네코 겐타로(金子堅太郎) 등이 중심이 되어 헌법 제정에 따른 제반 제도를 조사하고 개혁하는 작업에 착수했다. 그 과정에서 1884년 7월에는 '화족령(華族令)'을 제정하여 메이지 유신 이전까지의 공경과 다이묘, 그리고 메이지 유신의 공로자들을 화족 신분에 편입했다. 화족은 1887년의 시점에서 533명이며 이들은 의회 개설 이후 귀족원의 구성원을 이루었다.

1885년 12월에는 내각 제도를 제정하여 초대 총리대신으로 이토 히로부미가 취임했다. 그리고 내각 이외에 천황과 황실을 보필하는 기관으로 궁내대신과 내대신을 두었다. 궁내대신은 천황과 황실의 제반 업무를 총괄하는 수장이며, 내대신은 천황의 최측근으로 요즘으로 말하자면 비서실장의 역할을 했다.

그리고 1886년부터 이토 히로부미, 이노우에 고와시, 이토 미요지, 가네코 겐타로 등이 중심이 되어 헌법 초안을 기초하기 시작했다. 1888년 헌법 초안을 심의하기 위해 천황의 자문기관으로 추밀원이 설치되었으며 초대 의장은 이토 히로부미였다. 추밀원의 심의를 거친 헌법은 1889년 2월 11일 대일본제국헌법이라는 이름으로 공포되었다. 2월 11일은 현재 일본에서 '헌법기념일'이라고 하며 국정 공휴일로 지정되어 있다.

| 대일본제국헌법에서의 천황 |

대일본제국헌법의 가장 커다란 특징은 천황 주권과 천황의 신성을 명시하고 모든 권력이 천황에게 집중되어 있다는 점이다. 특히 제1조와 제3조, 제4조, 그리고 제11조는 천황의 절대적인 권한을 명시하고 있다. 먼저 제1조를 보면 "대일본제국은 만세일계(萬世一系)의 천황이 이를 통치한다"라고 하여 주권이 천황에게 있다는 것을 명시하고 있다. '만세일계'란 신화 상의 인물인 1대 진무 천황이 기원전 660년에 즉위한 이래 황통이 한 번도 단절되지 않고 '만세'가 지나도록 하나의 계통으로 이어져 왔으며 그 후손들이 영원히 일본을 통치한다는 의미의 말이다.

제2조는 "황통은 황실전범이 정하는 바에 따라 황남자손(皇男子孫)이 이를 계승한다"라고 되어 있다. 여기서 '황남자손'이란 황실의 남자 자손을 의미하는 것으로 여성 황족은 천황이 될 수 없다는 것을 명시한 것이다. 일본이 패전한 후 메이지헌법이 폐기 처분되고 새로운 헌법을 만들때 황실전범도 함께 개정하지만, 이 부분은 개정되지 않았다. 따라서 현

행법으로도 여성은 천황이 될 수 없다. 현재 일본의 126대 천황은 2001년 공주가 태어났을 뿐 남자아이가 없어 황위를 계승할 후계자가 없다. 결국 2018년 특례법을 만들어 현 천황이 죽으면 천황의 동생이 황위를 계승하고 그다음은 동생의 아들, 그러니까 현 천황의 조카가 계승하도록 했다. 그러나 여전히 문제는 남아 있다. 2006년생인 천황의 조카가 앞으로 성인이 되어 10년이나 15년 후에 결혼하게 되면 반드시 남자아이를 얻을 수 있다고 보장할 수는 없기 때문이다.

이어서 제3조를 보면 "천황은 신성하므로 침범할 수 없다"라고 하여 천황의 '신성'을 명기하고 있다. 이 조항은 결국 천황을 신성시하고 신격화하는 것을 정당화하는 구실에 이용되어 전 국민을 천황의 명령에 절대복종하게 했다. 예를 들면 전쟁은 신성한 천황의 명령으로 수행하는 것이기 때문에 신성한 전쟁, 즉 '성전(聖戰)'이며, 따라서 전쟁에 반대하는 것은 천황의 명령을 거역하는 매국노라는 딱지를 붙여 탄압을 정당화할 수 있었다.

다음으로 제4조는 "천황은 국가 원수로서 통치권을 총람한다"라고 하여 모든 통치권이 천황에게 있다는 것을 명시하고 있다. 그리고 제11조는 "천황은 육해군을 통수한다"라고 하여 육해군에 대한 통수권이 천황에게 있다는 것을 명시하고 있다. 이렇게 천황에게 절대적인 권력을 집중시킨 근대 일본의 정치 시스템을 '절대천황제'라고도 한다.

| 교육칙어 |

메이지 정부는 헌법에 천황의 절대적인 권력을 집중시킨 것으로도 모자라 그 이듬해에는 '교육칙어(教育勅語)'를 만들어 공포했다. '교육칙어'

의 내용은 천황을 중심으로 한 국가 체제의 국민 교육에 관한 이념을 제시한 것으로, 전문 315자로 구성되어 있다. 교육칙어를 만든 직접 계기는 1890년 2월 지방관 회의에서 '덕육 함양에 관한 건의'를 결의하고 지식을 전달하는 데 치중한 학교 교육을 수정하여 도덕심 육성을 중시할 것을 요구한 것에서 비롯되었다.

'교육칙어'는 형식적으로는 1890년 10월 30일 메이지 천황이 궁중에서 야마가타 아리토모 총리와 문부대신에게 내린 칙어의 체제를 취하고 있지만, 실제로는 이노우에 고와시(井上毅)와 모도다 에이후(元田永孚) 등이 기초한 것이었다. 이노우에 고와시는 메이지헌법 기초에도 깊이 관여하고 법제국 장관과 문부대신 등을 역임한 메이지 정부의 지혜 주머니로 잘 알려진 인물이다. 그리고 모도다 에이후는 유학자로서 메이지 천황의 시강(侍講: 일종의 가정교사)이자 추밀원 고문관으로서 천황을 보필한 보수적인 인물이다.

교육칙어의 기초 작업은 법제국 장관 이노우에가 직접 담당하고 여기에 모도다가 협력하는 형태로 진행되었다. 모도다는 이전부터 유교에 바탕을 둔 도덕 교육의 필요성을 천황에게 진언한 보수적인 인물로 '교육칙어'에 유교적인 덕목을 강조하는 내용을 넣는 데 중요한 역할을 했다.

교육칙어는 크게 3단락으로 구성되어 있다. 1단락은 고사기와 일본서기의 신화를 근거로 일본의 독자적인 국체에 교육의 기원이 있다는 것을 선언하고 있다. 여기서 '국체'란 "신의 자손으로서의 천황이 지배하는 신성한 신의 나라"라는 의미를 함축하는 독특한 의미가 있다.

2단락에서는 국민이 지켜야 할 가족적, 개인적, 사회적, 국가적 도덕의 제반 덕목을 들어 국가에 대한 신민의 충성을 강조하고 있다. 여기서 가장 핵심적인 골자는 도덕적 훈계와 충효 정신을 천황과 황실에 연결하고 국가가 위기에 처하면 천황을 위해 기꺼이 목숨을 바칠 수 있어야 한다는 것을 강조하는 점이었다. 3단락은 이상의 내용이 보편적인 진리라는 점을 강조하고 국민도덕으로서의 확정을 기하는 형태로 마무리하고 있다.

이후 교육칙어는 전국 학교에 배부되어 천황의 '어진영'과 함께 봉안전에 보관하여 신성시되었으며 학교에서의 수신 교육이나 축일 행사에서는 엄숙한 분위기 속에서 봉독이 강제되었다. 교육칙어는 '근대 일본의 바이블'이라고 부를 만큼 일본인들의 정신을 속박하는 사슬이 되어 국민을 천황에 대한 정신적 노예로 만드는 데 중요한 역할을 했다. 교육칙어는 일본이 패전하고 1947년 새로운 헌법이 제정, 시행되면서 폐기 처분되었다. 그러나 최근 일본의 우익들은 교육칙어를 부활해야 한다는 목소리를 내고 있다.

| 단기간의 근대화와 부작용 |

서구의 산업혁명은 18세기 중반부터 19세기 전반에 걸쳐서 기술혁신과 새로운 제조 공정으로 전환하면서 사회, 경제에 커다란 변화를 가져왔다. 이에 비하여 일본의 산업혁명은 1880년대에 마쓰가타 재정으로 관영사업을 매각하여 회사 설립의 붐을 일으키고 재벌의 성장을 촉진하면서 불과 30여 년 만에 달성했다.

그리고 1890년대에는 청일 전쟁에서 승리하여 중국으로부터 받은 배상금으로 금본위제를 채용하고 특수은행을 설립하는 등 자본주의 성립을 더욱 촉진했다. 1900년대에는 관영 군사 공장의 확충과 철도의 국산화에 충실을 기했다. 특히 러일 전쟁에서 승리한 후에는 군비 확장에 주력하면서 중공업의 발전으로 이어졌다. 산업혁명 과정에서 가장 두드러지게 성장한 것은 제조업으로 1890년대부터 1910년대까지 2.5배 성장했다. 제조업 가운데 견인차가 된 것은 방적, 제사 등의 섬유산업과 탄광이었으며, 특히 아시오(足尾) 탄광은 세계 제일의 구리 광산으로서 수출 분야에서 효자 노릇을 했다.

운송 혁명도 산업혁명에 박차를 가하는 데 중요한 역할을 했다. 1880년대 철도의 총연장이 1,600킬로미터이던 것이 1900년대에는 거의 4배나 되는 5,400킬로미터로 늘어났다. 이렇게 철도가 발전하게 되는 배경에는 1880년대부터 민간의 철도 투자 붐이 있었기 때문이다. 1881년 일본철도회사 설립을 시작으로 1890년대까지 14개의 철도회사가 설립되었다.

한편 단기간의 근대화에는 부작용이 뒤따랐다. 그 가운데 가장 타격을 입는 것은 일반 서민, 특히 농촌이었다. 마쓰가타 재정의 디플레이션 정책으로 농산물 가격이 폭락하여 많은 소농이 전답을 지주에게 몰수당했고, 이로 인하여 소작농의 수가 1880년대에는 전체 농가의 40%로 증가했다. 마쓰가타 재정은 정부의 세수를 늘려 일본 경제를 안정화하고 일본이 자본주의화로 나아가는 출발점이 되었지만, 한편으로는 수백만 명의 농민들에게 참담한 결과를 초래한 것이다.

또한, 단기적인 산업혁명의 여파는 열악한 환경과 조건에서 일하는 여성 노동자들에게 심각한 타격을 주었다. 대부분의 여성 노동자들은 영세농가의 10대 소녀들로 집안 살림을 돕기 위해 도시의 재봉공장, 방직공장, 성냥공장 등으로 취업했다. 이들은 회사의 엄격한 통제하에서 단체생활을 하면서 저임금과 하루 14시간의 중노동에 허덕여야 했다. 게다가 노동환경이 열악하여 결핵으로 피를 토하면 고향으로 돌려보내는데, 고향으로 돌아간 후 얼마 되지 않아 사망하는 어린 여성들도 많았다. 이러한 급속한 근대화에 따라 여러 가지 부작용이 생기고 도덕적인 윤리감이 희박해진 것을 우려하여 나온 것이 바로 전통적인 덕목을 강조하고 천황을 중심으로 국민통합을 강화하기 위해 만들어낸 교육칙어였다.

단기간의 근대화로 인한 또 하나의 부작용은 공해였다. '아시오 광독 사건'은 메이지 초기부터 도치기현(栃木県)과 군마현(群馬県) 사이를 흐르는 강 주변에서 발생한 아시오 광산의 공해 사건을 말한다. 아시오 광산 개발에 따라 배연, 광독 가스, 광독수 등의 유해 물질이 주변 환경에 심각한 악영향을 미쳤다. 아시오 광산의 공해 문제는 1890년에 도치기현 출신의 정치가 다나카 쇼조(田中正造)가 국가를 상대로 문제를 제기하면서 사회적으로 주목을 받았다.

아시오 광산은 1973년에 채광을 중단했지만, 제련소는 1980년대까지 가동했으며 지금은 관광지로 활용하고 있다. 2011년 3·11 동일본 대지진이 발생했을 때 그 여파로 강 하류에서 기준치를 초과하는 아연이 검출되었다고 하니 아시오 광산의 공해가 얼마나 심각했는지를 미루어 알수 있다.

메이지 전기에 26세의 나이로 짧은 생을 마감한 기타무라 도코쿠(北村透谷)는 시인이자 평론가로 유명하다. 기타무라는 단기간에 근대화를 추진하는 1891년 당시 일본의 모습을 다음과 같이 비판하고 있다.

> 메이지의 문명, 실은 그 표면에는 헤아릴 수 없는 진보를 나타낸다. 그러나 과연 다수의 인민이 이를 즐기고 있는가. … 각 가정의 실정을 보라, 엄동설한에 따뜻한 화로를 둘러싸고 안색이 좋은 자가 몇 채나 있을까. 묘령의 소녀 볼에 바를 분이 없고 어린 아동의 손에 독본이 없이 길거리를 방황하는 자의 집을 헤아려야 할 것이다. 어머니는 병들었는데 아이는 집에서 간호하지 못하고 길거리에서 날품팔이하지만 약 살 돈이 없어 함께 죽음을 기다리면서, 혹은 스스로 죽이고 죽음을 초래한다. 사회는 그 표면이 날로 분식되어 화려하게 보이지

만, 이면에서는 날로 부패하고 병쇠하며 곤궁한 상황을 보고 어찌 우연이라고 할 수 있을까. 인생은 원래 뜻대로 되지 않는다지만, 빈자가 더욱 천시되고 멸시당하며, 부자가 더욱 오만해지고 사치에 흐르는 만큼 국가의 재해가 심한 것은 없다.

단기간의 근대화는 대다수 민중의 희생을 초래했을 뿐만 아니라, 인간의 정신적 근대화까지 끌어내기에는 무리가 있었다.

3

제국주의 침략과
메이지의 종언

| 대만 출병 |

　근대 일본에서는 서구에 대한 열등감과는 대조적으로 근린 아시아에 대한 우월감과 멸시감이 뿌리를 내리고 있었다. 이러한 외부에 대한 인식의 양면성은 근대 일본에서 일관하고 있는 특징이었다. 특히 '문명개화'와 '탈아입구'를 추진하는 과정에서 형성된 아시아에 대한 우월감과 멸시감은 이후 일본의 근린 아시아 침략에 정신적 배경이 되었다.

　메이지 초기의 근린 아시아에 대한 우월감은 정한론, 대만 출병, 류큐 처분 등에서 단적으로 나타나고 있다. 1873년 발생한 정한론 정변에서 오쿠보 도시미치 등이 조선과의 우호 관계를 중시하여 '정한'을 반대한 것은 결코 아니었다. 그것은 메이지 정부가 정변 이듬해에 대만 출병을 단행한 것을 보더라도 알 수 있다. 에도 시대까지 류큐(지금의 오키나와)는 약소한 독립왕국으로서 중국과 일본의 틈바구니에서 양국에 조공을 바치고 있었다. 류큐를 메이지 정부가 강제로 일본 영토로 편입시키는 류큐 처분의 발단이 된 것은 1874년의 '대만 출병'이었다.

　1871년 류큐 주민 54명이 표류하여 대만에 표착했을 때, 대만 원주민들이 이들을 모두 살해하는 사건이 발생했다. 이에 대하여 메이지 정부는 류큐가 일본의 속국이라는 것을 명분으로 대만 원주민을 응징하기 위한 출병 계획을 세웠다. 대만 출병 계획은 1873년 정한론 정변으로 잠시 보류되었지만, 이듬해 1874년 5월 토벌군 3천 명으로 출병을 단행했다. 이러한 군사적인 행동의 배경에는 대만을 야만으로 간주하고 아시아를 문명화시키는 것이 일본의 사명이라고 정당화하는 인식이 있었다.

　이에 대하여 류큐를 자신의 속국으로 인식하고 있던 청나라가 아무런 통고도 없이 출병한 일본의 도발적인 군사행동에 항의했다. 결국, 영국의 알선과 중개로 오쿠보 도시미치를 베이징에 파견하여 청과 화해 교섭을 맺었다. 그 내용은 청나라가 일본의 출병을 인정하고 피해자에 대한 보상금을 내는 한편, 일본은 12월 중으로 철병하기로 한 것이었다. 대만 출병은 근대 이후 일본군 최초의 해외파병이었다.

| 류큐 처분 |

메이지 정부가 대만 출병을 단행한 것은 류큐가 일본의 속국이라는 것을 대외적으로 어필하기 위한 것이기도 했다. 대만 출병 이후 메이지 정부가 류큐를 일본 영토로 편입하는 일련의 정치과정을 '류큐 처분'이라고 한다. 일본은 이미 대만 출병 전부터 류큐를 가고시마현의 관할 하에 두고 류큐번이라고 부르고 있었다. 그리고 대만 출병 이후 사후 처리가 일본에 유리하게 작용한 것을 배경으로 류큐에 대하여 청나라와의 책봉·조공 관계를 중지하고 일본의 메이지라는 연호를 사용할 것을 강요했다.

이에 대하여 류큐는 청나라에 관계 지속을 탄원하고 청나라는 일본의 조치에 항의하여 외교 문제로 비화했다. 그러나 일본은 류큐 지배층의 반대와 청나라의 항의에도 불구하고 1879년 3월 27일 경찰과 군대약 400명을 파견하여 류큐 왕국의 슈리성을 점거하고 류큐를 강제로 일본 영토로 편입시켜 명칭까지 오키나와현으로 바꾸었다. 이로써 약 500년간 유지되었던 류큐 왕국이 멸망했다. 류큐의 강제적인 복속에 대하여 청나라는 계속 항의했지만 1894년 청일 전쟁에서 패하면서 오키나와와 대만에 대한 종주권을 포기했다. 이후 오키나와는 공식적으로 일본 영토로 편입되고 대만은 일본의 첫 식민지가 되었다.

오키나와의 지역신문 《류큐신보》 2014년 7월 11일 자에 '류큐 처분은 국제법상 부정'이라는 기사가 실렸다. 그 내용의 골자를 보면 다음과 같다.

국제법 학자가 1879년의 '류큐 처분'은 당시의 관습 국제법에 비추어 '부정'이라는 견해를 제시했다. 더구나 오늘날의 국제법에 따라 부정 책임을 일본 정부에 추궁할 수 있다고 한다. 전후 미국의 통치하에서 인권을 침해당하고 복귀 후에도 기지의 중압에 여전히 고통받고 있다. 이러한 오키나와의 발자취와 현상을 생각할 때, 그 원류로서 '류큐 처분'에 맞닥뜨리게 된다. 미군기지 문제에서도 알 수 있듯이 류큐인의 결정이 일본 정부에 의해 가려지는 식민지 상황은 지금도 계속되고 있다.

이 내용을 보더라도 알 수 있듯이 오키나와는 아주 복잡하고 긴 고난의 역사를 안고 있다. 패전 당시 오키나와는 미국과의 전쟁에서 최대의 격전지가 되어 오키나와 주민의 3분의 1이 넘는 10만여 명이 전쟁의 소용돌이 속에 희생되었다. 그리고 패전 후에는 미국이 공산 세력을 저지하기 위해 일본이 주권을 회복한 후에도 오키나와를 미국의 시정권에 두고 군사기지로 이용해 왔다. 신문 사설에서 전후 미군 통치하에 있었다는 것은 바로 이것을 의미한다.

오키나와는 1971년 일본으로 반환되었지만, 미국의 극동 군사기지로서는 지금도 여전히 중요한 역할을 하고 있다. 이로 인하여 오키나와 주민들은 기지 문제, 전투기와 헬기, 수송기 등이 이착륙할 때의 소음, 미군 병사들의 성폭행 등으로 나날이 고통을 받고 있다. 미국의 군사기지가 남아 있는 한 오키나와 문제는 해결되지 않을 것이다.

청일 전쟁은 조선에 대한 종주권을 둘러싸고 일본과 청나라와의 사이에 일어난 전쟁이었다. 청나라는 류큐 처분 이후 조선까지도 뺏길 수 있다는 위기감에서 대외적으로 조선에 대한 종주권을 명시했다. 1882년 임오군란이 발생했을 때 청나라가 신속하게 군사를 파견하고 대원군을 납치하여 조선의 내정과 외교에 직접 개입하는 고문정치를 펼친 것도 이러한 조치의 일환이었다. 또한, 1884년 조선의 개화파가 갑신정변을 일으켰을 때 청나라는 한성에 주둔하고 있던 군대로 갑신정변을 진압하고 위안 스카이를 통감으로 임명하여 조선의 보호국화를 기도했다.

갑신정변 이후 긴장 상태에 있던 청일 양국은 사후 처리와 긴장 완화를 위해 1885년 중국 톈진에서 이토 히로부미와 리 홍장과의 사이에 톈진조약을 맺었다. 조약의 내용은 청일 양국은 조선에서 즉시 철수하여 4개월 이내에 철병을 완료할 것, 청일 양국은 조선에 대하여 군사고문을 파견하지 않으며 조선에는 청일 양국 이외의 외국에서 1명 또는 수명의 군인을 불러들일 것, 장래에 조선에 출병할 때는 상호 통보하고 파병 후에는 신속하게 철수하며 주둔하지 않을 것 등에 합의했다. 이것은 한쪽이 출병하면 반드시 다른 한쪽의 대항 출병을 유발하게 되어 충돌의 위험성이 높았기 때문에 파병을 억제하는 효과를 가지고 있었다.

당시 일본이 청국을 견제하면서도 적극적인 강경책을 취하지 못했던 것은 국가의 독립을 실현하기 위해서 먼저 넘어야 할 장애물이 있었기 때문이다. 서구열강과의 불평등조약은 자주독립 국가로서 근대화를 추진하는 데 커다란 걸림돌로 남아 있었으며 조약 개정을 위해서는 헌법을 제정하고 제국의회를 개설하여 근대적인 입헌국가를 수립해야 했다. 일본은 조약 개정과 헌법 제정으로 분주한 사이에도 꾸준히 군비를 증강하고 있었다. 예를 들면 1878년 국가 예산의 15%를 차지하던 군사비가 1892년에는 31%로 증가했다. 일본이 군비증강에 박차를 가한 배경에는 러시아가 1891년 시베리아횡단철도를 착공하여 동아시아로의 진출이 본격화되었기 때문이기도 하다. 그런 점에서 러시아의 동아시아 진출은 일본의 조바심을 부추겨서 청일 전쟁의 개전을 앞당겼다고 할 수 있다.

일본은 1885년 러시아가 시베리아철도 부설계획을 발표했을 때부터 조선에서의 권익에 대한 위협을 느끼고 있었다. 야마가타 아리토모가 1890년 제국의회 연설에서 "시베리아철도는 이미 중앙아시아에 진출하여 몇 년 안에 준공하게 되면 러시아 수도를 출발하여 불과 십 수일 만에 흑룡강에서 말에게 물을 먹이게 될 것이다. 우리는 시베리아철도 완성의 날이 곧 조선에 다사다난해지는 때라는 것을 잊어서는 안 된다"라고 하면서 주권선의 안위와 밀접한 관계에 있는 이익선을 지켜야 한다고한 것은 이미 청일 전쟁이 발발하기 전부터 조선을 둘러싸고 러시아와의 충돌을 예견하고 있었다는 것을 말해주고 있다.

일본의 러시아에 대한 위기감은 동아시아에서 러시아의 권익이 확대되는 것을 달갑지 않게 생각하고 있던 영국과 이해관계가 일치하여 1894년 청일 전쟁이 발발하기 보름 전에 일본과 영국은 영일항해통상조약을 체결했다. 이 조약은 일본 정부가 메이지 초부터 지상 과제로 삼고 있던 불평등조약의 개정 교섭 결과 이윽고 달성한 최초의 개정조약이었다. 이 조약에서 영국 측의 목적은 러시아의 남하 정책을 저지하기 위해 일본의 군사력에 기대한 것이었다. 조약의 내용은 일본의 내지를 개방하는 대신에 일본 정부의 비원이었던 영사재판권을 철폐하고 관세 자주권을 일부 회복했으며 편무적이던 최혜국대우를 상호적으로 하는 것 등이었다.

당시 일본이 이제까지 불평등조약 관계에 있던 대영제국과 평등한 동

당시의 동북아시아 정세를 묘사한 그림

맹 관계를 맺었다는 것은 일본에 커다란 자부심을 품게 했다. 당시 조약 조인에 임한 영국 외상 킴벌리 경이 아오키 슈조(青木周藏) 독일주재 일본 공사에게 "이 조약의 성질은 일본으로서는 청나라 대군을 패주시킨 것보다 훨씬 뛰어난 일이다"라고 말한 것은 이 조약 개정이 일본에 주는 의미를 상징적으로 말해주고 있다. 조약 개정 조인은 청일 전쟁이 한창이던 8월 27일 칙령으로 비준 공포되었다. 개정 사실에 접한 언론은 이구동성으로 이토 내각을 칭송하고 '제국은 동아의 패자'라고 하면서 자기도취에 빠져 일본이 '주권국가'에 가담하게 된 사실에 환희했다.

위의 그림은 당시의 동북아시아를 둘러싼 국제정세를 상징적으로 보여주는 삽화이다. 일본과 청국이 연못 안에 있는 'corée'라는 물고기를 잡기 위해 낚싯대를 드리우고 있으며, 다리 위에서는 러시아가 또 다른 낚싯대를 두고 기다리고 있다. 당시 국제정세에서 조선의 처지를 잘 보여

주고 있는 그림이다.

| 청일 전쟁 |

국제정세가 긴박하게 돌아가는 가운데 조선의 조정은 외세에 휘둘려 친청파와 친러파로 분열하여 혼선을 거듭하고 있었다. 이에 경제적 곤궁과 외세의 침략에 불만을 품은 농민들의 분노가 폭발하여 마침내 동학농민전쟁으로 발전했다. 1894년 5월 농민군이 전주성에 입성하자 조선 정부가 청나라에 원군 파견을 요청한 것은 전쟁 구실을 엿보고 있던 일본에 빌미를 제공했다. 이전부터 조선으로 파병을 준비하고 있던 일본은 텐진조약에서의 합의를 바탕으로 조선의 일본 거류민을 보호한다는 명분을 내세워 혼성 1개 여단 8천 명의 '대군'을 출병하기로 했다. 이제까지 조선에 배치된 병력이 최대 약 300명의 2개 중대였던 점을 비추어 볼 때 8천 명의 병력으로 구성된 혼성여단의 출병은 당시 일본의 속셈을 여실히 드러내고도 남는다. 이에 비하여 청나라의 위안 스카이가 조선의 원병 요청을 정식으로 수령하고 최초에 밝힌 파병 병력은 1,500명에 불과했다.

1894년 6월 15일 일본의 각료회의에서는 공사관과 거류민 보호라는 애초의 명분을 바꾸어 조선의 내정을 청나라와 공동으로 개혁하기 위해 양국에서 상설위원을 두고 조선을 지도할 것을 청에 제의하고 이를 거부하면 일본이 단독으로 단행하기로 했다. 일본의 예상대로 청나라가 이를 거부하자 일본은 7월 23일 용산에 주둔하고 있던 일본군 2개 대대로 경복궁을 공격하여 33명의 조선군 사상자를 내면서 궁성을 장악했다. 이러한 일본의 무력행사는 청나라와의 개전을 염두에 둔 도발 행위였다.

청일 전쟁이 한창이던 1894년 10월에 개회된 제국의회에서 정부는 임시 군사비 예산 1억 5천만 엔과 임시 군사비 특별회계법안 등을 제출했다. 이에 대하여 중의원예산위원회는 예산안을 불과 2시간 만에 만장일치로 가결했다. 이후 본회의에서 전쟁 협력을 요청하는 이토의 연설이 끝나자 토론 회의를 생략하고 단 한 명의 반대도 없이 '박수갈채' 속에서 예산안은 원안 그대로 가결 확정되었다. 1885년 갑신정변 실패 후 중국과 조선을 '악우(惡友)'라 부르며 '탈아론'을 주창했던 후쿠자와 유키치도 국민이 일치하여 정부를 지지하고 전쟁에 협력할 것을 강조하면서 군자금 헌납을 호소했다. 메이지 유신 이래 '정한론' 분열, 자유민권운동과 전제 정부의 대립, 제국의회 개설 이후 정부와 야당의 대립 등으로 분열을 보여 오던 메이지 일본은, 메이지 유신 이래 추진해 오던 부국강병의 근대화를 최초로 실험하는 무대가 된 청국과의 전쟁에서 '거국일치'를 연출해 보이고 있었다.

일본군은 거국적인 전쟁 지지를 배경으로 청나라 병사들을 상대로 승승장구하여 1894년 서해해전과 평양전투에서 승리를 거두고 1895년 2월 웨이하이에서 일본 연합함대가 승리하면서 청나라의 항복을 받아냈다. 청일 전쟁에서 승리를 거둔 일본은 1895년 4월 17일 청과 시모노세키 조약을 맺고 조선의 독립승인, 대만과 팽호제도 및 랴오둥반도의 할양, 배상금 3억 100만 엔, 그 밖에 중국의 개항과 조계에서의 치외법권 등의 승인을 받아냈다.

| 청일 전쟁과 야스쿠니 신사 |

옆의 사진은 청일 전쟁에서 승리한 후 메이지 천황이 히로시마 대본영

청일 전쟁 승리 후 도쿄로 귀성하는 천황을 환영하는 모습

에서 도쿄로 귀성했을 때 군중들이 열광적으로 환영하면서 천황을 맞이하고 있는 장면이다. '대본영'이란 군의 최고 통수 기관을 말한다. 청일 전쟁 당시 군의 최고 지휘 기관인 대본영을 히로시마에 둔 이유는 도쿄보다 조선에 더 가깝고, 조선으로 출병하는 주력부대가 히로시마에 있었기 때문이었다. 당시 43세의 중년이 된 메이지 천황은 히로시마 대본영에서 7개월간 체재하면서 군의 작전과 전황을 보고받고 병사들을 격려하는 역할을 하고 있었다. 천황은 나름대로 자신의 역할을 충실히 수행했으며 국민은 그러한 천황에 대하여 열광하고 있었다.

청일 전쟁은 근대 이후 최초의 대규모 대외전쟁이었다. 이 전쟁에서 일본군의 전사자 수는 1,417명이고, 전쟁 중에 병사한 자는 거의 10배에 가까운 11,894명이었다. 이는 곧 일본과는 풍토가 다른 조선과 중국의 전선에서 풍토병에 걸리거나, 전쟁에서 부상한 후 사망하는 경우가 훨씬

야스쿠니 신사에서 참배하는 메이지 천황

많았다는 것을 말해주고 있다. 이렇게 대외전쟁에서 전사자의 수가 증가하면서 야스쿠니 신사(靖国神社)의 역할이 중요해지게 된다.

원래 야스쿠니 신사는 메이지 유신의 정치과정에서 존왕양이 운동과 막부 타도 운동에 가담하여 죽은 자들의 영혼을 위로하기 위해 1869년 도쿄에 세운 도쿄초혼사가 그 전신이었다. 도쿄초혼사는 1879년 명칭을 야스쿠니 신사로 바꾸었다. '야스쿠니'란 국가를 편하게 한다는 의미로 국가를 위해 죽은 자들을 신으로 모시는 곳이라는 것과 같은 의미가 된다.

청일 전쟁에서 전사한 전몰자들의 영혼을 위로하기 위해 천황이 직접 야스쿠니 신사에 참배하는 것은 전몰자 유족들에게 더없는 영광으로 인식되었다. 위의 그림은 도쿄의 메이지성덕기념회화관에 전시하고 있는 80종의 그림 가운데 하나로 1895년 12월 17일 메이지 천황이 청일전쟁에서의 전몰자를 위해 야스쿠니 신사에 참배하고 있는 모습을 그린 아주 유명한 그림이다. 계단을 오르는 사람들 가운데 화살표를 한 인물이 메이지 천황이다. 이렇게 천황이 전몰자를 위해 친히 참배하는 것은, 천황을 위해서 기꺼이 목숨을 바칠 수 있는 국민 자원을 양성하는 데도 큰 영향을 미쳤다.

| 청일 전쟁 이후의 제국 의식 |

청일 전쟁에서의 승리는 근대 일본의 내셔널리즘 확립에 큰 영향을 미쳤다. 서구의 문명과 아시아의 야만과의 사이에서 일본은 야만에서 문명으로 이동하고 있는 '반개'의 상태에 있다는 열등감은 이제 문명의 영역에 진입했다는 우월감으로 변했다. 청일 전쟁 당시 외상으로서 청국과의 외교 교섭에서 수완을 발휘한 무스 무네미쓰(陸奧宗光)는 청일 전쟁은 서구의 신문명과 동아시아의 구문명과의 충돌이라고 했으며, 문명개화기에 계몽사상을 주도했던 후쿠자와 유키치도 청일 전쟁을 문명과 야만의 충돌이라고 평가했다. 메이지 시대 일본기독교의 지도자 우에무라 마사히사(植村正久)도 청일 전쟁을 신구의 정신적 충돌이라고 했으며 근대 일본의 가장 저명한 저널리스트로 알려진 도쿠도미 소호(德富蘇峰)는 청일 전쟁에서의 최대의 전리품은 '대일본 국민의 자신감'이라고 했다.

한편 청일 전쟁에서의 승리는 일본 민족의 통합을 강화하는 데 그치지 않고 근린 아시아에 대한 우월감과 멸시감이 뿌리를 내리는 데도 커다란 영향을 미쳤다. 청일 전쟁을 문명과 야만의 전쟁으로 자부하는 인식은 중국과 조선의 생활 문화를 직접 체험한 일본 병사들을 통해서 더욱 광범위하게 퍼져갔다. 전쟁에 참전한 병사들의 일기, 수기, 그리고 고향으로 보낸 편지 등을 보면 조선과 중국의 불결, 냄새, 야만, 미개에 대한 인상이 강렬하게 각인된 것을 알 수 있다.

군대는 조직적으로 움직여야 하고 병사들의 위생이 철저하지 못하면 전투력이 떨어지는 것은 당연한 일이다. 따라서 일본 정부는 문명화 정책의 하나로 병사들에게 위생과 청결에 대한 관념을 철저하게 주입하고 있었다. 위생교육을 받은 병사들의 눈에 당시 조선이나 중국의 일반 서민들의 생활은 비위생적이고 불결하며 야만적인 것으로 비치고 있었다.

뤼순에서 청나라군을 소탕하는 일본 병사의 모습

　이러한 일본=문명과 중국·조선=야만이라는 인식은 병사들의 잔학
한 살육행위를 정당화하는 데도 영향을 미쳤다. 1894년 7월 일본군이
동학농민군을 무참히 살육한 것이나, 11월 뤼순을 함락한 일본군이 시
가지 소탕 작전에서 청군 포로는 물론이고 부녀자와 노인을 포함한 민간
인들까지도 학살한 배경에 우월감과 멸시감이 있었다. 일본 언론도 이를
정당화하는 나팔수가 되어 전쟁에서 꽁무니 빼는 청나라 병사들을 조
롱하면서 청일 전쟁을 '문명을 위한 전쟁'으로 미화하고 극찬했다. 당시
1년간 청일 전쟁의 전황을 보도한 미국 《New York World》(당시 미국 최대
발행 부수를 가지는 일간지)의 제임스 크릴먼 특파원은 뤼순 학살사건을 다
음과 같이 보도하고 있다.

　일본 군부대는 11월 20일 뤼순으로 들어와 냉혹하게도 거의 모든 인

구를 학살했다. 일본 문명의 최대의 오점이다. 이 순간 일본인은 야만 사회로 되돌아갔다.

외국인 특파원의 눈에 비친 일본 병사들의 행동은 결코 문명이 아니라 야만 그 자체였다. 옆의 그림은 일본 병사들이 뤼순 시가지에서 청나라 병사들을 소탕하고 있는 모습을 그린 것이다. 이 그림을 그린 화가도 학살에 대하여 전혀 죄의식이 없다. 왼쪽 아래의 글을 보면 "우리 병사들 뤼순으로 들어가다"라고 하여 일본 병사들의 늠름한 모습을 강조하고 있다.

| 니시키에 속의 청일 전쟁 |

니시키에(錦絵)는 근세 일본의 회화 장르 가운데 하나로 무로마치 시대 말기부터 에도 시대 초기에 걸쳐 유통된 '우키요에(浮世絵)'라는 풍속화를 모태로 하고 있다. '우키요'란 현세, 들뜬 세상 등을 의미하는 말이고, '에'는 그림을 의미하니까 '우키요에'라고 하면 인간들이 살아가는 현세를 묘사한 풍속화라는 의미가 된다. 18세기 후반에 가장 인기가 있던 니시키에는 가녀리고 섬세한 미인도였지만 19세기에 들어와 서민들의 야외놀이나 여행에 관한 관심이 고조되면서 풍경화도 유행하기 시작했다. 그리고 19세기 중반 이후에는 존양양이 운동을 비롯한 메이지 유신의 정치과정, 왕정복고와 보신 전쟁 등과 같이 급격하게 변화하는 시대적인 전환기의 갖가지 사건에 대한 사회적 수요와 호기심에 대응해서 시각적인 정보를 전달하는 니시키에의 역할이 급속하게 확대되었다.

청일 전쟁 당시까지도 사진이 아직 일반적으로 보급되지 않았기 때문

(위) 청일 전쟁 당시의 평양 전투 장면
(아래) 일본군이 웨이하이를 함락하는 장면

에 니시키에가 시각적 정보를 전달하는 매체로서 중요한 역할을 하면서 홍수처럼 쏟아져 나왔다. 여기서 니시키에는 청일 전쟁을 문명의 전쟁으로 자부하는 여론의 분위기에 편승하여 청나라 병사들에 대한 멸시감을 여과 없이 드러내고 있다. 청일 전쟁을 소재로 한 거의 모든 그림이 근대적인 장비를 갖추고 규율적으로 일사불란하게 전투하는 늠름하고 용감한 일본군의 모습과는 대조적으로 창과 칼을 지닌 오합지졸의 청나라 병사들이 고전하면서 패주하고 포로가 되는 초라한 모습을 묘사하는 점에서는 공통적이었다. 옆 페이지 위의 그림은 평양 전투에서의 장면이고 아래는 일본군이 웨이하이를 함락하는 장면으로 용감무쌍하게 싸우는 일본군과 대조적으로 청나라의 오합지졸 병사들이 달아나는 모습을 묘사하고 있다.

그러나 청일 전쟁에서의 승리에 도취한 일본의 우월감도 실은 서구에 대한 열등감과 동전의 양면을 이루는 것이었다. 시모노세키 조약에서 일본이 랴오둥 반도를 할양받은 것에 대하여 한반도로의 남하 정책에 걸림돌이 된다고 생각한 러시아는 독일, 프랑스와 함께 일본에 압력을 행사하여 랴오둥 반도를 포기하게 했다. 이른바 '삼국간섭'이다.

| 삼국간섭 |

서구열강은 시모노세키 조약 조인 전부터 조약 내용에 지대한 관심을 가지고 정보수집에 민감하게 움직이고 있었다. 특히 강화조약에서 일본이 랴오둥 반도 할양을 요구할 것이라는 내용을 접한 러시아는 프랑스, 독일과 공조하여 일본에 압력을 넣기 시작했다. 당시 일본 주재 러시아 공사는 하야시 곤스케(林権助) 외무차관에게 불쾌한 기색을 드러내면서 "서구 각국의 감정을 해치고 간섭의 구실을 주게 될 것"이라고 위협했다.

그리고 이윽고 조약 조인 직후인 4월 23일 러·불·독의 삼국 공사는 하야시 외무차관에서 "랴오둥 반도를 일본이 영구히 소유하는 것은 중국의 수도를 위협하고 조선의 독립을 유명무실로 하는 까닭"에 영유를 철회하라는 각서를 전달했다. 일본은 이튿날 열린 어전회의에서 ①권고를 거부한다, ②'열국 회의'를 열어 랴오둥 반도 문제를 처리한다, ③삼국간섭을 받아들여 랴오둥 반도를 돌려준다는 3가지 안을 두고 검토에 들어갔다. 여기서 ①은 전쟁으로 이어질 수 있지만, 당시 일본으로서는 청일 전쟁 후 군비가 부족하고 병사들이 지쳐 전쟁할 여력이 없었다. ③의 경우 전쟁을 피할 수는 있지만, 열강의 압력에 일본이 겁먹었다는 인상을 줄 수도 있다는 반대가 있었다. 그러나 ②안 역시 열강의 새로운 간섭을 초래할 수 있다는 반대에 부닥쳐 ③으로 결정하지 않을 수 없었다. 결국 일본은 삼국간섭에 굴복하여 3천만 냥의 추가 배상금을 받고 랴오둥 반도를 포기했다.

러시아의 주도에 의한 삼국간섭은 일본인에게 러시아에 대한 적개심을 심어주었다. 더구나 3년 후에 일본이 반환한 랴오둥 반도를 러시아가 25년간 조차하는 조건으로 차지한 것은 더욱 굴욕적인 모멸감을 느끼게 했다. 이때 고양된 러시아에 대한 적개심과 '와신상담'의 구호는 불과 몇 년 후 전국민적인 전쟁 지지에 중요한 토양이 되었다. 청나라로부터 받은 거액의 배상금을 바탕으로 방대한 경비를 투입하여 군비를 확장한 것도 가상적국 러시아와의 전쟁을 염두에 둔 것이었다. '민력 휴양, 지조 경감'을 내세우던 야당도 청일 전쟁 후의 제국의회에서 군비 확장을 위한 예산안을 거의 원안 그대로 통과시켰다. 승리에 도취하여 후쿠자와 유키치가 주장하던 자주 국가의 독립이 완수되었던 것처럼 보였지만 그것은 한순간의 꿈이었다. 일본은 새로운 위기에 직면하여 또다시 전쟁 준비에 '거국일치'를 연출해 보이고 있었다. 이때부터 일본은 1945년 패전에 이르기까지의 50년간 한 차례 전쟁이 끝나면 또다시 다음 전쟁을 준비하는 패턴을 되풀이하게 된다. 청일 전쟁은 바로 그 출발점이었다.

　러시아의 압력에 굴복하는 일본의 모습은 조선에서 친일적인 개혁방침에 반대하는 보수파들의 움직임을 촉진했다. 이후 조선에서 반일·친러적인 분위기가 고조되자 초조해진 일본은 1895년 미우라 고로(三浦梧楼) 공사의 주도로 반일 친러파의 중심인물인 명성황후를 왕궁에서 살해하는 전대미문의 만행을 저질렀다(을미사변). 이 사건으로 조선에서 반일적인 분위기가 한층 고조되어 반일·반개화를 기치로 하는 의병운동이 확산하였고 고종은 러시아공관으로 피신하는 아관파천으로 일본의 입지가 더욱 실추되었다.

　1896년에는 삼국간섭을 주도했던 러시아가 중국으로부터 동청철도 부설권을 획득하면서 본심을 본격적으로 드러냈다. 동청철도는 시베리아 철도에서 블라디보스토크로 연결되는 부분이다. 이어서 러시아는 1898년 3월 랴오둥 반도의 뤼순과 다롄을 조차하여 한반도에 진출할 수 있는 교두보를 확보했다.

　이러한 러시아의 움직임은 일본에서 볼 때 조선이 러시아의 위협 아래 놓이는 것은 불을 보듯 뻔한 일이었다. 이에 일본은 러시아를 견제하기 위해 영국과 동맹 관계를 교섭하기 시작했다. 러시아의 극동 진출을 달갑게 생각하지 않고 있던 영국도 이에 응하여 1902년 1월 30일 불평등조약을 전적으로 개정한 영일동맹을 체결했다. 당시 발칸 반도와 동아시아에서 러시아와 대립하고 있던 영국은 일본을 이용해서 러시아의 남하를 견제할 수 있다고 판단하고 일본의 교섭에 응한 것이었다.

　영일동맹의 내용은 청국과 한국의 영토 보존을 유지하고 제3국이 참전할 때는 동맹국과 협동 전투의 의무를 지닌다고 하는 사실상의 군사동맹이었다. 예컨대 일본과 러시아가 전쟁에 돌입했을 때 영국은 엄정한 중립을 지키지만, 만약 프랑스가 러시아를 돕기 위해 일본을 공격하면 영국도 일본 측에서 참전하여 프랑스와 러시아를 공격할 수 있다는 것이 었다.

그러나 1902년 단계에서 일본은 아직도 러시아와 전쟁을 할 수 있는 상황이 아니었다. 또한, 당시까지만 해도 주전파는 소수였다. 그때까지 일본 정부는 조선에서의 일본의 우위를 인정받는 대신 만주에서의 러시아의 우위를 인정하자는 이른바 '만한교환론(滿韓交換論)'으로 러시아와 협상해야 한다는 견해가 지배적이었다. 그런데 1903년부터 재야와 언론이 삼국간섭의 굴욕을 상기시키면서 러시아에 대한 적개심을 격렬하게 부추기자 대러 강경론이 급속하게 확산하기 시작했다.

특히 1900년 재야의 우익인사와 신문기자를 중심으로 결성된 국민동맹회가 1903년 '대외 강경정책 동지회'로 재발족하여 강경한 주전론을 펼치면서 여론을 선동했다. 당시 재야인사로서 전쟁을 반대한 사람은 기독교인 우치무라 간조(内村鑑三)와 사회주의자 고도쿠 슈스이(幸德秋水)와 같은 소수에 지나지 않았다. 이에 따라 일본 정부도 대등한 '만한교환론'에서 만주에서의 러시아의 이권을 제약하는 방향으로 기울면서 러시아와의 전쟁이 불가피하다고 판단하고 1903년 12월 각료회의에서 개전 준비를 결정했다.

| 러일 전쟁 전야의 국제정세 |

당시 극동의 만주와 조선을 둘러싼 국제정세를 보면 러시아와 일본이 대립하고 있으며, 프랑스와 독일이 러시아를 지지하고 있었다. 프랑스는 1891년부터 러시아와 동맹 관계에 있었고, 독일은 러시아가 극동에 치중

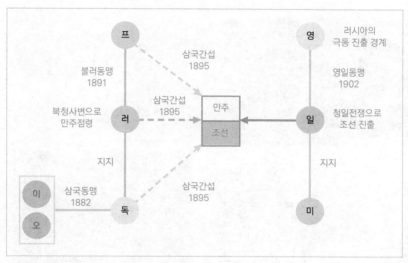

만주와 조선을 둘러싼 국제 정세

하게 되면 그만큼 동유럽 방면으로 신경을 쓸 여유가 없다고 판단했기 때문에, 러시아의 극동 진출을 지지하고 있었다. 또한, 독일은 이탈리아, 오스트리아와 동맹 관계에 있었다. 한편 일본을 지지한 것은 영국과 미국이었다. 양국 모두 러시아의 극동 진출을 경계했기 때문이다.

이러한 국세 정세는 당시에 유포된 풍자화에도 잘 나타나고 있다. 다음 페이지 위의 왼쪽 그림은 일본이 치마저고리를 입은 조선 여성을 끌어안고 있고 건너편에서 러시아가 이를 노려보고 있다. 조선인 여성의 젖가슴이 드러나 보이게 그린 것은 그만큼 당시 국제사회에서 조선의 위상이 처참했다는 것을 말해주고 있다. 위의 오른쪽 그림은 기모노를 입은 일본인과 러시아를 표상하는 백곰이 씨름하고 있으며, 서구 열강들이 여유롭게 이를 지켜보고 있는 모습이다. 아래의 왼쪽 그림은 러시아가 앉아서 군밤을 굽고 있는데 영국과 미국이 일본의 등을 밀면서 빼앗아 오라고 부추기고 있는 모습이다. 그리고 아래 오른쪽 그림은 덩치가

당시의 국제 정세를 묘사한 풍자화

큰 체구의 러시아와 왜소한 체구의 일본이 링 위에서 시합하는 것을 세
계 각국이 이를 지켜보고 있는 모습이다. 당시 국제사회에서는 러시아가
이길 것이라는 전망이 지배적이었다.

| 러일 전쟁 |

일본은 1904년 2월 4일 천황이 임석한 어전회의에서 러시아와의 개
전을 정식으로 결정했다. 그리고 2월 6일 러시아에 주재하는 일본 공사
가 러시아 정부에 국교 단절의 공문을 제출한 것은 사실상의 선전포고
였다. 같은 날 일본 해군은 랴오둥 반도의 뤼순과 제물포를 향해서 사세

보항을 출항했으며 2월 8일 서해에서의 교전을 시작으로 러일 전쟁이 발발했다.

일본에서 볼 때 러시아와의 전쟁은 청나라와의 전쟁과는 달리 커다란 모험이었다. 청일 전쟁에서의 군사비는 2억 엔이었는 데 비하여 러일 전쟁의 군사비는 17억 6천만 엔에 달했으며 그것은 당시 일본 정부 세입의 7배에 가까운 수치였다. 병력도 청일 전쟁에서는 24만 명이 투입된 것에 비하여 러일 전쟁에서는 총병력 15개 사단이 투입되어 연인원은 무려 110만 명에 달했다. 일본으로서는 러시아가 유럽 방면에 보유하고 있는 막강한 육군 병력이 전쟁에 투입되기 전에 지리적인 조건을 최대한 살려 단기간에 결정적인 승리를 거둘 필요가 있었다.

일본은 1905년 1월 뤼순 전투에서 수만 명의 전사자를 내는 엄청난 희생을 치르면서 러시아의 뤼순 요새를 함락했다. 이후 러일 전쟁에서 최대의 격전이라고 할 수 있는 펑톈(奉天) 전투에서는 일본군 25만 명과 러시아군 32만 명의 주력군이 투입되어 치열하게 격돌했다. 러일 전쟁에서 일본군 전몰자의 수는 청일 전쟁에 비하면 거의 열 배에 달하는 8만 8,429명이며, 이 가운데 펑톈 전투에서의 사상자만 무려 7만 명에 달했다.

일본은 펑톈 전투에서 유리한 고지를 점했지만 이제 더 진격하기 어려울 정도로 한계를 드러내고 있었다. "이미 있는 병력은 다 썼다"라고 할 정도로 전쟁에 동원할 인적 자원이 감소하고 있었다. 특히 장교와 하사관 전사자가 전체 전사자의 10%를 넘어 지휘관의 수가 압도적으로 부족해졌다. 지휘관의 수가 부족하면 그만큼 전투력이 떨어지게 되는 법이다.

더구나 병참선이 길어지면서 탄약 보급이 어려웠으며 막대한 전비로 정부 재원을 고갈시켜 국민의 부담을 늘려야 할 상황이었다. 이러한 딜레마에서 위기를 구한 것이 해군이었다. 일본의 연합함대를 이끌던 도고 헤이하치로(東鄉平八郎) 제독이 러시아의 지상군을 지원하기 위해 아프

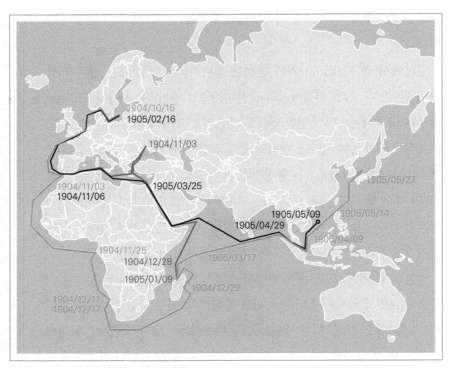

러일 전쟁 당시 러시아 발트함대의 항로

리카를 회항하여 무려 7개월 이상의 오랜 항해에 지친 채 대한해협을 통과하는 러시아의 발트함대를 동해 해전에서 격퇴한 것이다. 동해 해전에서의 결정적인 승리로 일본은 미국의 중재를 통해서 러시아를 협상테이블로 끌어낼 수 있었다.

위의 그림은 러시아 발트함대의 항로를 표시한 것으로, 검은색이 제1진이고 붉은색이 제2진이다. 제1진은 1904년 10월 15일 상트페테르부르크에서 출발했지만, 일본과 동맹 관계에 있던 영국이 수에즈운하의 통과를 저지했기 때문에 아프리카 대륙을 회항하여 인도양을 거쳐 남중국해까지 오는 데 무려 6개월이 걸렸다. 이후 2진은 1905년 2월 16일 출발하여 수에즈운하를 통과하여 남중국해까지 오는 데 약 3개월이 걸렸다. 여기서 제1진과 제2진이 합류한 38척의 발트함대가 1905년 5월 27일 대한해협을 통과할 때 일본의 연합함대가 격퇴한 것이다.

당시 러시아에서는 짜르 황제의 압정에 저항하는 민중운동이 격렬하게 전개되고 있었다. 1905년 1월에는 상트페테르부르크 광장에서 군경과 노동자가 충돌하여 600여 명의 사망자가 나오는 '피의 일요일 사건'이 발생했으며, 각지에서 파업이 빈발하는 등 정세가 더욱 험악해져 전쟁을 계속하기 어려운 상황이었다. 때마침 러시아의 만주에 대한 독점적인 지배를 우려하던 미국의 루즈벨트 대통령이 일본 정부의 의향을 받아 화평을 제안하고 러시아도 이에 응하여 1905년 9월 미국의 서해안에 있는 포츠머스에서 강화조약을 맺게 되었다.

포츠머스 강화회의는 일본 측이 영토 할양과 배상금을 요구하고 러시아가 이를 거부하면서 난항을 겪었다. 그러나 결국 전쟁을 계속할 수 있는 여력이 없는 일본이 배상금 요구를 포기하면서 강화조약이 체결되었다. 조약의 주된 내용은 조선에서의 일본의 우월을 승인하는 것, 중국의 동의를 조건으로 뤼순, 다롄의 조차지, 창춘과 뤼순 구간의 남만주 철도를 할양할 것, 사할린의 남부를 할양할 것, 연해주와 러시아 영해 안에서의 어업권 획득, 일본의 조차지를 제외한 만주에서 양군의 철수, 청국에 대한 기회균등 등이었다.

이로써 일본은 러시아의 남하를 억제하고 한반도에 대한 권익을 확실하게 확보할 수 있게 되었다. 일본은 전쟁에서의 승리로 메이지 유신 이래 국가적인 과업이었던 서구 열강과의 불평등조약 개정에 크게 이바지하여 온전한 독립 국가로서 백인종이 아닌 국가로서는 유일하게 서구 열강의 대열에 진입하게 되었다.

| 히비야 폭동 사건 |

　히비야 폭동 사건은 포츠머스 강화조약에 반대하는 국민집회가 도쿄
의 히비야(日比谷) 공원에서 열린 것을 계기로 발생한 폭동 사건으로 근대
이후 최초의 대중 폭동이었다. 러일 전쟁에서 일본은 연인원 110만 명을
동원했고 전사자와 병사자 8만 4천여 명을 포함하여 20만 명이 넘는 사
상자가 나오는 큰 희생을 치르면서 간신히 승리를 거두었다. 그러나 전쟁
을 계속하기 어려운 한계에 도달한 사실을 모르는 국민은 기대 이하의
강화조약 내용에 불만을 품고 격분했다.

　특히 러일 전쟁의 승리에도 불구하고 배상금이 없다는 원칙은 정부
와 언론의 선전으로 전쟁을 지지해 오던 국민으로서는 이해하기 어려운
연약 외교로 비쳤다. 당시 일본 언론이 전쟁 계속을 부추긴 것도 이러한
충동의 고조와 무관하지 않았다. 반정부 계열의 정치가와 유력 일간지는
'굴욕적인 강화조약 반대', '전쟁 계속' 캠페인을 전개하면서 군중을 선
동했다. 대다수 국민은 잇따른 승전보에 도취하여 러시아가 간단하게 굴
복한 것으로 착각하고 있었다.

　사건의 발단은 1905년 9월 5일 야당 의원이 강화조약에 반대하는 궐
기 집회를 개최하려 했을 때, 불온한 움직임을 감지한 경시청이 집회 금
지 명령을 내리고 경찰 350명으로 공원 입구를 봉쇄하면서 시작되었다.
경찰의 제지에 흥분한 군중들이 공원으로 난입했으며 그 일부는 강화
조약을 지지하는 정부 고관의 집과 경찰서, 강화조약을 지지하는 신문
사, 그리고 미국인 목사의 기독교회 등을 습격하고 파괴했다. 기독교회
를 표적으로 삼은 것은 군중의 분노가 강화를 알선한 미국에도 향했기
때문이었다.

　이 폭동에 대하여 정부는 이튿날 9월 6일 계엄령을 내리고 근위 사단

을 투입하여 간신히 진정시킬 수 있었다. 이 소동으로 사망자 17명과 부상자 500명 이상이 나왔으며, 검거된 자는 2천 명 이상에 달했다. 히비야 폭동의 배경에는 일본의 자본주의화 과정에서 사회로부터 배제된 하층민들이 국가에 대한 희생과 헌신의 대가를 보상받으려는 욕구가 강했다는 점도 지적할 수 있다.

| 러일 전쟁 후의 제국 의식 |

러일 전쟁 이후 일본의 아시아에 대한 우월감과 멸시감이 한층 증폭되었으며 그 배경에는 문명 제국의 일원이 되었다는 자부심이 있었다. 이러한 문명의 논리는 일본 국민에게 러일 전쟁은 야만의 전제국가 러시아에 맞서 문명의 입헌국가 일본이 치른 정의의 전쟁이며 청나라와 조선은 이미 구제할 가치조차 없는 존재로서 일본의 지배에 복종해야 할 대상이라는 우월감을 쉽게 심어주었다.

당시 소설가 다야마 가타이(田山花袋)는 러일 전쟁에 종군하여 남긴 기록에서 "서양인은 중국인을 동물로 취급하는데, 실제로 동물이다! 그들은 생리적으로 인류의 자격을 상실하고 있다"라고 하여 중국인에 대한 멸시감을 노골적으로 드러내고 있었다. 또한, 러일 전쟁 직후 조선을 방문한 히로시마 출신의 국회의원은 "실로 위생이나 병에 대한 인식이 전혀 없으며 나쁘게 말하자면 인간이라기보다도 짐승에 가깝다고 해도 좋을 듯하다"라고 하여 극단적인 멸시감을 드러내었다.

전쟁에서의 승리와 동시에 '신천지'에 대한 식민지 열기도 고조되었다. 당시 부산에 거주하던 일본인은 청일 전쟁기에 4천 명이던 것이 러일 전쟁 후에는 3배 이상 증가한 1만 3천 명에 달했다. 1905년 부산 초량과 영등포를 잇는 경부선 철도의 개통과 관부연락선의 취항은 일본의 대륙진출에 박차를 가하고 식민지 열기를 더욱 부추겼다.

중국에서는 1904년 7월 일본군이 랴오둥 반도의 잉커우를 점령하자 병참부와 관련 업자를 비롯한 일본인 8천여 명이 유입되어 '잉커우의 황금시대'를 구축했다. 그들은 이어서 다롄까지 진출하여 1911년에는 거류일본인이 3만 명으로 증가했다. 외지에서 형성된 일본인 사회는 그 주변부에 중국인과 조선인 사회를 두고 그들을 최하층 노동자로 고용하면서 유지되었다. 아시아의 유일한 제국 일본의 국민은 이처럼 아시아 각지로 퍼져나가 아시아 민중을 멸시하고 차별하면서 그들의 제국 의식을 키워나갔다.

러일 전쟁 이후 국민의 애국심도 더욱 강화되었다. 교육칙어의 가장 핵심이 되는 골자는 충군애국이며, 그것은 곧 천황을 위해 목숨을 바칠 수 있는 '신민'을 양성하는 것이었다. 이러한 교육칙어의 의도를 배경으로 청일 전쟁과 러일 전쟁에서의 승리를 통해서 국민에게 천황에 대한 충성심이 거의 신앙에 가까울 정도로 급속하게 침투되어 갔다.

동시에 야스쿠니 신사의 역할도 더욱 증대했다. 야스쿠니 신사에는 청일 전쟁에서 전사한 1만 3,619명이 합사되었으며, 러일 전쟁에서 전사한 전몰자는 그 8배에 달하는 8만 8,429명이 합사되었다. 합사자의 수가 증가하면 할수록 야스쿠니 신사의 역할이 더욱 커졌다. 합사자의 초혼제를 가장 성대하게 치르는 것은 매년 봄과 가을에 2차례 있는데, 봄에 열리는 초혼제를 춘계예대제라 하고 가을에 열리는 것을 추계예대제라고 하며 이것은 지금도 계속되고 있다. 춘계예대제는 매년 4월 30일에 열리고 추계예대제는 매년 10월 23일에 엄청난 규모로 성대하게 열린다. 춘계예대제는 1906년 4월 30일 러일 전쟁에서 승리한 육군의 개선 관병식이 열린 날로 정한 것이며, 추계예대제는 1905년 10월 23일 해군의 개선

관함식이 열린 날로 정한 것이다. 또한, 러일 전쟁에서의 전리품은 전국 각지의 학교와 사원, 관청 등에 배포하여 전쟁을 기억하고 국가와 군대에 대한 경의와 애국심을 함양하는 도구로 활용했다.

| 세계에서 본 일본의 승리 |

러일 전쟁에서의 승리가 당시 아시아인에게 백인을 이길 수 있다는 희망을 안겨주고 이후 각지의 독립운동과 열강에 대한 저항운동에도 큰 영향을 미친 것은 사실이다. 중국의 쑨원과 마오쩌둥, 인도의 네루, 베트남의 판보이쩌우도 일본의 승리에 감동과 용기를 얻었다고 한다. 심지어 아시아 각지의 혁명가, 민족 운동가, 유학생들이 일종의 환상과 기대를 품고 일본으로 건너갔다. 1905년 쑨원, 천톈화, 장빙린 등은 도쿄에서 중국동맹회를 설립했으며 와세다 일대에서는 1만 명 가까운 중국인 유학생이 머물고 있었다. 베트남의 독립운동가 판보이쩌우도 러일 전쟁 이후 일본의 원조에 기대를 품고 베트남 유학생을 일본에 파견하는 동유운동(東遊運動)을 추진했다.

그러나 그들의 희망이 배신과 좌절로 바뀌기까지는 그리 오래 걸리지 않았다. 일본은 1905년 7월 가쓰라·테프트 밀약, 8월 제2차 영일동맹, 1907년 6월 불일협약 등을 체결하여 제국주의 열강과의 협조체제를 공고히 하면서 한국의 식민지화를 구체적으로 진행하고 중국인 유학생에 대한 감시를 강화했다. 불일협약 이후에는 베트남 유학생들까지 탄압하여 베트남의 동유운동도 종식을 고했다. 1907년 일본에 체재 중이던 아시아 각지의 혁명가들이 반제국주의와 민족해방투쟁을 위한 교류와 연대를 목적으로 도쿄에서 조직한 아주화친회(亞洲和親會)의 활동도 일본 정부의 억압으로 채 1년도 못 되어 막을 내렸다.

일본에 대한 아시아의 기대는 일본이 제국주의로서의 성격을 노골적으로 드러내면서 비판적으로 변해갔다. 인도의 간디는 1907년 "일본에 펄럭이는 것은 실로 영국의 깃발이지 일본의 것이 아니다"라고 예리하게 논평했으며 베트남의 판보이쩌우는 1909년 "일본이 백색 인종에게 영합하여 황색인종을 억압하고 있다"라고 비난했다. 일본이 명예로운 승리로 기억하는 러일 전쟁은 아시아의 관점에서 보면 식민지 지배의 시작이자 대륙 침략의 서곡이었다고 할 수 있는 것이다.

| 한국병합과 제국주의의 국제협력 |

일본은 1904년 2월 러일 전쟁이 발발하자 이를 구실로 1개 사단의 병력을 한반도에 배치하고 군사력을 배경으로 '한일의정서'를 강요했다. 같은 해 6월 '제국의 대한방침'에서는 "한국의 존망은 제국의 안위와 직결되는 곳"으로서 "도저히 독립을 유지하기 어렵다"라는 이유를 들고 "경제적으로 더욱 우리의 이권 발전을 꾀할 것"을 명기하여 침략의 야심을 노골적으로 드러냈다. 이어서 8월에는 일본인 재정 고문 1명과 외국인 외교 고문 1명을 채용할 것과 외교안건의 사전협의를 내용으로 하는 제1차 한일협약을 강요하여 한국의 외교권과 재정권을 박탈하고 경찰 고문, 군부 고문, 궁내부 고문 등을 모두 일본인으로 갈아치워 한국을 속국으로 만들었다. 을사늑약 이후의 통감 정치는 이러한 고문정치를 더욱 발전시킨 것이었다.

한국의 식민지화가 진행되는 과정에서 제국주의의 국제협력은 유감없이 발휘되었다. 미국은 포츠머스 강화조약을 중재하면서 1905년 7월 미국의 육군 장관 태프트와 일본의 수상 가쓰라와의 사이에 가쓰라·테프트 밀약을 맺어 필리핀과 조선에 대하여 양국이 각각의 이익을 상호 존중한다는 각서를 교환했다. 같은 해 8월에는 런던에서 제2차 영일동맹을 체결하여 한국에 대한 일본의 권리를 인정받았다. 프랑스, 독일 등의 다른 열강도 이에 따라 일본의 지위를 인정했다. 9월에는 러시아와의 포츠머스 강화조약에서 대한제국의 지배권을 인정받았다.

제국주의 열강으로부터 한국의 지배권을 인정받은 일본은 1905년 9월 '최적의 시기'가 왔다고 판단하고 한국 보호국화를 위한 3가지 주요 방침을 결정했다. 첫째는 조약체결을 11월 초로 계획했으며, 둘째로 조약체결을 추진할 행정실무를 하야시 곤스케(林權助)가, 군의 지휘는 한국 주차군 사령관 하세가와 요시미치(長谷川好道)가, 그리고 정치적 교섭은 이토 히로부미가 맡기로 역할을 분담했다. 셋째는 한국이 동의하지 않으면 군사력을 동원하여 강제적으로 성사시킨다는 내용이었다. 11월 서울에 도착한 이토 히로부미는 11월 17일 일본군이 궁성을 에워싸고 경계 태세를 강화한 가운데 무장 병력을 대동하여 고종과 대신들을 협박하고 '을사오적'을 앞세워 '제2차 한일협약'을 강행 처리했다.

조약 성립 직후 고종은 수차례에 걸쳐 친서와 문서를 통해서 협약의 부당성을 외교적 수단으로 호소하려 했다. 1907년 6월의 헤이그밀사사건도 그 노력의 일환이었다. 그러나 이미 제국주의 열강의 국제적인 협조 관계가 성립된 상황에서 고종의 호소는 무시당했다. 이토는 오히려 이 사건을 구실로 고종에게 압력을 가하여 강제 퇴위로 몰고 갔다. 이후 일본은 각료회의에서 "지금의 기회를 놓칠 수 없다"라고 하여 한국의 내정권 장악을 결정하고 이토 통감에게 이를 일임하여 1907년 7월 24일 '제3차 한일협약'을 체결했다. 그 내용은 외교권과 내정권을 박탈하고 일본인을 중앙과 지방의 요직에 둔다는 것으로, 일본의 전권 장악을 의미하는 것이었다.

1907년의 단계에서 일본이 한국을 병합하지 못했던 것은 한국 민중의 저항이라는 장애물이 있었기 때문이었다. 한국에서는 1905년 을사늑약 이후 애국계몽운동과 의병투쟁이 본격적으로 전개되었다. 특히 '제3차 한일협약'으로 해산된 한국군대의 병사들을 중심으로 발생한 의병투쟁은 순식간에 전국적인 규모로 확산했다. 당시 일본군의 보고서에 의하면 이를 탄압하기 위한 전투는 12월까지 무려 658회에 달했으며 1910년 한국병합까지 일본군과 의병의 충돌 횟수는 2,819회, 의병 수는 14만 1천6백 명에 달했다. 의병운동을 진압하는 과정에서 진통을 겪은 이토는 자신감을 상실하고 1909년 귀국하여 통감직을 사임했다.

이후 일본 각의에서 한국병합 방침이 확정된 것은 1909년 7월 6일의 일이었다. 남은 것은 실시할 시기를 결정하는 일이었다. 1909년 10월 26일 이토가 하얼빈에서 안중근에게 암살당하면서 한국 민중의 저항이 확산하는 것을 우려하여 병합 시기를 더욱 서두르게 했다. 1910년 5월 30일 데라우치 마사다케(寺内正毅) 육군 장관이 제3대 한국 통감의 겸임을 명받고 부임한 것은 한국의 의병투쟁을 탄압하고 조속히 병합을 실현하기 위한 포석이었다. 6월 각의에서 결정된 '병합 후 한국에 대한 시정방침'에 의하면 당분간 조선에서는 대만 통치와 마찬가지로 헌법을 시행하지 않고 천황에 직속하는 총독이 법률에 관한 법령과 율령을 자유롭게 내릴 수 있도록 정하였다. 이로써 조선 총독은 육해군의 통솔자임과 동시에 헌병, 경찰의 최고 권력자이며 입법권을 장악하는 독재자로서 군림하게 되었으며 이는 곧 식민지 조선에 대한 가혹한 무단통치를 예고하는 것이었다.

데라우치는 8월 22일 한국주차군을 수도 서울에 집중시킨 후 이완용과의 사이에 한국병합에 조인했다. 병합 내용은 8월 29일 양국의 《관보》에 동시 공포되고 신문 각지에도 보도되었다. 일본의 한국병합에 대하여 러시아는 물론이고 일본과 동맹 관계에 있는 영국과 프랑스는 반대하지 않았으며 미국도 관심을 가지지 않았다. 이로써 동아시아의 헤게모니를 장악한 제국 일본은 한국병합에 만족하지 않고 또다시 팽창을 추구하기 위해 군비를 증강하고 전쟁을 준비하면서 장래에 또 다른 갈등을 잉태하고 있었다.

| 메이지 시대의 사회주의운동 |

메이지 정부는 부국강병과 식산흥업의 구호 아래 급속하게 산업화를 추진하여 국가 주도의 자본주의를 육성했다. 서구의 자본주의 성립은 산업혁명 이후 200~300년이 걸렸지만, 일본은 반세기에 그것을 실현했다. 일본의 산업혁명은 방적업과 제사업 등의 섬유 부문에서 시작하여 청일 전쟁 이후 압도적인 발전을 이룩했다. 러일 전쟁 이후에는 군사력 증강에 주력하여 조선업과 제철업을 중심으로 중공업이 크게 발전했다.

한편 급속한 자본주의의 발달은 대다수 노동자와 농민의 희생이 뒤따라야 했다. 특히 산업 현장에서 일하는 노동자들은 열악한 노동 환경에서 저임금과 장시간 노동에 시달리면서 차츰 심각한 사회문제로 대두했다. 이에 따라 자연스럽게 노동자와 농민의 생활 향상과 권리를 주장하는 사회주의 사상과 운동이 확산하기 시작했다.

노동자가 자각적으로 단결하여 노동조건의 개선을 호소하기 시작한 것은 청일 전쟁 이후부터였다. 노동조합이 결성되어 활동을 시작했으며, 그 연장선에서 1897년 발족한 '사회문제연구회'는 일본에서 최초의 사회주의 단체였다. '사회문제연구회'는 이듬해 '사회주의연구회'로 바뀌고

1900년에는 '사회주의협회'가 만들어졌으며 1901년에는 일본 최초의 사회주의 정당인 '사회민주당'이 결성되었다. 사회주의운동이 확산하자 정부는 1900년에 제정한 '치안경찰법'으로 사회민주당에 대하여 결성 당일 즉시 해산조치를 내렸다. 1906년에는 일본사회당이 결성되지만 이에 따라 정부의 탄압도 더욱 강화되었다.

메이지 시대 사회주의운동은 크게 기독교 사회주의 계보, 자유민권운동 계보, 그리고 서구식 사회주의운동과 노동운동을 모델로 한 계보의 3가지로 나눌 수 있다. 기독교 사회주의 계보의 대표적인 인물은 아베 이소오(安部磯雄)였다. 아베는 기독교적인 인도주의의 입장에서 사회주의를 활발하게 선전한 일본 사회주의운동의 선구자였다. 아베는 1884년 도시샤대학의 전신인 도시샤 영학교(同志社英学校)를 졸업하고 미국으로 건너가 신학을 배운 후 1899년 귀국하여 도시샤 영학교의 교원을 거쳐 도쿄전문학교(와세다대학의 전신)의 교수가 되었다. 아베는 주로 기독교의 박애 정신에 따라 약자 구제, 계급제도의 폐지, 토지와 자본의 공유 등을 주장하면서 사회주의운동을 전개했다. 이 밖에도 아베는 1901년 사회민주당 결성에 참여하고 러일 전쟁 반대 운동에도 가담했으며 공창제도 폐지와 산아제한 등 초기의 여성해방운동에도 적극적으로 관여했다.

자유민권운동의 계보는 민권사상가 나카에 쵸민(中江兆民)의 영향을 받은 고도쿠 슈스이(幸德秋水)가 대표적인 인물이다. 나카에 쵸민은 자유민권운동의 사상적인 지도자로 프랑스 유학에서 돌아와 루소의 '사회계약론'(민약론)을 번역 소개하여 '동양의 루소'로 불린 인물이다. 그의 영향을 받은 고도쿠 슈스이가 자유민권운동이 끝난 후 일본을 개혁하기 위한 새로운 수단으로 사회주의운동을 전개했다.

서구식 사회주의운동과 노동운동을 모델로 한 계보의 대표적인 인물은 가타야마 센(片山潜)이다. 가타야마는 1884년 미국으로 건너가 잡일을 하면서 기독교 세례를 받고 고학으로 대학과 신학교를 다니면서 사회적 기독교에 감화를 받았다. 1896년 귀국 후에는 목사나 전도사가 되려했지만 뜻을 이루지 못하고 미국의 세틀먼트(settlement) 운동에 공감하여 자신의 자택을 개량해서 기독교 사회사업의 거점으로서 1897년 일본 최초의 인보관(세틀먼트 하우스)를 설립했다. 가타야마는 노동운동에도 진력하여 1897년 잡지《노동세계》를 창간하고 일본 최초의 노동조합인 직공의용회를 설립하여 일본에 노동조합운동을 정착시키는 데 커다란 역할을 했다. 가타야마는 같은 해 '사회문제연구회' 결성에도 가담하고 1901년에는 일본 최초의 사회주의 정당인 '사회민주당'에 입당했다. 가타야마는 1911년 노동쟁의에 개입한 혐의로 투옥되었다가 이듬해 출옥하여 1914년 미국으로 망명했다. 이후 러시아혁명에 영향을 받고 마르크스레닌주의에 감화되어 미국 공산당과 멕시코 공산당 결성에 가담했으며 1921년에는 소련으로 건너가 코민테른 상임 집행위원회 간부가 되어 국외에서 일본 공산당 창당을 지도하면서 반전운동에 종사했다.

| 고도쿠 슈스이와 대역사건 |

고도쿠 슈스이는 1898년《요로즈초호(万朝報)》신문사의 기자로서 정치 권력자 비판으로 이름을 알리기 시작했다. 1901년에는 『20세기의 괴물 제국주의』라는 책을 간행하여 제국주의를 비판하면서 반전운동을 펼쳤다. 이후 1903년《요로즈초호》가 사론을 러일 전쟁에 대한 반전론에서 개전론으로 전환하자 자신이 일할 곳이 아니라고 판단하고 퇴사했다. 퇴사 후에는 사회주의자 사카이 도시히코(堺利彦)와 함께 반전론을 주장하기 위해 평민사를 개업하고 주간지《평민신문》을 창간했다. 1904

년에는 사카이 도시히코와 함께 마르크스의 『공산당선언』을 번역 발표했지만, 관헌에 의해 즉시 발행금지 처분을 받았다.

고도쿠는 1905년 신문지조례 위반으로 1년가량 투옥되었다. 신문지조례는 1887년 메이지 정부가 언론을 탄압하기 위해 만든 법으로 이에 위반할 경우의 벌금과 징역을 명시한 것이었다. 주된 내용은 국가나 정부의 전복을 논하는 기사, 사람을 교사·선동하는 기사를 게재하는 것을 금지하고 관청의 허락 없이 청원서를 게재하는 것을 금지하고 있었다.

고도쿠는 출옥 후 미국으로 건너가 미국에 망명한 러시아의 아나키스트들과 교류하면서 아나키즘의 영향을 받고 무정부 공산주의로 기울었다. 당시 아나키즘 운동은 세계 각지에서 융성하여 노동자 해방을 요구하는 투쟁에 큰 영향을 미치고 있었다. 일본에서 선구적으로 아나키즘의 영향을 받은 사람이 고도쿠 슈스이였다.

1906년 귀국한 고도쿠는 귀국환영회에서 제너럴 스트라이크(general strike), 즉 노동자의 총파업에 의한 직접 행동(실력행사)을 제창했다. 이러한 고도쿠의 주장은 1906년 정부의 융화정책으로 결당을 허용받은 일본사회당의 '국법의 범위 내에서 사회주의를 주장한다'라는 방침과 크게 대립하는 것이었다. 결국, 고도쿠는 일본사회당과 결별하고 사회혁명당을 결성하여 직접 행동론을 주장했다. 이러한 고도쿠의 급진적이고 과격한 주장은 관헌에 의해 요주의 인물로 지목되고 있었다.

1910년 5월 25일 사회주의자 미야시다 다기치(宮下太吉) 등의 4명이 메이지 천황 암살을 모의하다가 발각되어 체포된 사건이 발생했다. 정부는 이 사건을 계기로 사회주의자와 아나키스트에 대한 탄압을 위해 사건을 날조하여 26명을 천황 암살 용의자로 기소했다. 이 사건은 죄목이 '대역죄'였기 때문에 '대역사건'이라 하며, 그 필두의 주모자로 고도쿠 슈스이가 지목되었기 때문에 '고도쿠 슈스이 사건'이라고도 한다. 사실, 고도쿠 슈스이는 천황 암살계획은 알고 있었지만, 폭탄 제조나 실행 계획에는 직접 관여하지 않았다. 그러나 관헌이 눈엣가시였던 고도쿠를 제거하기 위해 그를 주모자로 사건을 날조한 것이다.

26명의 용의자는 1911년 1월 18일 비밀재판으로 24명이 사형판결을 받고 2명이 유기징역 판결을 받았다. 판결 후 불과 일주일도 지나지 않은 1월 24일 고도쿠 슈스이를 비롯한 11명이 처형당하고, 그 이튿날에는 사형판결을 받은 12명 가운데 유일한 여성으로 고도큐 슈스이의 내연의 처였던 간노 스가가 처형당했다. 고도쿠는 법정 심리 마지막의 피고 진술에서 "한 사람의 증인 조사도 하지 않고 판결을 내리려고 하는 암흑 공판을 부끄러운 줄 알라"라고 일갈했다고 한다. 같이 사형판결을 받았던 24명 가운데 12명은 천황의 은사로 무기징역으로 감형을 받지만, 이들 가운데 5명은 무기징역 중에 옥사하고 나머지는 후일 가석방되었다.

고도쿠는 판결을 받고 사형 집행 직전에 한시를 지었는데, 그 내용을 번역하면 다음과 같다.

자질구레한 성공실패에 관해서 지금 왈가왈부하는 것은 그만두자.
인생에 대한 의기를 버리지 않는 것이야말로 고금을 통해서 중요한 일이다.
이처럼 나는 살아왔고 이처럼 죽어가지만
죄인이 되고 나니 새삼 관직 없는 평민의 존엄함을 깨달을 수 있었다.

고도쿠가 미련 없이 떠나겠다는 의지를 보여준 것이라 하겠다.

　사회주의자들이 암살을 기도했던 메이지 천황은 1912년 7월 30일 지병인 당뇨가 악화하여 향년 61세의 나이로 사망했다. 메이지 천황의 당뇨병이 발견된 것은 러일 전쟁이 한창인 1904년이었다. 천황의 병은 전쟁이 한창 중이었기 때문에 극비에 부쳐지고 메이지 천황 본인에게도 알리지 않았다. 인슐린이 발견되어 실용화될 때까지 당뇨는 불치병이었다. 당뇨는 이윽고 만성 신장염의 합병증을 가져왔지만, 천황은 애주가였기 때문에 자신의 병을 모르고 술을 계속 마셨다.

　1912년 7월에 접어들면서 천황의 건강은 심각한 상태를 보이기 시작했지만, 천황의 병상에 대해서는 궁중 시의와 궁내대신 이외에는 원로 야마가타 아리토모밖에 몰랐다. 천황 주변의 측근들은 모두 세상을 떠나고 공교롭게도 천황이 가장 싫어했다고 전해지는 야마가타 한 사람만이 메이지 유신의 원훈으로서 천황의 주변에 있었던 셈이다. 천황은 7월 14일 아침부터 설사를 시작했으며 앉은 채로 꾸벅꾸벅 조는 모습을 자주 보였다. 그리고 18일부터 외출하기 어려울 지경이 되고 19일 의식불명에 빠지자 비로소 궁내성은 천황의 병상을 발표했다. 이후 궁내성은 22일부터 매일 3차례 천황의 병상을 발표했으며 관청에서는 매일 각 부처의 장관이 국장급 이하를 불러 경과를 전하고 훈시했다. 그리고 전국 각지의 사원과 신사를 비롯하여 기독교회조차도 21일부터 천황 쾌유를 기원하는 기도를 시작했다.

　메이지 천황이 숨을 거둔 것은 1912년 7월 30일 오전 0시 43분이었다. 천황의 자리가 비어 있으면 안 되기 때문에 황태자 요시히토가 오전 1시에 천조(天祚: 천자의 자리에 오르는 것, 즉위식과 다름)하면서 7월 30일부터 다이쇼 원년이 시작되었다. 천황의 자리가 비어 있는 '공위' 시간은 불과 17

분이었다. 궁내성이 천황의 '붕어'를 발표한 것은 오전 1시 20분이었다.

9월 13일 천황의 장례식이 치러진 장소는 후일 메이지신궁 외원이 조성되었고, 이 자리에 메이지 천황의 '성덕기념회화관'이 건립되었다. 메이지 천황의 운구는 장례식이 끝난 후 열차를 타고 교토로 옮겨 교토 외곽의 후시미모모야마릉(伏見桃山陵)에 안장되었다. 메이지 시대를 살았던 일본인들에게 메이지 천황의 죽음은 한 시대가 마감했다는 허전함을 안겨다 주었다. 메이지 시대의 저명한 저널리스트 도쿠토미 소호(德富蘇峰)의 동생이자 소설가 도쿠토미 로카(德富蘆花)는 다음과 같은 감상을 남기고 있다.

> 폐하가 붕어하면 연호가 바뀐다. 그것을 모르는 바가 아니지만 나에게 메이지라는 연호는 영원히 계속되는 것처럼 느껴졌다. 나는 메이지 원년 10월생이다. 즉, 메이지 천황폐하가 즉위식을 올리신 해, 처음으로 교토에서 도쿄로 행차했던 달, 도쿄에서 서남으로 300리, 사쓰마에서 가까운 히고(肥後) 아시키다(葦北)의 미나마타(水俣)라는 촌에서 태어난 것이다. 나는 메이지의 나이를 나의 나이로 생각하는 데 익숙해져 메이지와 같은 해라는 긍지도 가지고 부끄러워하기도 했다. 폐하의 붕어는 메이지의 막을 내렸다. 메이지가 다이쇼로 바뀌고 나는 생애가 중단된 것처럼 느꼈다. 메이지 천황이 나의 반생을 가지고 가버린 것처럼 느꼈다.

메이지 시대의 일본인들이 메이지 천황과 자신을 어떻게 관련지어 생각하고 있었는지를 잘 보여주는 것이라 하겠다. 그러나 모든 일본인이 메이지 천황의 죽음을 하나같이 슬퍼했던 것은 아니었다. 심지어 메이지 천황이 누군지도 모르는 일본인도 있었다. 천황의 죽음에 충격을 받은 도쿠토미 로카의 집에서 일하는 20세의 하녀는 8살 때부터 식모살이해서 낫 놓고 기역 자도 모르는 문맹이었는데, 그녀는 러일 전쟁의 영웅 도고 헤이하치로 대장은 알아도 천황폐하는 누군지 모른다고 했다.

이것은 메이지 시대까지는 아직도 교육에 따라서, 또는 도시와 농촌, 계급 차에 따라서 같은 일본인이라도 천황에 대한 '기억'이 달랐다는 것을 말해주고 있다. 거의 모든 일본인이 '천황폐하'라는 말에 직립 부동하고 목숨을 바쳐 충성을 맹세하게 되기까지는 수없이 되풀이되는 이데올로기적인 작위와 강제가 필요했다. 그런 과정에서 메이지 천황의 '치적'을 칭송하는 갖가지 언설은 일본인들이 메이지 천황을 위대한 '성군(聖君)'으로 인식하게 만드는 데 큰 영향을 미쳤다. 1920년 메이지 천황을 신으로 모시는 메이지신궁이 건립된 것도 천황 신격화의 일환이었다. 그리고 대다수 일본인이 천황을 신성한 존재로 인식하고 맹목적인 충성을 당연시하게 만드는 데 또 하나의 일익을 담당한 것은 다름 아닌 노기 마레스케(乃木希典)의 '순사(殉死)'였다.

노기 마레스케는 1912년 9월 13일 오후 8시 천황의 운구가 황궁 앞 니쥬바시(二重橋)를 지나 아오야마(靑山) 연병장의 장례식장으로 향할 때 장례식에 참석하지 않고 자택에서 부인과 함께 자결했다. 노기는 자신의 군도로 배를 가르고 그 칼로 목을 앞에서 뒤로 찌른 후 앞으로 쓰러져 죽었다. 부인은 단도로 자신의 왼쪽 가슴 심장부를 찌르고 죽었다.

노기는 유서에 세이난 전쟁에서 군기를 잃은 것을 수치로 여기며 죽음으로 그 죄를 사하려 했으나 기회를 얻지 못했다고 했다. 또한, 러일 전쟁 당시 자신이 지휘하는 뤼순 공격에서 수만 명의 장병이 죽었다는 점에 대한 죄책감도 적었다. 자신의 두 아들도 뤼순 전투에서 전사했지만, 무엇보다도 천황의 '신민'을 잃은 것에 대하여 부끄러운 마음을 금할 수가 없었다는 심정을 말하면서 자신이 죽을 자리를 찾고 있었다고 했다.

노기는 천황이 병상에 쓰러진 이래 매일같이 참내하여 천황을 문병하고 회복을 기원했지만, 보람이 없었다. 천황의 죽음으로 노기는 이제 더 충성할 대상이 없어졌다. 노기에게 남은 것은 천황에 대한 충절의 표시로 자신의 생명을 바치는 길밖에 없었다. 노기는 메이지 천황의 장례식이 치러지는 그 시각에 무사도에서 말하는 '순사'를 한 것이다. 이후 일본에서는 천황에 대한 충신의 모범으로 노기를 '군신(軍神)'으로 떠받들고 '노기 전설'이 만들어졌으며 노기 신사까지 세워졌다.

4

다이쇼 시대의
정치와 사회

다이쇼 시대는 근대 일본에서 가장 짧은 시기이다. 메이지 시대가 1868년부터 1912년까지 45년, 쇼와 시대가 1926년부터 1989년까지 64년인 데 비해서 다이쇼 시대는 1912년부터 1926년까지 15년이다. 다이쇼 시대가 짧은 것은 그만큼 다이쇼 천황의 재위 기간과 수명이 짧았다는 것을 의미한다. 다이쇼 천황은 1879년생으로 1926년에 향년 47세로 사망했다. 다이쇼 천황은 태생적으로 건강이 좋지 않아서 천황이 된 후에도 거의 활동을 하지 못하고 요양 생활을 해서 남긴 업적이 거의 없다.

다이쇼 시대는 천황의 아우라가 약한 만큼 상대적으로 민주주의적인 분위기가 성숙했다는 것이 커다란 특징이다. 일본사에서는 다이쇼 시대를 다이쇼 데모크라시라고 하며, 이는 1910년대부터 1920년대에 걸쳐서 일어난 정치, 사회, 문화 등 각 방면에서의 민주주의적이고 자유주의적인 풍조와 사조를 총칭하는 말로 사용되고 있다. 그러나 다이쇼 시대를 단순하게 민주주의가 발전한 시대였다고 볼 수만은 없다. 예를 들면 대외적으로는 제1차 세계대전에 참전하고 중국에 대하여 '21개조의 권익'을 요구했으며, 러시아혁명 간섭 전쟁에 참전하기 위해 시베리아로 출병하는 등 침략주의적인 야심을 변함없이 드러내고 있었다. 또한, 대내적으로는 생활고에 시달린 민중들의 쌀소동을 무력으로 진압했으며, 1923년 발생한 관동대지진의 혼란을 틈타서 조선인과 사회주의운동 지도자들을 학살하는 전대미문의 사건도 발생했다. 제1차 세계대전 이후의 전후 불황은 사회주의운동을 더욱 부채질했고 관헌은 이를 탄압하기 위해 치안유지법이라는 악법까지 제정했다. 이러한 다이쇼 시대의 암울한 분위기는 이윽고 쇼와 시대에 들어와 전쟁으로 날을 지새우는 어두운 역사로 연결되어 갔다.

| 헌정옹호운동 |

헌정옹호운동이란 메이지 유신에 공을 세운 사쓰마, 죠슈 등의 특정 지역 출신자들을 중심으로 한 관료정치에 반대하여 입헌주의에 입각한 정당정치를 목적으로 한 대중적인 정치 운동을 말한다. 헌정옹호운동은 1912년과 1924년 두 차례가 있었다. 1912년의 제1차 헌정옹호운동은 죠슈 출신의 가쓰라 타로(桂太郎)가 내각을 조직하자 정당과 언론이 이에 반대하면서 비롯된다. 반대운동의 여파로 수만 명의 민중이 국회를 포위하고 정부 계열의 신문사와 경찰서를 습격하는 등 폭력시위로까지 발전하여 가쓰라 내각이 총사직하게 만들었다. 이것은 민중운동이 내각을 무너뜨린 최초의 사례가 되었으며 이를 다이쇼 정변이라고 한다.

1924년의 제2차 헌정옹호운동은 정우회, 헌정회, 혁신구락부의 3개 정당이 제휴하여 귀족원 중심의 내각에 반대하고 정당 내각의 확립을 주창하는 운동을 전개한 데서 비롯되었다. 3개의 정당은 보통선거 실시, 귀족원 개혁 등을 공약으로 내세우고 총선에서 대승했으며, 이들이 연립내각을 구성하여 1925년에는 보통선거법이 도입되었다.

보통선거법이란 성인 남성에 대한 선거권을 규정한 법률로, 이제까지 납세액을 기준으로 선거권을 부여한 제한선거의 납세 요건을 철폐한 것을 말한다. 이로써 일본 국적을 가지고 일본 국내에 거주하는 만 25세 이상의 성인 남성에게 선거권이 부여되었다.

보통선거의 실현으로 1920년에 유권자 수가 전체 인구 대비 5.5%인 306만 명에서 1928년에는 전체 인구 대비 20.8%인 1,240만 명으로 약 4배 증가했다. 단지 선거권과 피선거권의 자격 규정에서 여성과 극빈자, 주거부정자는 제외되었다. 이때 선거권을 부여받지 못한 여성들은 부인 참정권 운동을 계속했지만 1945년 전쟁이 끝날 때까지 실현되지 못했다.

일본 패전 후 연합국의 점령군은 일본 민주화 정책의 하나로 중의원 선거법을 개정하여 모든 성인 남녀에게 선거권을 부여하게 했다.

| 의회 정치를 위협하는 기구 |

다이쇼 시대에는 헌정옹호운동과 보통선거 등으로 민주주의적인 분위기가 확산했지만 원만한 의회 정치를 어렵게 만드는 기구는 공식적으로도 비공식적으로도 여전히 존재하고 있었다. 그 가운데 1888년 헌법 초안을 심의하는 기구로 출발한 추밀원은 의장과 고문관을 포함하여 25명 내외로 구성되었으며, 천황의 칙임에 의한 종신직으로 패전까지 존속하면서 국정에 깊이 관여했다. 추밀원은 헌법과 법령의 해석, 국제조약 비준 등에 관하여 천황에게 조언하며 내각이나 정부의 결정이 마음에 들지 않을 때는 이의를 제기하거나 결정을 번복하는 데 영향을 미칠 정도로 막강한 권력을 가지고 있었다. 추밀원의 초대 의장은 이토 히로부미였다.

귀족원은 천황을 중심으로 하는 권위주의 정치를 공고하게 만드는 기구로서 천황의 칙임으로 선출되며 의원직은 세습되었다. 이렇게 추밀원과 귀족원이 존재하는 한 정상적인 입헌정치를 운용하기는 어려웠다. 이에 더하여 원로나 중신과 같은 비공식적인 정치기구도 의회 정치를 위협하고 있었다. 원로는 추밀원이나 귀족원과 서로 겹치는 구성원으로 이루어져 있으며, 총리의 임명에 관하여 천황에게 조언하는 역할을 했다. 다만 원로의 조언은 형식적인 절차에 불과했지만 사실상으로는 총리 임명의 실질적인 결정자들로서 1890년 헌법 공포와 의회 개설 이후부터 관행이 되어 왔다. 총리 임명의 최종적인 승인은 천황의 칙임으로 내리게 되지만, 그 과정은 모두가 원로의 밀실정치에 의해 이루어지고 있었다.

중신은 원로들이 모두 사망한 1920년대 이후 생존하고 있는 모든 전직 총리로 대체된 자들을 말한다. 원로는 메이지 유신에서 공을 세운 자들이지만, 1920년대가 되면 생존자는 거의 사라지게 된다. 따라서 원로를 대체하여 생존한 전직 총리들이 원로의 역할을 한 것이다.

이 밖에도 의회 정치를 위협하는 것으로 군부의 쿠데타와 우익세력이 주도한 정치테러가 있다. 1921년 하라 다카시(原敬) 수상이 우익 청년의 흉탄에 암살되었으며 1931년에는 하마구치 오사치(浜口雄幸) 수상이 우익의 총을 맞고 반년 후에 사망했다. 군부와 우익의 쿠데타는 특히 1930년대 이후 빈번하게 발생하게 된다. 결국 쿠데타를 진압하는 과정에서 군부가 세력을 더욱 강화하게 되고 이에 따라 1930년대 이후 군부의 독주가 시작되는 것이다.

| 치안유지법 |

1917년 러시아혁명이 성공하면서 그 영향이 일본에도 미쳐 사회주의 운동가들 사이에 공산주의 사상이 확산하는 경향을 보이기 시작했다. 관헌은 이를 저지하기 위해 1920년 치안입법 제정에 착수했다. 이는 사회주의 사상과는 무관한 사회운동이 대중화되는 것을 경계하기 위한 것이기도 했다. 이후 보통선거법의 성립으로 사회주의자들의 사회변혁을 요구하는 목소리가 높아질 것을 우려한 추밀원의 압력으로 사회주의운동을 탄압하기 위해 치안유지법이 성립되었다.

치안유지법의 골자는 '국체'의 변혁과 사유재산의 폐지를 주장하는 자에 대해서는 10년 이하의 징역 또는 금고에 처할 수 있게 하는 것이었다. 여기서 '국체'란 신성한 신의 자손인 천황이 지배하는 나라를 의미한다. 따라서 국체의 변혁을 주장하거나 기도하는 것은 천황제 폐지를 주장하는 것과 같은 혁명운동으로 간주하고 이를 처벌한다는 것이었다. 사유재산 폐지도 역시 공산주의운동이므로 이를 금지한다는 것이었다. 치안유지법은 1928년 '국체 변혁'과 '사유재산 부정'을 분리하여 전자에 대해서 "국체 변혁을 목적으로 결사를 조직하는 자, 또는 결사와 임원, 기타 지도자의 임무에 종사한 자는 사형 또는 무기징역, 혹은 5년 이상의 징역이나 금고에 처한다"라고 하여 최고 극형까지 가능하게 개악했다.

이후 일본의 대외 침략전쟁이 총력전 체제로 확대되는 1941년에는 치안유지법을 전면 개악하여 금고 없이 징역형으로 바꾸고 최고 사형까지 가능하게 했으며 국체 변혁을 목적으로 한 결사를 지원하는 결사나 조직을 준비하는 것을 목적으로 한 준비 결사 등을 금지하는 규정까지 새롭게 추가했다.

치안유지법은 처음에는 사회주의운동과 공산주의운동을 탄압하기 위한 것이었지만 차츰 그 영역이 확대되어 종교단체, 우익활동, 자유주의 등의 정부 비판에 대해서도 탄압의 대상으로 삼았다. 치안유지법은 일본이 패전한 후인 1945년 10월 점령군의 인권지령으로 폐지되었다. 일본이 패전하고 2달이 지나서야 폐지한 것이며, 그것도 일본 정부가 자발적으로 폐지한 것이 아니라 점령군이라는 외부의 압력으로 폐지한 것이었다.

특별고등경찰

특별고등경찰은 일명 '특고'라 불리며 치안유지법에 따라 무정부주의자, 공산주의자, 사회주의자 및 천황제와 국가의 존재를 부정하는 자를 사찰·감시하고 단속하는 것을 목적으로 조직된 정치·사상경찰을 말한다. 특고는 1910년 고도쿠 슈스이의 대역사건을 계기로 이듬해 반정부적인 사회운동을 억압하기 위해 경시청 내부에 특별고등과가 독립하면서 활동을 시작했다.

이후 특고는 1928년 내무성 경보국 보안과를 총본부로 하여 경시청을 비롯한 전국 경찰에 설치되면서 거미줄 같은 감시망을 펼쳤다. 특고는 1930년대 이후 전시체제가 강화되면서 반전운동이나 유사종교 단체에 대한 감시와 단속도 강화하여 1925년부터 1945년까지 7만 명 이상이 체포되었으며 이 가운데 10%가 기소되었다.

또한, 식민지 조선의 독립운동에도 치안유지법을 적용하여 2만 4천 명 이상이 검거되었고 치안유지법을 적용해서 사형을 집행한 조선인은 45명이었다. 반면 치안유지법 적용으로 사형당한 일본인은 한 명도 없었다. 이는 곧 치안유지법과 같은 악법에서도 민족 차별이 있었다는 것을 말해주고 있다. 치안유지법을 위반한 일본인에 대하여 당국은 사형보다 전향으로 운동에서 이탈시키는 편이 사회주의운동의 약체화에 효과적이라고 판단했기 때문이기도 하다.

또한, 특고는 피의자들의 자백을 받아내기 위해 갖가지 가혹한 고문을 자행한 사상 탄압의 상징으로도 유명하다. 일본공산당이 공식으로 조사한 바에 의하면 194명이 심문 중에 고문이나 린치로 사망했으며 1,503명이 옥중에서 병사했다고 한다. 그만큼 특고는 무자비한 탄압조직으로 악명을 떨쳤다.

| 제1차 세계대전과 일본 |

제1차 세계대전의 도화선이 된 것은 1914년 6월 28일 보스니아 사라예보에서 오스트리아 황태자 부부가 세르비아 자객에게 피살된 사건이었다. 이 사건을 계기로 오스트리아가 세르비아에 선전포고하자 세르비아의 후견국 러시아가 즉시 총동원령을 내렸으며 이에 대하여 오스트리아를 지지하는 독일이 러시아에 선전포고하고 벨기에로 침공하면서 전쟁이 시작되었다. 독일이 벨기에의 중립을 무시하고 침공하자 중립을 지키려던 영국도 독일에 선전포고하면서 유럽의 열강이 모두 참전하는 세계 최초의 대규모 전쟁으로 발전했다.

한편 일본은 영일동맹을 근거로 독일에 선전포고하여 동아시아에서 권익을 확대하는 기회로 삼았다. 독일이 유럽에서의 전쟁에 주력하고 있을 때 일본은 독일 동양함대의 근거지이자 조차지인 칭다오와 교주만 요새를 공략하고 독일의 식민지였던 남양제도의 마리아나제도, 캐롤라인제도, 마셜제도를 점령했다. 1918년 11월 독일의 항복으로 전쟁이 종결된 후에는 참전한 대가로 칭다오와 남양제도를 획득했다. 이후 칭다오가 있는 산둥성에는 거류 일본인이 2만 명으로 증가했다.

또한, 일본은 제1차 세계대전으로 서구 열강이 중국에서 일시적으로 후퇴한 것에 편승하여 만주와 중국에 대한 세력 확대를 위해 1915년 중국에 21개 조의 요구를 강요했다. 주된 내용은 관동주 조차지와 남만주철도의 권익 기한의 연장, 만주 남부와 동부, 내몽고에서의 일본의 우월성 확립, 중국 연안의 항만과 섬을 열강에 할양하거나 대여하는 것을 금지, 중국 정부의 정치, 재정, 군사 고문으로 일본인 고용, 지방 경찰의 중일 합동, 일본인이 경영하는 병원, 사원, 학교의 토지 소유권 보증, 병기 공여의 수락과 중일 합병의 병기창 설립, 일본인의 포교권 등이었다.

당시 중화민국의 총통이었던 위안스카이는 일본의 요구에 굴복하여 대부분 조항에 양보했다. 이로 인하여 중국에서는 반일 운동이 고조되고 그것은 이윽고 1919년 5·4운동으로까지 발전했다. 일본의 중국에 대한 권익 요구가 지나치다는 서구 열강의 비난도 피할 수 없었다. 결국, 일본은 1922년 미국에서 열린 워싱턴 회의에서 대부분의 권익을 포기하지 않을 수 없었다.

제1차 세계대전의 주된 전장이 유럽이었기 때문에 유럽의 무역 시장이 위축된 틈을 타서 일본은 수출을 확대하여 공전의 호경기를 누렸다. 특히 섬유, 조선, 철강 분야가 비약적으로 발전하면서 벼락부자까지 탄생했다. 반면 일반 서민은 수출 과잉, 물품 부족으로 인한 물가 상승으로 생계가 더욱 곤란해졌다.

| 시베리아출병과 쌀소동 |

시베리아출병은 영국, 미국, 프랑스, 이탈리아, 일본 등으로 구성된 제1차 세계대전의 연합군이 러시아 혁명군에 의해 고립된 체코슬로바키아군을 구출한다는 명분으로 출병한 러시아혁명 간섭 전쟁을 말한다. 일본은 1918년 8월 연합국 가운데 가장 많은 병력인 총 7만 3천 명을 출병하여 블라디보스토크에 상륙한 후 하바롭스크와 동시베리아 일대를 점령했지만, 시베리아의 혹한과 빨치산의 저항으로 실패로 끝난 전쟁이었다.

더구나 1919년 가을 러시아의 백군 정권이 붕괴하여 연합군의 혁명정권 저지 계획이 불가능하게 되자 미국과 유럽 연합국은 1920년 1월 시베리아철병을 결정했다. 그러나 일본은 출병 목적을 거류민 보호와 러시아의 과격파가 조선과 만주에 영향력을 미치는 것을 막는다는 명분으로 바꾸고 철병하지 않았다. 이에 대하여 서구의 일본에 대한 불신감이 고조되고 일본 국내에서도 비판의 목소리가 높아지자 1922년 철병하지 않을 수 없었다. 일본은 시베리아출병에서 3천 5백 명의 사상자를 내고 10억 엔에 달하는 거액의 군사비를 소비했지만 얻은 것은 아무것도 없었다. 오히려 출병의 장기화로 미일 관계를 악화시키고 일소 국교회복에도 장애가 되었다.

한편 시베리아출병에 앞서 군량미로 사용될 쌀을 상인들이 투기를 목적으로 사재기하는 바람에 쌀값이 폭등했다. 이로 인하여 생계가 어려워진 도야마현의 주부들이 미곡상을 습격한 사건을 발단으로 전국적으로 폭동이 확산하는 쌀소동이 발생했다. 쌀소동에는 2개월간 수백만 명이 참가했으며, 10만 명 이상의 병력을 투입하여 가까스로 진압되었다.

| 관동대지진과 조선인 학살 |

관동대지진은 1923년 9월 1일 11시 58분 도쿄와 요코하마를 중심으로 한 관동지역 일대에 지진과 그 여파로 발생한 화재로 인한 재해를 말한다. 관동대지진은 2011년 3월 11일 동일본대지진이 발생하기 전까지 일본에서 발생한 재해 사상 최대의 피해를 초래한 자연재해였다. 특히 도쿄, 요코하마, 가나가와현, 지바현 남부의 피해가 극심했다. 완전히 파괴된 가옥이 12만 호, 완전히 불에 타버린 가옥이 45만 호, 행방불명자를 포함한 사망자는 10만 5천여 명에 달한다. 특히 목조건물이 밀집된 지역에서는 대부분 화재로 인한 사망자가 많아 전체 사망자의 90%에 가까운 9만여 명이 불에 타 죽었다.

당시에는 전화나 라디오가 실용화되기 전으로 통신과 보도 수단은 오로지 전보와 신문뿐이었는데, 도쿄의 16개 신문사 대부분이 지진으로 발생한 화재 등으로 인쇄 기능을 상실하고 마비 상태에 빠져버렸다. 이로 인하여 지진 피해에 대한 정확한 정보가 전달되지 않는 상황에서 유언비어가 유포되어 민간인들이 조선인을 무차별로 학살하는 전대미문의 사건이 발생했다.

　지진 직후의 혼란 속에서 각지에서 '조선인이 폭동을 일으켰다'라거나 '조선인이 우물에 독을 넣었다'라는 유언비어가 대거 유포되면서 불안과 공포심을 조장했다. 특히 지진 발생 이튿날 사이타마현 내무부장의 명의로 '불령선인 폭동에 관한 건'이라는 통첩이 각 지방으로 발송되면서 유언비어의 유포를 더욱 조장하고 혼란을 심화시켰다. '불령선인(不逞鮮人)'이란 일제 강점기에 '불온하고 불량한 조선인'이란 의미로 사용되던 용어로, 일본 제국주의가 자신들의 말을 따르지 않는 조선인을 이르던 말이었다.

　유언비어가 확산하자 군경의 주도하에서 관동지역에 무려 4천여 개의 자경단이 조직되었다. 자경단은 원래 소방단, 재향군인회, 청년단 등을 중심으로 재해 복구에 종사하고 있었는데 유언비어가 유포되면서 주변의 조선인들을 물색하여 학살하는 행위로 폭주해버렸다. 조선인과 일본인은 얼굴만 보면 식별하기 어려우므로 자경단은 피난민이나 통행인을 검문하여 일본 국가를 부르게 하거나, 일본어로 '오십오전 오십전', 또는 탁음이 붙은 '가기구게고'를 발음하게 하는 방법 등으로 조선인을 판별하고 살해했다. '오십오전 오십전'이란 일본어로 '고쥬고엔고줏센'이라 하며 일본인이 아니면 발음하기 어려운 장음, 요음, 탁음이 모두 들어 있기 때문에 일본어를 할 줄 아는 조선인이라도 정확하게 발음하기 어렵다. 이러한 수단으로 많은 조선인이 학살당했다. 또한, 시골에서 상경해서 사투리를 사용하는 일본인이나 청각 장애인도 다수 살해당했다고 한다. 이 사건은 언어가 인간을 살해하는 도구가 될 수 있다는 것을 보여준 무서운 전례가 되었다.

이때 희생당한 조선인의 수는 아직도 정확하게 밝혀지지 않고 있는데, 적게는 3천 명, 많게는 1만 명 이상이라고 주장하는 학자도 있다. 3천 명이든 1만 명이든 이렇게 많은 사람을 죽여 놓고도 제대로 처벌받은 자는 거의 없었다. 일본 관헌은 10월 초부터 폭주한 자경단을 검거했지만, 살인, 살인미수, 상해치사, 상해 등의 죄명으로 기소된 일본인은 362명에 지나지 않았다. 게다가 그들의 행위를 애국심에 의한 것으로 간주하여 정상을 참작해서 대부분 집행유예로 풀려났으며, 실형을 선고받은 자도 그 이듬해 황태자(후일 쇼와 천황) 결혼의 은사로 풀려났다.

당시 조선인이 유언비어와 같은 행위를 한 일은 전혀 없으며 100% 만들어낸 이야기였다. 그러나 일단 유언비어가 확산하자 불안과 공포심에 사로잡힌 일본인들이 자신들을 보호하기 위해 폭력적인 수단을 불사하는 심리적인 기제가 작용한 것이다. 더구나 메이지 시대부터 정착하기 시작한 조선인에 대한 우월감과 멸시감을 바탕으로 한 뿌리 깊은 민족 차별도 죄책감 없이 조선인을 학살하는 배경이 되었다.

| 불법 탄압사건 |

관동대지진의 혼란 속에서 조선인 학살 이외에도 사회주의자들이 학살당한 사건으로 '아마카스 사건'과 '가메이도 사건'이 있다. 아마카스 사건은 당시 사회주의운동의 지도자이자 아나키스트로 유명한 오스기 사카에(大杉栄)가 내연의 처와 6살 난 조카와 함께 헌병대에 연행되어 헌병 장교 아마카스 마사히코(甘粕正彦)와 그의 부하 5명에 의해 모두 무참하게 살해당하고 시신이 우물에 버려진 사건이다. 이 사건은 주모자 아마카스 마사히코의 이름을 따서 아마카스 사건이라고 한다.

아마카스와 그의 부하 5명은 군법회의에 넘겨졌지만, 헌병대의 조직적인 관여를 부정하여 상급 명령자의 존재는 밝혀지지 않은 채로 아마카스와 그의 부하들의 범행으로 단정하고 재판은 마무리되었다. 아마카스는 10년 징역형을 받았고 그의 부하 3명은 3년 형을 받았으며 시신을 유기한 나머지 2명은 명령에 따른 것이라 하여 무죄판결을 받았다. 아마카스는 10년 형을 받았지만 황태자 결혼에 의한 은사로 감형받고 3년 후 석방되어 육군의 공금으로 프랑스 유학까지 했다. 또한 귀국 후에는 만주로 건너가 관동군에서 중국 침략의 시발점이 되는 만주사변에 관여하는 등 갖가지 특무공작에 종사하다가 패전 직후 청산가리를 마시고 자살했다.

가메이도 사건은 사회주의자 가와이 요시도라 등 10여 명이 전부터 노동쟁의로 적대관계에 있던 가메이도 경찰서로 연행되어 살해당한 사건을 말한다. 희생자의 유족들은 사건의 진상을 규명하기 위해 탄원했지만, 계엄령하에서의 적절한 행동으로 불문에 부쳐진 사건이다.

| 도라노몬 사건 |

도라노몬 사건은 1923년에 발생한 사회주의자 난바 다이스케(難波大助)의 황태자 암살 미수사건을 말한다. 1923년 12월 27일 황태자가 제48회 통상 국회 개원식에 출석하기 위해 귀족원을 향하는 도중 도라노몬(虎ノ門: 국회의사당 인근의 지명) 앞을 통과할 때 난바 다이스케가 소총으로 저격

했지만, 미수에 그치고 황태자와 동승한 시종장이 경상을 입었다.

난바 다이스케는 현장에서 경계 중인 사복 경관과 군중에 의해 체포된 후 대역죄로 기소되었으며, 이듬해 11월 14일 사형판결을 받고 바로 그다음 날 형이 집행되었다. 사건의 배경에는 관동대지진 직후의 사회불안과 오스기 사카에가 살해당한 아마카스 사건, 노동운동의 탄압에 대한 사회주의자들의 반발 등이 있었다.

근대 일본에서 천황이나 황족에 위해를 가하려 한 대역 사건은 4차례 있었다. 그 첫 번째가 1910년의 고도쿠 슈스이의 대역사건이고 두 번째가 도라노몬 사건이었다. 세 번째는 1925년 아나키스트 박열과 그의 연인 가네코 후미코가 다이쇼 천황과 황태자 암살을 모의했다는 혐의로 체포된 이른바 박열 사건이다. 그리고 네 번째는 1932년 이봉창 의사가 쇼와 천황이 육군관병식에 참석하기 위해 마차를 타고 지나가는 행렬에 수류탄을 던졌지만, 실패로 끝난 사건이다. 천황은 3번째 마차에 타고 있었는데, 이봉창 의사는 천황이 2번째 마차에 탄 것으로 오인하고 폭탄을 던져 실패했다. 이봉창 의사는 현장에서 체포되어 9월 30일 사형 선고를 받고 10월 10일 형장의 이슬로 사라졌다.

첫째와 둘째, 그리고 넷째 사건은 모두 사형판결로 형 집행을 했다. 세 번째 박열 사건에서 박열과 가네코 후미코도 사형판결을 받았지만, 곧 무기징역으로 감형되었다. 가네코는 이에 반발하여 옥중에서 자살했지만, 박열은 22년간 옥중 생활을 하다가 일본이 패전한 후 석방되어 재일 조선인 운동에 관여하고 북한으로 간 후 행적이 묘연해졌다. 아마 김일성에게 숙청당한 것이 분명할 것이다.

| 난바 다이스케 |

　난바 다이스케는 야마구치현의 명문 집안 출신이었다. 야마구치현은 메이지 유신에 주도적인 역할을 한 옛 지명 죠슈로서 존왕주의가 상당히 강한 곳이다. 이런 지역에서 대역사건을 일으킨 사람이 나왔다는 것은 이례적이다. 난바의 아버지는 당시 중의원 의원으로 난바가 중학생이 될 때까지는 부친의 영향을 받아 황실에 대한 경애심이 강했다. 그러나 중학교 5학년 때 야마구치현 출신의 다나카 기이치(田中義一) 육군 대신이 귀성했을 때 강제로 연도에 도열시킨 것에 분개하여 사상적인 변화를 보이기 시작했다.

　난바는 1919년 20세가 되는 나이에 도쿄로 상경하여 빈민굴 등을 보고 사회에 대한 불만이 더욱 커졌다. 그리고 고도쿠 슈스이의 대역사건에 대한 재판 기록을 읽고 일본사회주의자동맹 강연회에서 경관의 횡포를 목격한 것이 테러리스트가 되는 결정적인 계기가 되었다. 난바는 1922년 와세다 제일고등학원에 입학했지만 1년 후 자퇴하고 노동자 생활을 하면서 노동운동과 사회운동을 접하고 공산주의의 폭력혁명에 심취했다. 그리고 1923년 관동대지진 직후 오스기 사카에가 학살당한 사건에 충격을 받고 그 분노를 황실에 대한 테러로 발산한 것이다.

　난바의 대역사건은 이후 엄청난 파문을 불러왔다. 당시 내각이 책임을 지고 총사직을 했으며 경찰총감과 경시청의 경무부장이 징계면직을 받았다. 그뿐만 아니라 난바의 출신지 야마구치현의 지사가 2개월 감봉 처분을 받았고 난바가 도쿄로 오던 도중에 머물렀던 교토의 지사까지도 견책 처분을 받았다. 또한, 난바의 고향에서는 그해 정월 행사를 모두 중지하고 근신했으며 난바가 졸업한 소학교 교장과 담임교사는 교육에 대한 책임을 지고 사직했다. 그리고 중의원 의원이었던 난바의 아버지는 사건 소식을 접한 직후 즉시 중의원에 사표를 제출하고 고향으로 돌아가 식음을 전폐하고 두문불출하다가 1925년 5월에 사망했다. 도중에 난바의 형 집행이 있었지만 끝내 유해 인수를 거부했다. 천황에게 대역죄를 지은 자식을 가진 아비로서 속죄하는 심정으로 스스로 그 고통을 감내한 것이다.

| 다이쇼 시대의 사회주의운동 |

1911년 고도쿠 슈스이를 비롯한 12명의 사회주의자가 대역죄로 극형을 당한 후 사회주의운동은 한동안 침체기에 빠져 있었다. 그러나 다이쇼기에 들어와 시대적인 분위기 속에서 사회주의운동이 다시 고개를 들기 시작했다. 특히 1917년 러시아혁명의 성공은 일본의 사회주의자들을 크게 고무시키는 것이었다.

1920년에는 사회주의운동의 지도자 가운데 한 사람인 야마가와 히토시(山川均)를 중심으로 각종 노동단체와 학생단체, 사회운동가와 사상단체를 망라한 일본사회주의자동맹이 결성되었다. 창립대회에는 신청자가 천 명을 넘었지만, 정부의 탄압과 결사 금지 처분으로 이듬해 해산되었다. 활동 기간이 너무 짧았고 주목할 만한 활동도 없었지만, 사회주의자들이 대동단결했다는 점에 의의가 있다고 할 수 있다.

이후 1922년에는 가타야마 센, 사카이 도시히코, 야마카와 히토시 등이 소련에 있는 국제공산당 조직 코민테른(코뮤니스트 인터내셔널의 줄인 말)의 지도하에서 일본공산당을 결성했다. 일본공산당은 1924년 정부의 탄압으로 해산될 때까지 비합법 비밀결사 조직으로 활동했다. 당시의 공산당은 정치 정당으로서가 아니라 사상단체로서의 성격이 강했다. 일본

공산당은 코민테른의 지도하에서 마르크스주의에 입각한 사회주의운동을 중시했으며, 특히 볼셰비즘의 정치 투쟁을 중시했다. 볼셰비즘이란 노동 계급의 '전위', 또는 지도자로서 마르크스주의 정당의 정치 운동에 적극적으로 참여하는 것을 강조하는 정치 전략을 말한다.

가타야마, 사카이, 야마카와 등은 일본공산당의 지도자로서 중요한 역할을 했다. 이들과 함께 사회주의운동을 하면서도 마르크스주의의 정치 투쟁을 경시한 사람이 아마카스 사건으로 살해당한 오스기 사카에였다. 오스기는 아나키즘의 영향을 받고 정치 투쟁보다도 노동자의 총파업과 같은 직접 행동을 중시하여 러시아혁명에 대해서는 부정적으로 평가하고 있었다. 오스기는 다른 사회주의자들보다 더 급진적이고 과격했으며, 그것이 자신의 목숨을 재촉한 결과가 되었다.

제1차 세계대전 후의 정세는 사회주의운동과 좌익 사상의 확산에 유리한 조건이었다. 도시에서는 재벌의 착취가 더욱 심해지고 노동자의 노동조건은 더욱 악화하고 있었다. 또한, 농촌에서는 기생지주가 50%에 육박하면서 많은 농민이 소작농으로 전락하고 있었다. 이러한 상황은 노동쟁의와 소작쟁의가 발생하는 요인이 되었고, 여기에 사회주의 사상이 노동자와 농민에게 침투하기 쉬운 조건이 형성되고 있었다. 그런데도 일본의 사회주의운동이 실패한 가장 큰 요인으로는 대역사건, 치안유지법, 특별고등경찰 등과 같은 정부의 가혹한 탄압을 들 수 있다.

그러나 이 밖에도 부수적인 문제가 있다. 대다수 농민은 가부장적이고 보수적인 사고를 지니고 있었기 때문에 좌익 사상에 대해서는 상당히 부정적이었다. 도시의 노동자들도 대부분 고용주의 강력한 가부장제에 속박되어 있었다. 이처럼 노동자와 농민의 대부분은 자기 인생의 종속적인 위상을 체념적으로 받아들이고 자신들을 지배하는 지주나 고용주의 절대적인 권위에 복종하는 노예근성에서 벗어나지 못하고 있었다.

그리고 그들이 복종하는 권위의 최상위에 바로 천황이 있었다.

| 1920년대의 경제 |

1920년대 일본의 경제는 전반적으로 침체기에 빠지고 그것이 이윽고 1930년대에 들어와 군부와 우익을 중심으로 경제적인 문제를 대외적으로 타개하려는 움직임이 표면화되어 침략전쟁으로 치닫게 된다. 일본은 1910년대 후반에는 제1차 세계대전의 여파로 '전시 호황'을 누리고 있었다. 제1차 세계대전의 주된 전장이 유럽이었기 때문에 일본은 유럽의 무역 시장이 위축된 틈을 타서 수출 확대로 공전의 호경기를 누린 것이다. 실제로 수치를 보더라도 제1차 세계대전 이전인 1914년의 산업생산량이 14억 엔이던 것이 제1차 세계대전이 끝난 직후의 1918년에는 68억 엔에 달하고 있었다.

그러나 일본의 호경기는 제1차 세계대전이 끝나고 서구의 자본과 상품이 다시 동아시아 무역 시장으로 복귀하면서 끝나게 된다. 일본은 전시 호황으로 물가가 상승했기 때문에 서구 국가들의 저렴한 상품에 비해서 경쟁력이 떨어졌다. 동시에 물가 상승으로 인한 인플레 현상으로 주가가 폭락하고 은행이 도산하거나 노동자들이 실직하는 사태가 발생했다. 1922년부터는 국내 물가의 하락으로 서서히 경쟁력을 회복하기 시작했지만 1923년 관동대지진으로 수도권의 산업체가 대부분 파괴되면서 경기는 다시 후퇴하고 그 여파로 1927년에는 금융공황이 발생했다. 일본의 은행은 소규모였기 때문에 외부의 충격에 취약성을 가지고 있었는데, 지진 발생 후 대부분의 산업체가 파괴되어 대출 자금의 회수가 불투명해졌다. 이로 인하여 은행이 파산한다는 소문이 퍼지면서 투자자들이 대여금을 인출하면서 많은 은행이 파산하거나 규모가 큰 은행으로 흡수 합병되는 사태가 발생했다. 1929년에는 미국 뉴욕 월가의 주가 대폭락으로 세계 대공황이 시작되지만, 일본은 이미 그 이전부터 위기 상황에 빠져 있었다.

한편 경제적인 불황을 통해서 재벌 기업의 영향력이 더욱 확대되었다. 재벌 기업은 경쟁력이 약한 다수의 중소기업을 합병하거나 인수하여 문어발처럼 몸집을 불렸다. 그 대표적인 재벌 기업은 미쓰이(三井), 미쓰비시(三菱), 야스다(安田), 스미토모(住友) 등이었다. 재벌의 규모가 비대해지면서 풍부한 자본과 전문성을 동원해서 일본산업화에 주도적인 역할을 했지만, 한편으로는 부와 소득 분배의 편중 현상을 더욱 심화시키는 결과를 가져왔다. 또한 재벌은 자신들의 이익을 유지하기 위해 정당을 후원하고 군부 지도자들과도 돈독한 관계를 만들어 안전망을 확보하고 있었다. 재벌의 이러한 행태는 1930년대에 들어서 우익의 공격 대상이 되어 재벌 기업의 회장이나 대표가 우익의 테러로 암살당하는 사건이 빈번하게 발생했다.

| 지주와 소작인의 농촌 생활 |

농촌에서도 부와 소득의 편중 현상은 마찬가지였다. 농촌은 도시와 다르게 자본주의 발달과정에서도 봉건적인 관습의 잔재가 남아 있어 그나마 온정주의로 공동체가 유지되고 있었다. 그러나 1920년대부터 온정주의에 서서히 균열이 가기 시작했다. 전체 농촌 가구의 2~3%를 차지하는 지주는 농경법의 개선으로 생산량을 증대하여 풍족한 생활을 하면서 지방 관청이나 국가 기관에 두둑한 후원금도 내는 일종의 제국을 지탱하는 지방의 기둥이었다. 또한, 지주는 온정주의적인 전통에 따라 농촌의 명망가, 또는 지역 유지로서 해야 할 역할도 하고 있었다.

지주와 일반 농민과의 사이에는 엄청난 경제적 부의 격차가 있었고, 특히 자신의 땅을 가지지 않은 소작농의 경우 지주의 온정에 의존하지 않을 수 없는 비굴한 삶을 살아가야 했다. 예를 들어 홍수나 가뭄으로 흉작이 되었을 때 지주가 온정을 베풀지 않으면 소작농들은 굶어 죽을 수밖에 없었다. 만약 지주가 온정을 베풀지 않고 비정하다면 지역 공동체의 위계질서가 무너질 수도 있었다. 분노가 극에 달한 소작농들이 폭동을 일으킬 수도 있기 때문이다. 따라서 농촌 지역에서 지주와 소작농의 위계질서는 지주의 '온정'이라는 관습적 행위로 유지되고 있었다. 지주의 온정주의는 예를 들면 지역 축제에 기금을 희사한다거나, 또는 흉년이 들었을 때 소작료를 감면해주고, 소작농의 가족이 병이 들면 진료비를 제공해 주는 등의 행위를 포함한다. 지주는 이러한 온정주의로 지역 공동체의 단합을 주도하고 있었다.

그러나 1920년대가 되면 이러한 농촌사회의 온정주의에 균열이 생기기 시작한다. 왜냐하면, 급속한 산업화와 자본주의 발달로 인하여 지주들이 경제적, 문화적, 정치적, 교육적 기회가 풍부한 현청 소재지나 대도시로 이주하면서 지역 공동체에서의 온정주의적인 의무감이 희박해지기 시작했기 때문이다.

이렇게 농촌에 땅을 가지고 소작을 부치면서 도시에 거주하는 지주들을 '기생지주'라고 한다. 소작농의 노동력에 기생해서 풍족한 삶을 누리는 지주라는 의미이다. 이러한 지주의 기생지주화는 온정주의가 사라진 농촌사회의 갈등에 중요한 원인이 되었다. 농촌에서 온정주의가 사라지면서 소작료 인하를 요구하는 소작쟁의는 특히 제1차 세계대전 이후 빈번하게 발생했다. 사회주의운동의 영향을 받은 소작인들은 1922년 결성된 일본농민조합의 지도하에서 자신들의 요구를 관철하기 위해 쟁의를 일으켰다.

이에 대하여 지주나 촌락 지도자들은 소작인들이 조합에 들어가는 것을 막기 위해 갖가지 협박과 압력을 행사했으며, 풍부한 자금으로 법률가를 고용하거나 토지를 처분하여 자본가로 전환하는 형태로 대응하기도 했다. 지주와 소작인의 분쟁은 생산성이 낮은 동일본 지역보다도 근대화와 상업화가 진전되어 기생지주가 많은 중부와 서부 일본에서 2배 이상 발생했다. 이것은 쟁의를 주도한 농민들이 극빈층의 소작농이 아니라 환금작물로 수익을 올릴 가능성이 있는 농민들이었다는 점과도 관련이 있다. 그만큼 자본주의가 농촌에 침투하고 있었다는 것을 말해 주고 있다.

| 도시의 신중산층과 노동 계층 |

1920년대 일본은 만성불황에도 불구하고 도시에서는 부유한 고용주와 다수의 임금 노동자 외에도 다양한 중산층이 형성되어 도시 생활에 안정과 역동성을 부여하고 있었다. 이들은 주로 자영업자로 구성되는데, 도시 곳곳에 생선가게, 미곡상, 두부나 야채 판매상, 목욕탕, 이발소, 서점, 미장원, 사진관, 식당 등의 다양한 소매상이 생겨 거리를 메우고 있었다. 그리고 소매상이 밀집한 거리의 뒤편 골목에는 상품을 공급하는 수만 명의 도매업자와 자신의 집에서 기계 부품이나 주물, 도자기, 다다미, 우산, 식료품 등을 생산하는 영세 제조업자들이 자리하여 하나의 상권을 형성하고 있었다. 그리고 지역 상인들의 대표는 지역 공동체의 구심점으로서 상인협회를 조직하고 지역의 유지로서 지역 복지 활동에 종사하고 있었다. 이러한 소매상과 도매업자, 영세 제조업자, 그리고 적은 보수를 받는 사무실의 화이트칼라와 대기업 노동자들이 도시의 하층민과는 다른 중산층 집단을 형성하고 있었다.

신중산층은 위의 소매상, 도매업자, 농촌의 부유한 지주층 등과 같은 중산층의 자제들로서 고등교육을 받은 후 기업이나 정부 관청에서 일하는 봉급생활자를 말한다. 1890년경부터 미쓰이, 미쓰비시 등의 대기업에서는 장래의 경영자를 대학에서 모집했기 때문에 명문 사립대나 국립대 졸업생의 일부는 국가공무원이 되는 것보다도 일반 대기업에 취업하는 것이 더욱 매력적인 선택으로 인식되고 있었다. 고등교육을 받은 젊은 층의 취업이 증가하면서 도쿄나 요코하마와 같은 대도시에서는 민간 및 공공부문의 사무직 노동자가 차지하는 비중이 꾸준하게 증가했다. 도쿄의 경우 1908년 취업자의 6%를 차지하던 사무직 노동자의 수가 1920년에는 3배가 넘는 21%로 증가했다.

또한, 소수이지만 여성 사무직 노동자, 제복을 입은 백화점 판매원, 타이피스트, 전화 교환수 등과 같이 도시에서 일하는 직업여성의 새로운 모습도 등장하기 시작했다. 다만 여성의 임금은 남성의 절반 이하였기 때문에 여전히 남성 우위의 차별적인 사회구조는 개선되지 않고 있었다. 노동 현장에서의 여성 차별은 1920년대부터 여성들이 노동운동에 합류하는 배경이 되었다. 노동운동에 합류하는 여성들은 주로 집에서 출퇴근하면서 소규모 작업장에서 일하는 여성들로서 농촌에서 도시로 나와 공장 기숙사에서 단체생활을 하는 하층 노동자에 비하면 그나마 나은 편이었다. 게다가 이들은 최소한 초등교육을 마치고 노조의 소책자나 전단지를 읽고 이해할 수 있었기 때문에 노동운동에 쉽게 합류할 수 있었다.

| 사회변화에 대한 문화적 반응 |

　1923년 관동대지진은 도쿄와 요코하마의 대도시를 거의 파괴했지만 이를 계기로 새롭게 계획적인 대도시를 건설할 수 있게 되었으며, 철도 노선의 확장에 따라 주거지역이 교외로 확대되어 근교에는 전원도시가 형성되었다. 또한, 도시의 밝고 새로운 생활의 상징으로 백화점이 등장했으며 도심과 근교의 전원도시를 잇는 전차 노선은 이러한 백화점을 거점으로 방사선처럼 뻗어 나갔다.

　백화점에는 최고 품질의 국산품이나 수입품을 진열하고 있을 뿐만 아니라 식당, 미술 전시실, 음악 감상실 등을 갖추어 신상품에 대한 호기심과 근대적인 문화생활에 대한 동경을 자극하고 있었다. 1915년 긴자의 미쓰코시 백화점이 "오늘은 제국극장 내일은 미쓰코시"라는 선전 문구를 만들 당시만 해도 극장과 백화점은 상류계급의 최첨단 문화와 사치품을 의미하는 것이었다. 그러나 1920년대에 접어들면서 백화점은 대량 생산에 의한 표준화된 상품의 대량 판매로 전환하여 샐러리맨을 비롯한 중산층을 상대로 노동의 열매를 만끽하는 새로운 방식을 선전하기 시작했다.

　이 밖에도 커피숍과 비어홀, 레스토랑은 근대적인 문화생활을 누리는 상징이 되었다. 또한, 전국에 있는 수백 개의 극장에서는 할리우드 영화가 관객의 인기를 누리고 있었으며 축음기와 재즈 음악도 엄청난 인기를 누리고 있었다. 당시만 해도 일본인들은 자신들이 좋아하는 서부영화와 재즈, 야구의 나라 미국과 국가의 존망을 좌우하는 전쟁을 하게 되리라고는 꿈에도 생각지 못했다. 할리우드 영화와 재즈를 좋아하던 젊은이들이 자살특공대가 되어 미국의 군함으로 돌진하는 것은 정말 비극적인 아이러니라고 하지 않을 수 없다.

도시문화의 대중화에 따라 근대적인 생활을 묘사하는 신조어도 탄생했다. '긴부라'는 지명인 '긴자'의 '긴'과 조사 '부라부라'의 합성어로 뚜렷한 목적이 없이 긴자에서 거닌다는 의미가 된다. 긴자는 당시 최고의 번화가로 백화점과 영화관, 음악 감상실, 카페, 레스토랑 등이 밀집되어 있어 온종일 '부라부라'하면서 즐겁게 지낼 수 있었다.

'고시벤'과 '샐러리맨'도 사무직의 화이트칼라 노동자들이 증가하면서 생긴 신조어였다. '샐러리맨'은 지금이야 일반화된 용어이지만 당시는 새롭게 등장한 신조어였다. '고시벤'은 허리를 의미하는 '고시'와 도시락을 의미하는 '벤또'의 '벤'을 합친 합성어이다. 샐러리맨이 허리에 도시락을 차고 회사에 다니는 새로운 풍경도 이때 생겼다.

'모가'와 '모보'도 근대적인 대중문화를 상징하는 용어로 등장했다. 모가는 '모던 걸(modern girl)'을 일본식 발음으로 줄인 말이고, '모보'는 '모던 보이(modern boy)'를 줄인 말이다. 모가는 유행과 패션의 최첨단을 걷는 여성이나 관습에 얽매이지 않고 자유분방한 행동을 하는 여성 등을 일컫는 말로 당시에는 '신여성'이라고도 했다. 사회에서 '모가'는 단발과 짙은 화장, 양장한 여성으로 인식되었고 인습이나 기존의 남녀관계, 생활양식을 단호하게 거부하고 유행으로서 찰나의 쾌락을 추구하고 정치나 사회에는 무관심한 존재로 비치고 있었다.

그러나 설령 사상성이 없는 유행의 현상이라도 '모가'는 여성의 자유와 약진을 상징하고 있었다. 이러한 '모가'의 행동주의는 일종의 정신주의에 대한 부정과 개인주의, 현세주의를 표상하는 것이기도 했다. '모가'는 대중문화의 발달에 따라 신문과 잡지 등에서 신여성에 대한 논의가 가열되고 시인, 소설가, 수필가로 이름을 날리는 여성들이 다수 등장하면서 이러한 시대 풍조를 반영하는 신조어로 등장한 것이다.

한편 '모보'는 민주적 개혁을 외치면서 학생운동을 주도하는 새로운 정치적 급진주의로 등장했다. '모보'는 특히 마르크스레닌주의로 급선회하여 노동자와 소작농의 조직에 가세하는 경향이 강했다. 물론 이들은 관헌의 탄압으로 1930년대가 되면 지하로 잠적하거나 소멸해 갔다.

| 새로운 불안의 요소 |

'모가'와 '모보'로 상징되는 대중문화의 현상에 대해서 이를 비판하고 국가권력의 풍속규제를 요구하는 기운이 대중들 사이에서도 싹트기 시작했다. 도시화의 진전은 대중사회와 대중문화의 발전을 보여주었지만, 한편으로는 갖가지 사회문제를 일으키면서 보수적이고 전통 회귀적인 욕구를 더욱 부채질하고 있었다. 기성세대는 번화가와 오락가의 댄스홀, 카페에서의 '모가', '모보'의 자유분방한 생활에 대하여 불만과 우려를 표명했으며, 농촌에서는 도시의 물질주의, 개인주의를 전통적으로 중시해 오던 근검, 절약, 예절에 대한 위협으로 보는 시선이 있었다.

그 배경의 한편에는 중산층과 전원주택, 백화점, 영화와 재즈, '모가'와 '모보'에 대한 동경이 있다고 한다면 또 다른 한편에는 빈곤과 투쟁, 사회적 무질서에 대한 불안이 있었다. 고등교육을 받은 중산층들은 주기적으로 찾아오는 불황 때마다 대량 해고되었고 활황기에도 박봉에 시달리면서 여유로운 생활이 어려운 사람이 많았다. '양복 입은 빈민'으로 불리던 이들은 자칫하면 사회주의로 경도할 가능성이 있었으며 정치 지도자들은 바로 이 점을 염려했다. 실제로 관동대지진 이후의 장기불황으로 은행 도산이 속출하고 설상가상으로 세계공황의 파급으로 1930년대에 접어들면서 돌파구가 보이지 않는 상황에 빠지면서 소작쟁의와 노동쟁의는 더욱 빈번하게 발생하고 있었다.

1920년대에 신흥종교에 관한 관심이 폭발적으로 증가한 것도 이러한 사회적 불안감이 문화적으로 표출된 사례라고 할 수 있다. 신흥종교는 1930년대까지 주로 도시와 산업화가 진전된 농촌을 중심으로 확산하여 오모토교(大本敎), 덴리교(天理敎) 등과 같이 수백만 명의 신도를 가진 교단도 있었다.

　반면에 '모보'와 같은 개혁파들 사이에서 유행했던 계급투쟁이라는 말은 일부 사회주의자를 제외하고는 그다지 사회적인 영향을 미치지 못했다. 사회적 변화에 대한 기성세대의 불만과 불안은 저항이나 투쟁이 아니라 '일본 정신'의 부활에서 찾는 경향이 강했다. 서구 문물수용으로 인하여 전통적이고 고유한 '일본 정신'이 상실되었으니 그것을 되찾아야 한다는 것이다. 더구나 1920년대 이후 경제위기가 심각해지면서 사회적 불안과 불만은 저항이나 투쟁이 아니라, 우익과 군부의 주도에 의한 신의 나라 일본이 세계를 지배해야 한다는 이데올로기적인 선전 구호에 열광적으로 호응하는 방향으로 기울어 갔다. 그것은 이윽고 1930년대에 접어들어 일본 군국주의의 대두와 침략전쟁을 지지하는 기반이 되었다.

5

군부의 대두와
전쟁으로의 길

| '메이지'와 '쇼와'의 이분법 |

　일본에서는 근대 일본의 역사에 대하여 메이지 시대를 밝은 시대, 쇼와 전기(1926~1945년까지의 20년간)를 어두운 시대로 양분해서 인식하는 경향이 강하다. 메이지 시대는 청일 전쟁과 러일 전쟁에서의 승리가 상징하듯이 근대 일본을 '성공'과 '영광'으로 이끌었던 시대로 인식하는 반면, 쇼와 전기는 군국주의 시대로 전쟁이 그칠 날이 없었으며, 그 결과 대일본제국의 패망을 맞이했기 때문에, 암울하고 어두운 시대로 인식하는 것이다.

　이러한 '메이지'와 '쇼와'의 이분법적인 사고에 커다란 영향을 미친 사람이 일본의 국민 작가로 불리는 시바 료타로(司馬遼太郎)였다. 이에 대하여 일본의 진보적인 역사학자들은 시바의 역사관을 시바사관이라고 지칭하면서 비판하고 있다. 그중 몇 가지를 보면 먼저 그의 작품이 지나치게 근대합리주의에 편중되어 있다는 점을 지적하고 있다. 이는 곧 근대라는 시대를 무조건 긍정적으로 평가하는 것에 이의를 제기하는 것이다. 예컨대 애국심을 명분으로 국민의 맹종을 강요하는 국가 지상주의나 자본주의 발달에 따른 빈부 격차의 심화, 그리고 총력전에 의한 국민의 전쟁 협력 강요 등과 같이 근대에도 불합리하고 부정적인 요소가 얼마든지 있지만 이를 전적으로 외면하고 있다는 것이다. 실제로 총력전에 의해 일본 국민은 엄청난 희생을 강요당했으며, 일본의 침략전쟁으로 인하여 아시아의 민중들이 커다란 희생을 치렀지만, 시바의 작품에서는 이러한 민중의 고난과 희생에 대한 인식은 전혀 발견할 수 없다.

　메이지 시대의 전쟁을 긍정적으로 묘사한 것도 이러한 인식과 무관하지 않다. 청일 전쟁으로 대만이 일본의 식민지가 되는 과정에서 이에 저항하는 대만 원주민들을 무참하게 학살한 사실이나, 러일 전쟁 이후 한국이 식민지화되는 과정에서 의병운동을 탄압한 사실에 관해서도 이를 외면하고 오히려 일본의 승리를 미화하고 있다.

시바 료타로는 메이지 시대를 미화하는 한편 쇼와 시대의 전쟁에 관해서는 전혀 다루지 않았다. 시바가 직접 술회한 바에 의하면 그는 쇼와 시대의 일본군, 특히 군부의 지도자들이 국가를 패망으로 이끈 것에 대하여 증오심을 품고 있었기 때문에 실패로 끝난 쇼와시대의 전쟁을 다루지 않았다고 한다.

시바가 1996년에 사망할 때를 전후해서 일본의 우경화를 주도하는 '자유주의사관'이라는 역사관이 등장했다. 당시 도쿄대학 교육학부의 교수 후지오카 노부가쓰(藤岡信勝)는 근대 일본의 아시아 침략에 대하여 반성하고 사과해야 한다고 주장하는 진보적인 역사학자들의 학설에 대하여 근대 일본이 반드시 나쁜 것은 아니었다고 반론하면서 자신의 역사관을 '자유주의사관'이라고 불렀다. 후지오카는 스스로 시바의 역사관에서 배워야 한다고 주장하면서 식민지 지배와 침략전쟁을 정당화하고 있다. 이처럼 과거의 어두운 역사를 덮어버리고 밝고 영광스러운 부분만을 강조해서 역사를 재해석하는 것을 네오내셔널리즘 또는 역사수정주의라고 부른다. 역사수정주의는 1990년대 이후 지금까지 일본의 우경화에 큰 영향을 미치고 있으며, 그 뿌리를 거슬러 올라가면 '시바사관'이 있다.

협조외교에 대한 군부의 불만과 폭주

제1차 세계대전이 끝난 후의 국제사회는 다시는 대규모의 전쟁이 있어서는 안 된다는 반성으로 협조외교와 군축이 주류를 이루게 되었다. 일본도 이에 동참하여 1922년 워싱턴 해군 군축조약에서 영국, 미국, 프랑스, 이탈리아와 함께 주력함의 보유량을 제한하고 향후 10년간 주력함 건조를 금지하는 조약을 맺었다. 그리고 1930년에는 런던 해군 군축조약에서 주력함 보유 제한과 건조 금지를 1936년까지 연장하고 영국, 미국, 일본의 보조함 보유량을 제한하는 조약을 맺었다.

이에 대하여 1930년의 런던 해군 군축조약을 계기로 정부의 협조외교에 대하여 불만을 품고 있던 군부가 통수권 침범을 구실로 정부를 공격하면서 군국주의로 치닫기 시작했다. 통수권이란 대일본제국헌법 제11조에 규정된 천황의 통수 대권으로 육군과 해군에 대하여 지휘하고 감독하는 최고의 권한을 말한다. 다시 말하자면 육·해군에 대한 총지휘권은 천황에게 있다는 말이다. 그 주된 내용은 육·해군의 조직과 편제, 근무규칙의 설정, 전략의 결정, 군사 작전의 입안과 지휘 권능 등이 모두 천황에게 귀속되어 있었다. 그러나 실제로 천황이 직접 육·해군의 조직이나 군사 작전 등을 결정하는 것이 아니라, 육군의 최고위직인 육군대신과 참모총장, 해군의 최고위직인 해군대신과 군령부총장에게 통수권이 각각 위임되어 있었다. 그리고 메이지 시대부터 정치가나 정당이 통수권을 장악하여 당리당략에 이용하는 것을 막기 위해 통수권은 정부나 의회로부터 독립된 것으로 간주하고 있었다.

그런데 런던 해군 군축조약에서는 천황으로부터 통수권을 위임받은 해군대신이나 군령부총장이 서명한 것이 아니라 수석 전권으로 참석한 와카쓰키 레이지로(若槻禮次郞) 전 수상이 조인한 것이었다. 이에 대하여 평소 정부의 협조외교에 불만을 품고 있던 군부의 강경파가 통수권을 침범했다고 정부를 공격하기 시작했다. 야당도 이것을 구실로 정부가 통수사항에 해당하는 병력량을 천황의 승인 없이 결정한 것은 헌법 위반이라고 정부를 공격하면서 자신들의 당리당략에 이용했다.

통수권 침범 문제 이후 정부와 의회는 통수권을 주장하는 군부의 독주에 감히 제동을 걸지 못하게 되고, 그것은 이윽고 군부의 독주를 조장하는 결과를 가져왔다. 예컨대 군부가 전쟁을 위해 군비를 증강하려고 할 때 정부나 의회가 이에 이의를 제기하기 어렵게 된 것이다.

군부가 협조외교에 반발한 이유는 당시 일본의 경제적 불황을 대외침략으로 해결하려 했기 때문이다. 당시 군 수뇌부는 공격적인 대외정책으로 일본의 해외시장을 확보하고 생산성을 향상하면 실업을 줄일 수 있다고 생각했다. 특히 만주의 풍부한 자원과 비옥한 평원은 일본의 인구 압박과 농촌의 빈곤을 완화해 줄 것으로 보았다.

이러한 군 수뇌부의 인식을 구체적인 실행으로 옮긴 출발점은 1928년 관동군의 모략으로 만주 군벌 장쒀린이 타고 가던 기차를 폭파한 장쒀린 폭살 사건이었다. 이후 1931년의 만주사변은 1945년의 패전에 이르기까지 기나긴 '15년 전쟁'의 시작이었다. 만주사변으로 만주에서의 주도권을 장악한 일본은 1932년 괴뢰 국가 만주국을 건국했다. 국제사회가 이를 비난하자 일본은 이에 반발하여 1935년 제2회 런던군축회의에서 탈퇴하면서 군비 제한 시대의 종결을 가져왔다. 이후 일본은 1937년 중일 전쟁을 일으키고 이를 제지하려는 미국, 영국까지도 적으로 돌려 이윽고 1945년 패망으로 이르게 되었다.

| 쇼와 공황 |

1920년대에 들어와 경제공황이 수습단계에 들어가던 찰나에 1923년 관동대지진이 발생하여 재차 심각한 불황을 초래했다. 특히 도쿄와 요코하마 수도권의 재해 지역에 있던 기업의 조업 정지와 불량채권 발행으로 은행의 경영이 더욱 악화했다. 여기에 1927년 국가의 재정을 책임지는 대장대신이 중의원 예산위원회에서 "도쿄와타나베 은행이 도산했다"라고 실언한 것을 계기로 중소은행을 중심으로 예금인출 소동이 일어나 금융공황을 초래했다.

이어서 1929년 세계공황이 발생하자 이에 대응하여 1917년부터 금지했던 금 수출의 해금을 단행하여 일본 엔과 금의 교환이 가능해지게 되었다. 당시 대장대신 이노우에 준노스케(井上準之助)는 재벌의 요청을 배경으로 수출이 부진한 불량 기업을 도태시키거나 중소기업 합병과 같은 일종의 쇼크요법으로 일본 기업의 국제경쟁력을 높이기 위해 금 수출의 해금을 단행한 것이다. 그러나 이로 인하여 엔화의 가치가 상승하면서 수출에 의존하는 중소기업에 악영향을 미치게 되었다. 더구나 저렴한 가격으로 수입된 양질의 유럽 상품이 국산품에까지 타격을 주면서 우량기업까지도 도미노처럼 도산하여 미증유의 쇼와 공황이 발생했다.

쇼와공황으로 1930년에는 800여 개 이상의 기업이 도산했으며, 살아남은 기업도 조업을 단축하여 수출액이 전년 대비 30% 감소했다. 기업의 도산으로 1930년 한 해 동안 300만 명의 실업자가 발생했고, 실질임금도 10% 이상 인하되었다. 노동자의 대량 해고, 임금 인하, 공장 폐쇄 등으로 일가족이 자살하는 등의 비극이 속출하고 있었다. 농촌에서는 농산물 가격의 하락으로 농가 경제가 더욱 악화했다. 특히 미국으로의 생사 수출이 감소하여 누에 가격이 폭락하면서 농촌의 중요한 부업이었던 양잠업이 괴멸적인 타격을 입었다. 이로 인하여 곤궁한 농가의 결식아동과 부녀자의 매춘 등이 심각한 사회문제로 대두했다.

한편 만성불황 속에서 기업의 독점과 집중화 현상이 현저해졌다. 특히 미쓰이, 미쓰비시, 야스다, 스미토모의 4대 재벌이 경제계를 지배하고 중소기업을 통제하면서 정경유착이 한층 노골적으로 이루어졌으며 정부 고관, 국회의원, 고위 군인들의 부정 사건도 속출하고 있었다. 이렇게 재벌과 정당이 유착하여 국민의 곤궁을 되돌아보지 않고 사리사욕을 채우는 모습은 우익의 국수주의 단체나 가난한 농촌 출신의 청년 장교들을 격분하게 했다. 이는 곧 1930년대에 빈번하게 발생하는 우익테러와 쿠데타 미수사건으로 이어져 갔다.

| 우익과 군부의 테러 사건 |

1930년대에 들어와 빈번하게 발생하는 테러 사건의 출발점은 1930년 11월 런던 해군 군축조약에 조인한 것에 대하여 불만을 품은 우익 청년이 하마구치 오사치 수상을 저격한 사건이었다. 현장에서 체포된 청년은 심문 과정에서 정작 통수권에 대해서는 아무것도 모르고 있었다고 한다. 이러한 사례는 우익들의 테러가 대부분 이성적인 판단에 의한 것이 아니라 감정적인 도발 행위였다는 것을 말해주고 있다. 하마구치 수상은 부상의 후유증으로 이듬해 8월에 사망했다.

1931년 3월과 10월에는 육군 중견 장교에 의한 쿠데타 계획이 사전에 발각되어 미수에 그치는 사건이 발생했다. 3월에 발생한 사건을 3월 사건, 10월에 발생한 사건을 10월 사건이라고 한다. 이 사건에는 우익 지도자들도 깊이 관여하고 있었다. '3월 사건'의 계획은 먼저 우익단체가 1만 명의 대중을 동원해서 의회를 포위하여 기능을 정지시킨 후에 여야당 본부와 수상 관저를 폭파하고 그 혼란을 틈타 계엄령을 선포하고 군사정권을 수립한다는 것이었다. '3월 사건'은 육군 중견 장교들이 육군대신 우가키 가즈시게(宇垣一成)와 수뇌부의 의향을 확인하고 계획한 것이었다. 그러나 계획을 실천에 옮기기 직전에 육군성 내부에서 반대가 있었고, 중견 장교들이 군사정권의 수반으로 추대하려 했던 우가키 본인이 소극적인 자세로 나왔기 때문에 계획이 중지되었다.

'10월 사건'은 '3월 사건'에 관여한 멤버들이 1931년 9월 관동군의 모략으로 발생한 '만주사변'에 대하여 정부가 사태를 더 확대하지 않겠다는 불확대 방침을 세우자 이에 불만을 품고 일으킨 쿠데타 미수사건이었다. 주모자들은 '3월 사건'이 실패한 것을 교훈으로 군대를 직접 움직여 의회, 방송국 등의 요소를 습격하고 수상을 암살한 후 군사정권을 세운다는 계획을 세웠다. 그러나 계획은 사전에 참모본부에 누설되어 주모자들이 모두 검거되었지만 처벌은 근신 10~20일, 또는 만주로의 전출 등과 같은 가벼운 처벌을 받고 마무리하는 데 그쳤다. 쿠데타 계획이라면 국가 전복을 모의한 것으로 극형에 처할 수도 있는 중죄인데도 불구하고 가벼운 처벌로 끝난 것은 이후에도 쿠데타가 발생할 수 있는 여지를 남겼다.

1932년 2월에서 3월에 걸쳐서는 '혈맹단'이라는 우익단체가 정부 요인 암살 계획을 세우고 이를 실행에 옮긴 혈맹단 사건이 발생했다. 이 사건의 주모자는 일본의 불교 가운데 가장 과격하고 공격적인 종파로 알려진 니치렌종(日蓮宗)의 승려 이노우에 닛쇼(井上日召)였다. 이노우에는 정치인과 재벌 및 특권계급을 "오로지 사리사욕에 몰두하여 국방을 경시하고 국민 복리를 돌보지 않는 극악무도한 인간"으로 간주하고 암살단을 조직하여 멤버들에게 각각 한 명이 한 명씩 죽인다는 의미로 '일인일살'의 지령을 내렸다. 암살 대상으로 삼은 '살생부'에는 수상을 비롯하여 원로, 귀족원 의원, 외무대신, 대장대신 등의 이름이 올라 있었다. 이에 따라 1932년 2월에는 이노우에 준노스케 전 대장대신이, 그리고 3월에는 단 다쿠마(団琢磨) 재벌 회장이 암살당했다. 이 사건으로 이노우에 닛쇼를 비롯한 주모자 14명이 일제 검거되어 무기징역을 선고받았지만, 후일 특사로 출옥했다.

같은 해 5월 15일에는 무장한 해군의 청년 장교들이 수상 관저에 난입하여 이누가이 쓰요시(犬養毅) 수상을 암살하는 5·15 사건이 발생했다. 런던 해군 군축조약에 불만을 품고 있던 해군 청년 장교들이 육군의 계속된 쿠데타 계획에 자극을 받고 경쟁심에서 수상 살해를 결의하고 실행에 옮긴 것이다. 이 사건에 대해서도 수상 살해범에 대해서는 최고 10~15년형을 내리고 나머지는 대부분 금고 4년의 비교적 가벼운 처벌에 그쳤다. 수상이 암살당한 '5·15 사건'으로 정당정치가 끝나고 이후의 수상은 군인 출신이거나 또는 군부에 협조하는 관료들이 독차지하면서 군부 독주가 본격화했다.

　　1933년에는 '애국근로당'이라는 우익단체가 정계 요인을 암살하고 황족을 추대하여 내각을 개조한다는 계획을 세웠지만, 미수에 그치는 신병대 사건이 발생했다. '신병대(神兵隊)'란 자신들을 '신의 병사'라고 자칭하여 붙인 것이다. 이들에 대해서 내란죄가 적용되었지만, 형을 면제받고 아무도 처벌받지 않았다. 그 이듬해 1934년에는 육군 청년 장교들이 쿠데타 계획 혐의로 검거되는 사관학교 사건이 발생했지만, 이에 대해서도 증거 불충분으로 불기소에 그쳤다. 이처럼 쿠데타 계획이 빈번하게 발생한 배경에는 처벌이 가벼웠기 때문이라고 할 수 있다. 처벌이 가벼우니까 나름대로 애국심을 바탕으로 자부와 긍지를 가지고 실행에 옮기려 한 것이다.

　　그런데 1936년 2월 26월에 육군 청년 장교에 의한 쿠데타 미수사건에 대해서는 문제가 달라진다. 주모자 16명에게는 반란죄가 적용되어 모두 총살형을 당했다. 이 사건을 2·26 사건이라고 하며, 근대 일본 역사상 최대의 사건으로 꼽을 만큼 중요한 사건이라고 할 수 있다. 이 사건을 계기로 일본은 군부가 전적으로 주도권을 장악하고 군국주의의 길로 접어들면서 침략전쟁이 본격화되었다.

2 · 26 사건의 배경에는 육군 내부에서 황도파와 통제파의 대립이 있었다. 우익사상가 기타 잇키(北一輝)의 영향을 받은 황도파는 정당과 재벌, 원로와 중신 등의 '군측의 간(君側の奸: 군주, 즉 천황의 측근에 있는 간신들이라는 의미)'을 직접 행동으로 제거하고 국가를 개조하여 국내 문제를 우선 해결해야 한다고 주장했으며, 정신교육과 천황에 대한 충성을 강조하고 철저한 반소반공주의자들로 뭉쳐져 있었다. 한편 통제파는 혁명적 수단으로 국가 개조를 지향하는 황도파와 달리 육군대신을 통하여 정치상의 요망을 실현하고 합법적인 형태로 서구 세력에 대항할 수 있는 '고도국방국가'의 건설을 목표로 하고 있었다.

황도파의 중심인물은 육군 대장 아라키 사다오(荒木貞夫)와 마사키 진자부로(眞崎甚三郎)였다. 아라키는 헌병대 사령관, 육군대학 교장 등을 거쳐 1931년 육군대신에 취임하여 정신주의적이고 반공주의적인 언동으로 우익과 청년 장교들로부터 많은 신망을 얻고 황도파의 중심으로 추대되었다. 아라키는 육군대신으로 재직하면서 황도파를 우대하는 파벌적인 인사로 통제파와의 대립을 심화시켰으며 2 · 26사건에서는 반란군에게 동정적인 태도를 보여 비난을 받고 예비역으로 예편했다. 패전 후에는 극동국제군사재판(일명 도쿄재판)에서 'A급 전범'으로 체포되어 종신형을 선고받았으나 1955년 병으로 가석방되어 1966년에 사망했다.

마사키 진자부로는 대만군 사령관, 참모차장을 거쳐 교육총감으로 취임했으나 청년 장교들에 의한 불온한 사건이 잇달아 발생하자 교육총감으로서 이들을 통제하지 못한 책임을 지고 경질되었다. 2 · 26 사건이 발생할 때는 예비역으로 있었지만, 여전히 청년 장교들의 신망을 얻고 있었다. 마자키가 경질된 교육총감 자리에 취임한 육군 대장 와타나베 죠타로는 2·26 사건으로 청년 장교들에게 무참하게 살해당했다.

한편 통제파의 중심인물은 도조 히데키(東條秀機)와 나가타 데쓰잔(永田鉄山)이었다. 도조 히데키는 2·26 사건이 발발했을 때 만주 관동군의 헌병대 사령관으로서 내부 혼란을 수습하고 황도파 관계자를 검거하는 공을 세워 육군 중장으로 승진했다. 이후 관동군 사령관과 육군차관을 거쳐 1940년 육군대신이 되고 1941년에는 수상으로 임명되어 육군대신을 겸직하면서 거의 전권을 장악하고 진주만 공격을 실행에 옮겨 태평양전쟁을 일으켰다. 패전 후에는 연합국에 의해 'A급 전범'으로 지목되어 체포되기 직전에 피스톨로 자신의 가슴을 쏘았지만, 총알이 심장을 비켜가서 자살은 미수에 그치고 도쿄재판에 회부되어 교수형에 처해졌다. 말로가 좋지 않았지만 2·26 사건 이후 승승장구하여 태평양전쟁까지 권력을 한 몸에 집중시킨 인물로 이름을 기억해둘 필요가 있다.

나가타 데쓰잔은 육군사관학교를 수석으로 졸업하고 장래의 육군대신으로 불릴 정도로 평가되는 수재로서 통제파의 중심인물이었지만, 2·26 사건이 발발하기 전인 1935년 12월 황도파의 영관급 장교에게 암살당했다. 통제파는 주로 육군대학 출신의 엘리트를 중심으로 군 내부의 규율과 통제를 중시하는데, 아라키 사다오가 노골적으로 황도파를 우대하는 파벌적인 인사를 하자 이에 반발하여 육군의 중견층이 결집하여 세력을 형성했다. 통제파는 영국과 미국을 가상 적국으로 간주하고 이들과의 전쟁을 염두에 두고 군부로 권력을 집중시켜 군부의 주도에 의한 총력전 체제 수립을 지향했다. 통제파는 2·26 사건을 계기로 쿠데타 진압을 주도한 후 황도파 세력을 일소하고 패전에 이르기까지 군부를 장악했다.

2·26 사건을 일으킨 청년 장교들은 황도파와 우익사상가 기타 잇키의 영향을 받고 군측의 간을 제거하고 천황 친정을 실현해야 한다고 주장

하고 있었다. 청년 장교들은 천황의 측근으로서 천황을 보필해야 할 위치에 있는 자들이 자신들의 의무를 다하지 않고 사리사욕에 눈이 어두워 정치를 그르치고 국민 생활을 도탄에 빠트리는 원흉이라고 본 것이다. 그들이 말하는 '군측의 간'에는 천황의 가장 측근인 원로와 중신을 비롯하여 정당지도자, 그리고 재벌까지 포함되어 있었다. 이들을 모두 제거하고 천황 중심의 새로운 정치를 해야 한다는 것이다. 청년 장교들의 주장에 대하여 육군 수뇌부는 처음에는 회유책으로 대응했지만, 청년 장교들의 주장이 점차 과격해지자 이를 위험 사상으로 판단하고 헌병대를 통하여 동향을 감시하는 과정에서 1934년 11월 사관학교 사건이 발생했다.

청년 장교들은 육군 수뇌부가 자신들의 주장을 들어주지 않고 오히려 헌병대를 통하여 감시한 것에 대하여 불만을 품고 상층부에 대한 불신감이 증폭하게 되었다. 결국 육군 수뇌부와 청년 장교와의 사이에 큰 골이 생기자 상층부에서는 이들이 거사를 치르는 것을 막기 위해 과격한 청년 장교들이 배속된 제1사단을 만주로 파견하기로 했다. 청년 장교들의 만주 파견 시일이 1936년 3월로 내정되었다는 사실이 알려지자 청년 장교들은 서둘러 쿠데타 결행 기일을 2월 26일로 결정하고 거사를 일으킨 것이다.

| 2 · 26 사건 |

1936년 2월 26일 미명, 황도파 청년 장교들은 1,483명의 병사를 이끌고 쿠데타를 일으켰다. 그들은 '쇼와 유신'과 '존황토간(尊皇討奸)'을 슬로건으로 내세우고 무력으로 원로와 중신 등을 제거하면 천황 친정이 실

현되고 정계와 재계의 갖가지 정치부패와 농촌의 곤궁이 해결된다고 생각하고 있었다. '쇼와 유신'이란 당시가 쇼와시대니까 '메이지 유신'과 같은 정치 변혁을 다시 한번 실현하겠다는 의미를 담고 있다. '존황토간'이란 천황을 받들고 측근의 간신배들을 토벌한다는 의미이다.

쿠데타군은 2대 조선 총독을 역임한 사이토 마고토(斎藤實) 내대신, 다카하시 고레키요(高橋是清) 대장대신, 와타나베 죠타로(渡辺錠太郎) 교육총감을 살해하고 스즈키 간타로(鈴木貫太郎) 시종장에게 부상을 입혔다. 원로 마키노 노부아키(牧野伸顕)는 저택에서 쿠데타군의 습격을 받았지만, 사전에 피신하여 난을 피할 수 있었다. 쿠데타군은 동시에 수상 관저, 경시청, 내무대신 관저, 육군성, 참모본부, 육군대신 관저와 도쿄 아사히신문사를 점거한 후 군 수뇌부를 통하여 천황에게 '쇼와 유신'을 호소했다. 여기서 만약 천황이 그들의 호소를 가상하게 여기고 그들의 요구대로 직접 통치권을 행사했다면 전제군주가 되었을 것이다.

그러나 그것은 있을 수 없는 일이었다. 대일본제국헌법에서 천황은 무소불위의 권력을 독점하고 있었지만, 대일본제국헌법 제55조의 국무대신 보필조항에 근거해서 천황의 통치권은 총리대신을 비롯한 국무대신에게 위임되어 있었고, 군 지휘권에 해당하는 통수권도 육군 수뇌부와 해군 수뇌부에 위임되어 있었다. 따라서 헌법 제55조에 의하면 천황의 모든 통치 행위는 국무대신의 보필로 이루어지는 것이며, 만약에 천황이 이를 무시하고 직접 통치권을 행사한다면 그것은 입헌군주가 아니라 전제군주가 되는 것이다. 천황은 기본적으로 입헌군주의 역할에 충실히 하려는 입장이었기 때문에 청년 장교들의 쿠데타는 도저히 용납할 수 없는 일이었다. 당시 36세의 혈기 왕성한 쇼와 천황은 청년 장교들이 수상을 비롯한 국무대신들을 살해했다는 보고를 받고 엄청나게 격노하여 자신이 직접 반란군을 진압하는 데 앞장서겠다고 했다. 천황의 말 한마디로 군부와 정부는 쿠데타군을 '반란군'으로 규정하고 무력으로 진압하기로 했다.

결국, 무력 진압 직전에 쿠데타를 주도한 청년 장교들은 사병들을 원대 복귀시킨 후 2명은 그 자리에서 자결하고 나머지는 투항했다. 그들은 법정에서 자신들의 정당성을 주장했지만, 주모자 16명에게 반란죄가 적용되어 모두 총살형을 받았다. 이전에 빈발했던 쿠데타에 비하면 그 규모가 엄청나게 컸던 것도 있지만 천황의 '반란군' 규정이 처벌에 결정적인 영향을 미쳤다고 할 수 있다. 그들은 천황에 대한 절대적인 신념으로 천황을 받들어 현상을 타파하고 혁신정치를 실현하려고 했지만 결국은 천황으로부터 버림받고 좌절되었다.

| 관동군 |

관동군은 일본제국주의 시대에 만주에 주둔하고 있던 일본 육군을 말한다. 처음에는 러일 전쟁에서 획득한 남만주 철도와 랴오둥반도의 조차지를 지키기 위해 만주 수비대로 파견된 것이 그 시초였다. 만주 수비대는 1919년 관동군으로 독립하여 1개 사단의 주둔군을 중심으로 철도 수비대, 뤼순 중포대대, 헌병대 등으로 편성되었다. 최초의 관동군 사령부는 랴오둥반도의 뤼순에 있었지만, 1931년 만주사변 이후 규모가 커지면서 1934년 지린성(吉林省)에 건설한 만주국 수도 신징(新京: 지금의 창춘)으로 옮겼다.

만주 수비대로 출발한 관동군은 중국 국민당의 '북벌'이 진전되면서 점차 침략적으로 변해갔다. 중국은 1911년 신해혁명으로 2천 년 역사를 가지는 황제 지배체제의 마지막 왕조 청나라를 무너뜨린 그야말로 역사적인 과업을 이루었다. 그러나 중국은 신해혁명 후에도 하나의 통일국가를 형성하지 못하고 마치 춘추전국시대와 같이 각지에 군벌이 할거하는 혼란스러운 상태에 빠졌다. 이에 대하여 신해혁명을 완수한 중국 국민당의 쑨원과 그의 부하 장제스가 전국 통일을 목적으로 혁명군을 조직하여 각지의 군벌과 싸운 전쟁을 '북벌'이라고 한다.

관동군과 중국 국민당과의 사이에 직접적인 갈등이나 대립은 없었지만, 국민당이 북벌을 완수하고 천하를 통일하게 되면 당연히 만주에서의 관동군의 권익이 위축될 수밖에 없었다. 따라서 관동군은 혁명군의 북벌 대상에서 만주를 제외시켜 일본의 지배하에 두기 위해 만주에 군림하고 있던 군벌 장쭤린을 배후에서 지원했다. 그러나 장쭤린은 나름대로 야심을 가지고 1926년 베이징으로 들어가 대원수로 취임하고 스스로 중화민국의 주권자임을 선언했다. 장쭤린은 신해혁명을 무시하고 과거의 왕조 체제로 돌아가 황제가 되려고 한 것이다. 결국 장쭤린의 만주에서의 세력 확대를 지원하던 관동군으로서는 배신당한 셈이 되었다. 관동군은 이에 대한 보복 조치로 1928년 장쭤린이 전용 열차를 이용하여 자신의 근거지 펑톈성(奉天省)으로 돌아가는 철로 교량에 다이너마이트를 설치하여 폭살했다. 이것을 '장쭤린 폭살 사건'이라고 한다.

장쭤린 폭살 사건에 이어 1931년에 발생한 '만주사변'도 관동군이 본국 본부의 양해 없이 독단적으로 일으킨 것으로 명백한 군율 위반이었다. 더구나 천황의 허가 없이 군사행동을 일으킨 것은 통수권을 무시한 것으로 극형에 해당하는 중죄임에도 불구하고 관동군 수뇌부는 처벌받지 않고 출세했다. 육군 수뇌부가 관동군의 독단적인 행동을 묵인했다는 것은 그만큼 본국에서도 침략적인 야심에 교감이 있었기 때문이었다.

관동군은 1937년 중일 전쟁이 발발한 후에는 5개 사단으로 증강되고 1941년에는 13개 사단으로 그 규모가 비대해졌으며 1941년 독소전쟁 이후에는 소련과의 전쟁에 대비하여 70만 대군으로 증강했다. 이렇게 엄청난 대규모의 병력도 1945년 8월 9일 소련의 참전으로 한순간에 괴멸했다. 당시 만주를 탈출하지 못한 관동군 60만 명은 시베리아로 끌려가서 갖은 중노동으로 혹사당했다. 이것을 일본에서는 시베리아 억류라고 한다. 억류자들의 귀환이 최종적으로 마무리되는 1956년까지 10%에 달하는 6만여 명이 시베리아에서 사망했다. 물론 소련의 시베리아 억류는 명백한 국제법 위반이며 반인륜적인 범죄행위였다. 그러나 한편으로는 대일본제국의 일등 국민으로서 만주에서 중국인, 조선인, 몽골인 등을 깔보고 멸시하면서 군림하던 관동군이 처절하게 그 대가를 치른 것이라 할 수 있다.

| 만주사변 |

만주사변은 1931년 9월 18일 펑톈(奉天) 교외의 류탸오후에서 관동군이 남만주 철도의 선로를 폭파한 것을 발단으로 만주 전역을 점령한 후 1933년 5월 31일 중국 국민당과 협정이 성립될 때까지의 일본과 중국의 무력 분쟁을 일컫는 말이다. 중국에서는 '9·18 사변'이라고 한다.

관동군은 중국 국민당의 북벌에 대한 위기감과 일본 국내의 불황 등을 배경으로 만주 전역의 권익을 차지하기 위해 모략을 꾸며 철도 선로를 폭파한 후에 이것을 중국의 소행으로 몰아 침략을 개시했다. 이 사건에 대하여 본국에서는 문제의 '불확대 방침'을 세웠지만, 관동군은 이를 무시하고 1932년 만주 전 지역을 장악하고 괴뢰 국가 만주국 건국을 선언했다. 이에 대하여 중국 국민당 정부는 1933년 관동군과 탕구협정을 맺고 일본의 만주에서의 권익을 묵인했다. 북벌을 마무리한 국민당은 중국 공산당과 싸우고 있는 상황에서 관동군이 공산당의 세력을 약화하는 데 도움이 된다고 판단했기 때문이었다.

한편 국제연맹은 일본의 침략행위를 비난하면서 영국의 리턴(Lytton)경을 단장으로 하는 '리턴조사단'을 파견했다. 이 조사단의 보고서는 만주사변을 일본의 침략행위로 규정하면서도 만주에서의 일본의 권익은 인정하는 것이었지만 괴뢰 국가 '만주국'은 인정하지 않았다. 이에 반발한 일본은 1933년 국제연맹에서 탈퇴했다.

일본은 만주사변을 일으켜 국제사회에서 비난을 받았지만, 대다수 일본 국민은 일본이 만주를 장악하면 국내의 실업 문제를 해소하여 국민 전체에 이득이 된다는 생각으로 환영하는 분위기였다. 실제로 세계공황으로 국제사회가 전반적으로 경기가 침체하고 있었지만, 일본은 만주사변 이후 서구 국가에 앞서 경기를 회복했다. 1931년부터 1934년까지 산업 생산량이 82% 증가했으며 장난감, 타이어, 자전거와 간단한 전기 제품 등의 다양한 상품을 미국과 아시아 시장으로 수출하여 수출 물량도 2배 이상 증가했다. 1930년부터 1935년까지를 보면 경제 전반에 걸쳐 50%가량 성장하고 있었다.

만주사변 이후 경제적인 도약을 가져온 원인은 금본위제를 포기하여 엔화 가치가 하락하면서 수출이 확대된 것을 들 수 있다. 가령 1931년 1달러로 2엔어치의 물건을 사던 것이 1932년에는 5엔어치로 두 배 이상 살 수 있게 되었다. 일본의 수출업자들이 새로운 시장을 확보하기 시작하자 서구 국가들은 관세를 인상하여 일본의 수출을 견제했다. 이러한 서구의 거부반응은 대다수 일본인에게 적대적인 세계에서 생존하기 위해서는 자급 자족적인 제국의 수립이 필요하다는 군부의 지론을 입증해 주는 결과를 가져왔다.

| 중일 전쟁 |

　중일 전쟁은 1937년 7월 7일 베이징 교외에 있는 루거우차오에서 중일 양국 군대가 충돌한 것을 계기로 발발했다. 중일 전쟁을 당시 일본에서는 '지나사변(支那事變)', 또는 '일화사변(日華事變)'이라고 하여 중국을 깎아내리는 용어를 사용했지만, 중국에서는 지금까지도 항일전쟁이라고 부르고 있다.

　일본 군부는 국민당 정부를 일본이 만주를 장악하는 데 걸림돌로 보고 일본에 우호적인 정부를 세우기 위해 7월 29일 베이징과 톈진 일대를 점령했으며, 8월에는 상하이에서 중국군과의 충돌을 계기로 4개 사단을 증파하면서 전면전쟁에 돌입했다. 당시 중국은 국민당과 공산당이 내전으로 대립하고 있었지만, 공산당이 내전보다 항일 구국이 먼저라고 호소하자 국민당의 수반이었던 장제스가 이를 수용하여 항일통일전선을 구축했다. 국민당과 공산당이 손을 잡았기 때문에, 이것을 국공합작이라고 한다. 국공합작은 1924년 쑨원이 북벌을 위해 공산당과 손을 잡은 것을 '1차 국공합작', 그리고 1937년 장제스가 항일통일전선을 구축하기 위해 손을 잡은 것을 '2차 국공합작'이라고 한다.

　일본은 중국을 만만하게 보고 단기간에 승리할 수 있다고 예상했지만, 실상은 진흙탕 속에 빠져서 나가지도 나오지도 못하는 상황이 되었다. 중국은 국공합작으로 일본이 생각하던 이상으로 철저하게 항전했다. 1937년 12월 일본군이 당시의 수도 난징을 점령하자 국민당은 내륙의 충칭으로 수도를 옮겨 장기적인 항일투쟁을 전개했다. 이에 대하여 1938년 1월 당시 수상 고노에 후미마로(近衛文麿)는 국민당 정권 섬멸을 선언하는 한편 장기전을 타개하기 위해 친일적인 난징정부 수립을 지원했다.

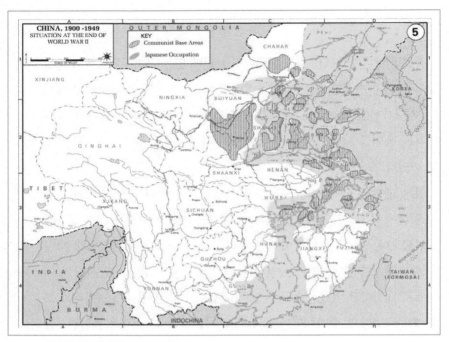

CHINA, 1900 -1949
SITUATION AT THE END OF
WORLD WAR II

KEY
Communist Base Areas
Japanese Occupation

1944년 중일 전쟁 당시의 일본 점령지

위 지도는 1944년 중일 전쟁의 막바지 상황을 표시한 것으로 붉은색
이 일본의 점령지이며, 그 안에 사선을 그은 지역은 중국 공산당의 근거
지이다. 일본은 점령지 안에서 게릴라전을 펼치는 중국 공산당과 내륙에
서 항일전쟁을 펼치는 국민당을 동시에 적으로 싸워야 했으니 힘든 전쟁
을 한 것이다. 게다가 영국과 미국이 중국에 무기와 물자를 지원해 주고
있었다. 당시 중국의 연안 지역은 일본이 점령하고 있었기 때문에 무기와
물자는 베트남과 타이, 미얀마 등의 내륙을 통해서 제공했다. 이때 타
이, 미얀마, 베트남 등의 밀림을 헤쳐서 중국 내륙의 임시수도가 있는 충
칭까지 가는 길을 국민당의 장제스를 지원하기 위해 만든 길이라고 하여
원장루트라고 불렀다.

| 난징 사건 |

　난징 사건은 1937년 12월 일본군이 난징을 함락하는 과정에서 약 2개월에 걸쳐 투항군인과 민간인을 학살하고 성폭행을 자행한 이른바 난징 학살을 말한다. 군인들이 민간인을 학살하고 성폭행을 일삼는 것은 명백히 군율 위반이었지만 군 지휘부는 병사들의 강간, 살인을 방조했으며 본국의 군 수뇌부도 이러한 정보를 보고받고도 묵인했다. 난징 사건은 일본이 패전한 후 난징 군사 법정과 도쿄재판에 고소되었으며 이후 사건의 규모, 학살의 진위, 전시 국제법 위반, 희생자의 수 등을 둘러싸고 갖가지 논쟁을 불러일으켰다.

　난징 사건에서 희생당한 학살자의 수는 아직도 논란이 되고 있다. 일본에서는 4만 명가량으로 보고 있으며, 중국에서는 무려 30만 명이 학살당했다고 주장하고 있다. 심지어 1990년대 중반부터 등장하는 일본의 역사수정주의자들은 아예 난징 학살 자체를 부정하고 중국이 날조한 것이라고 주장하여 또 다른 논란을 불러일으켰다. 그러나 난징 사건의 증언과 증거 자료는 부지기수로 존재하고 있다. 예를 들면 당시 시카고 데일리 뉴스, 뉴욕 타임스, 더 타임즈 등과 같은 서구의 특파원들이 일본군의 살인, 상해, 강간, 약탈 등의 범죄행위를 보도한 것만 보더라도 일본군의 만행이 있었던 것은 명백한 사실이다.

　도쿄재판에서의 판결에서도 난징 사건을 중요하게 다루어 그 책임자들을 처벌했다. 도쿄재판에서 난징 사건에 대한 판결문의 요지는 중국군이 철수하고 무방비가 된 도시를 점령한 후 일본군은 무력한 시민에 대하여 소름 끼치는 잔학행위, 대량 학살, 약탈, 방화를 장기간 실시했다는 것이었다. 그리고 판결에서는 재판에 출석한 일본인 증인은 잔학행위를 부정했지만 갖가지 중립국 목격자에 의한 증언과 그 의심할 여지가 없는 신뢰성은 압도적이라고 했다. 또한 'A급 전범'으로 기소된 당시 난징 점령군 사령관 마쓰이 이와네(松井石根)에 대한 판결에서는 잔학행위가 절정에 달한 12월 17일 입성한 마쓰이 사령관은 이러한 만행을 저지하는 대책을 취하지 않았다는 점, 그리고 당시 지휘관이었던 피고에게는 사건의 책임이 있으며 군을 통제하고 난징 시민을 보호할 의무와 권한을 가지고 있었지만 이를 이행하지 않았다는 점을 들어 피고에게 의무 불이행의 형사책임이 있다고 했다. 마쓰이는 도쿄재판에서 교수형을 선고받고 1948년 12월 23일 다른 A급 전범 6명과 함께 처형되었다.

| 국민정신총동원 운동 |

국민정신총동원 운동은 중일 전쟁 발발 직후 고노에 후미마로 내각이 국민을 전쟁 협력에 동원하기 위해 실시한 국민교화 운동을 말한다. 이 운동에서 정부는 '팔굉일우, 거국일치, 견인지구'의 3대 구호를 내세우고 전 국민을 전쟁에 동원했다. '팔굉일우(八紘一宇)'의 '팔굉'이란 원래 사방 팔방의 천지 우주를 의미하고 '일우'란 하나의 집이라는 의미이다. 이것을 일본은 '팔굉'을 전 세계로 해석하고 '일우'는 전 세계를 일본이 지배하는 하나의 집(국가)으로 만들자는 구호로 사용했다. '거국일치(擧國一致)'는 전 국민이 일치단결하자는 의미고, '견인지구(堅忍持久)'는 전쟁의 장기화로 여러 가지 통제가 가해지고 어려움이 있지만 꿋꿋하게 참고 견디자는 의미이다. 이는 곧 전시체제를 구축하고 국민의 전쟁에 대한 불만을 일소하는 것이 목적이었다.

'견인지구'의 구호 아래 국민에게 궁핍한 생활을 견디자는 의미의 내핍생활을 강요하는 표어도 등장했다. 예를 들면 "사치는 적이다! 일본인이라면 사치를 해서는 안 된다!", "바라지 않습니다. 승리하는 그 날까지", "부족하다는 불평은 궁리가 부족하다", "이룩하자 성전! 일으키자 흥아! 성전이다!", "목숨을 바쳐 국가를 살리자, 석유 한 방울, 피 한 방울, 모든 것을 전쟁으로" 등과 같은 구호를 내세워 전 국민을 압박하고 전쟁 협력에 동원했다. 또한, 일상생활에도 통제를 가하여 '히노마루 벤또'와 '국민복', '몸뻬' 등을 장려했다. '히노마루 벤또'는 도시락에 다른 반찬은 없고 밥 위에 빨간색의 우메보시(매실장아찌) 하나만 올려놓은 것으로, 일본 국기 '히노마루'와 닮았다고 해서 붙여진 이름이다.

이 밖에도 9월에는 임시자금조정법을 제정하여 군수산업을 우선으로 융자할 수 있도록 했으며, 10월에는 기획원을 설치하여 전쟁을 위한 물자동원, 생산 확충 등을 위한 계획을 수립하여 장기전에 대비했다. 그리고 이듬해 1938년 4월에는 국가총동원법을 제정 공포하여 총력전을 수행하기 위해서 국가의 모든 인적, 물적 자원 및 자금과 문화 등에 대하여 정부가 의회의 승인 없이 통제 운용할 수 있도록 했다. 또한, 1939년 3월에는 임금통제령을 공포하여 지역별, 업종별, 남녀별, 연령별로 임금 공정을 정하여 숙련공과 미숙련공에 대한 임금을 규정하고 통제했으며, 7월에는 국민징용령을 공포하여 국민을 강제적으로 징발하여 군수산업의 노동력에 동원했다.

1940년 7월에는 '7·7 금령'으로 사치품과 일정한 가격 이상의 제품을 제조 판매하는 것을 제한하는 규칙을 공포했다. 대상이 된 사치품은 은, 보석, 상아 등이며, 일정한 가격 이상을 제한하는 대상 제품은 와이셔츠, 손목시계, 구두 등이었다. 예를 들면 와이셔츠는 10엔 이상, 손목시계는 50엔 이상, 구두는 35엔 이상이 되는 제품은 만들지 못하도록 했다. 또한, 10월에는 미곡 관리 규칙을 공포하여 쌀을 강제로 공출했으며, 1941년 4월부터는 생활 필수 물자 통제령으로 각 개인에게 정해진 점수의 표를 배급했다. 전쟁의 장기화에 따라 물자가 극도로 부족해진 상황에서도 모든 것에 전쟁을 우선하여 국민 개개인에게 계속해서 내핍생활을 강요하고 있었다.

| 남진 정책과 대미 관계의 악화 |

1939년 1월 중일전쟁을 단기간에 끝낼 것으로 장담하던 고노에 후미마로 총리가 전쟁의 교착상태를 타개하지 못한 책임으로 사임했다. 이후 1941년 10월 도조 히데키가 수상으로 취임할 때까지 2년 9개월 사이에 수상이 네 번이나 바뀐 것은 그만큼 현상을 타개하지 못하고 있었다는 것을 말해주고 있다. 결국, 1941년 10월에 수상으로 취임한 도조 히데키가 미국과의 전쟁으로 현상을 타개하기 위한 돌파구를 찾으려 했지만, 결과는 실패로 끝난 것이다.

고노에 사임 이후 일본은 중일전쟁의 교착상태를 타개하기 위해 동남아에서 주도권을 잡고 있던 영국과 네덜란드의 영향력을 약화하는 외교 수단을 모색했지만, 그것은 결국 군사적인 행동으로 동남아를 점령하는 방법밖에 없었다. 일본은 동남아를 지배하면 석유, 고무, 천연가스 등의 막대한 지하자원을 획득하고 중국의 장제스를 지원하는 원장루트를 차단하여 중국 국민당을 포위 공격할 수 있는 일거양득이 된다고 판단했다. 때마침 1940년 9월 독일, 이탈리아와 삼국동맹을 맺은 이후 독일이 프랑스를 점령하자 일본은 독일의 괴뢰정권이었던 비시 정권의 양해하에서 프랑스의 식민지였던 베트남 북부를 점령하면서 남진 정책의 첫발을 내디뎠다.

이에 대하여 미국은 일본에 석유 수출을 금지하는 등 대일 금수 조치를 확대하고 중국에 원가보다 저렴한 군수품을 제공하면서 일본에 대하여 1931년 만주사변 이전 상태로 중국에서 완전히 철수할 것을 조건으로 제시했다. 한편 일본 군부의 강경파는 미국에 대한 선제공격을 주장하고 있었으며, 1941년 10월 통제파의 중심인물인 도조 히데키가 총리와 육군대신을 겸직하여 권력을 한 손에 집중시키면서 대미전쟁으로의 길이 급물살을 타게 된다. 이윽고 1941년 11월 5일 어전회의에서 동남아의 영국 및 네덜란드 식민지와 필리핀의 미군기지, 그리고 진주만의 미군함대에 대한 대규모의 공격 개시를 결정하고 12월 8일 전격적인 선제공격을 시작하면서 태평양전쟁이 발발했다. 결국, 일본의 지도자들은 가장 중요한 시점에서 그들의 행동이 초래할 결과를 오판했다. 강대국 미국과의 전쟁은 대일본제국의 패망을 앞당기는 결과를 가져온 것이다.

6

태평양전쟁과
일본의 패전

| 태평양전쟁의 발발 |

태평양전쟁은 1941년 12월 8일 일본이 하와이의 진주만을 기습공격하고 동시에 영국이 점령하고 있던 말레이반도를 공격하면서 발발했다. 일본이 미국과 영국에 선제공격한 것은 중일전쟁이 교착상태에 빠져 좀처럼 진전을 보이지 않고 있었기 때문이었다. 더구나 영국과 미국은 중국의 장제스에게 군수물자를 지원하기 위해 베트남의 원장루트에 더하여 미얀마에도 원장루트를 개발하여 전쟁이 장기화하고 있었다.

일본은 중일전쟁의 교착상태를 타개하고 동남아시아의 석유와 천연가스 등의 풍부한 지하자원을 획득하기 위해 동남아로 진출을 기도하여 1940년 7월 남진 정책을 정식으로 결정하고 9월에 북부 베트남을 점령했다. 북부 베트남을 점령한 것은 원장루트를 차단하는 것도 하나의 목적이었다. 이에 대하여 영국과 미국은 일본의 삼국동맹과 베트남 점령에 대하여 10월부터 철과 알루미늄 등의 금수 조치로 대응하여 일본을 압박하면서 전쟁이 목전으로 다가오고 있었다.

1941년 7월 일본이 북부 베트남에 이어서 남부 베트남까지 점령하자 미국은 일본 자산을 동결하고 일본에 대한 석유 수출을 금지했다. 이에 대하여 일본은 9월 6일 개최한 천황 임석 하의 어전회의에서 10월까지 미국과의 교섭을 타결하지 못하면 전쟁을 개시한다는 방침을 세웠다. 일본의 교섭에 대하여 10월 2일 미국이 일본에 통고한 내용은 베트남과 중국에서 철병하지 않으면 더 이상의 협상은 없다는 것이었다.

미국의 통고를 받은 일본은 의견이 양분되었다. 당시 고노에 후미마로 수상은 미국과 계속해서 교섭할 것을 주장했지만 도조 히데키 육군대신은 대미 개전을 주장했다. 결국, 미국과의 교섭이 진전을 보이지 못하자 고노에 내각이 총사직하고 1941년 10월 도조 히데키가 수상으로 취임하여 내각을 수립했다. 도조 내각은 11월 5일 개최된 어전회의에서 12월 상순에 미국에 대하여 무력을 발동할 것을 결의했다.

그러는 사이에도 미국과의 교섭은 계속되었지만, 미국의 입장은 바뀌지 않았다. 11월 26일 미국의 국무장관 코델 헐(Cordell Hull)이 제시한 교섭 문서는 일본에 대하여 만주사변 이전의 상태로 돌아갈 것을 요구하는 것이었다. 그것은 곧 압록강 이남으로 철수하라는 것이었다. 일본은 미국의 교섭 문서를 최후통첩으로 간주하고 이미 대기 중이던 해군 기동부대를 하와이로 출동시켰다. 그리고 12월 1일 개최된 어전회의에서 영국·미국과의 개전을 최종적으로 결정하고 12월 8일 일본 시각 새벽 3시경(하와이 현지 시각 12월 7일 일요일 오전 7시 49분) 선발공격대가 진주만 상공에서 기습공격을 시작하여 하와이의 해군 기지를 거의 초토화했다. 이로 인하여 미국의 태평양함대는 일시적으로 기능을 상실했다.

일본의 진주만 기습공격 이튿날 루스벨트 대통령의 '미합중국 치욕의 날'로 시작되는 대국민 라디오 연설은 역사상 라디오 청취율 최고를 기록할 정도로 미국민의 적개심을 불러일으켰다. 루스벨트 대통령은 일본의 행위를 '수치를 모르는 만행', '배신행위' 등으로 격렬하게 비난하면서 국민의 애국심을 환기하고 분발과 단결을 호소했다. 그리고 12월 9일 신문 지상에 'REMEMBER PEARL HARBOR!'라는 구호가 등장한 이후 전국을 석권하는 국민적인 강령으로 확산하여 갔다. 이때부터 미국에서는 일본인은 신뢰할 수 없는 존재라는 스테레오타입이 정착하기 시작했으며 미국 정부는 국민의 분노를 배경으로 일본에 선전포고하면서 전면전에 돌입했다.

객관적으로 보면 일본은 미국을 상대로 도저히 이길 수 없는 전쟁을 시작한 것이었다. 사실 일본도 미국을 상대로 이길 수 있다고 생각한 것은 아니었다. 일본의 계획은 단기간에 미국에 치명적인 타격을 주고 조속하게 미국을 협상테이블로 끌어내려는 것이었다. 그러나 미국은 오히려 일본과 전쟁을 해서라도 동아시아에서의 주도권을 잡으려고 기회를 노리고 있었기 때문에 일본의 진주만 공격은 일본이 미국의 덫에 걸린 것이라 할 수 있다. 미국은 당시 유럽에서의 전쟁을 지원하고 있었지만, 동아시아에서의 전쟁에 대해서는 국민 여론이 그다지 긍정적이지 않았기 때문에 참전의 명분이 없었다. 그러나 일본의 진주만 기습공격 이후 국민 여론이 전쟁을 적극적으로 지지하게 되고 이를 배경으로 일본과의 전면전에 들어갈 수 있었다.

당시 주요 물자의 생산량을 보더라도 일본이 미국을 이길 수 있는 여지는 거의 없다는 것을 알 수 있다. 당시의 전쟁에서 가장 중요한 물자인 석유만 보더라도 1941년 태평양전쟁이 발발할 때 미국은 일본보다 527.9배의 생산량을 가지고 있었다. 전쟁의 막바지로 가는 1944년에는 미국

───────────── 미·일 주요물자 생산고 비교 ─────────────

구분	주요물자	1929	1933	1938	1941	1944
일본		1	1	1	1	1
미국	석탄	16.1	10.5	7.2	9.3	13.8
	석유	501.2	468.0	485.9	527.9	956.3
	철광석	416.8	55.6	37.5	74.0	26.5
	동	12.4	3.1	5.3	10.7	11.3
	아연	26.0	9.5	7.5	11.7	9.5

───────────── 항공기 생산 비교 ─────────────

구분	1941	1942	1943	1944
일본	5,088	8,861	16,693	28,180
미국	19,433	49,445	92,196	100,725

의 석유 생산량이 일본의 956.3배나 되었다. 또한, 당시의 전쟁에서 가장 중요한 역할을 한 전투기는 1941년 일본이 5,088대를 생산한 것에 비하여 미국은 그 4배 가까이 되는 19,433대를 생산하고 있었으며 전쟁의 막바지인 1944년에는 일본이 28,180대를 생산한 것에 비하여 미국은 4배 가까운 100,725대를 생산하고 있었다.

| 남방작전 |

일본의 남방작전은 진주만 기습공격을 개시한 1941년 12월 8일 같은 시각에 영국령 말레이 공격으로 시작되었다. 공격 초반에 일본은 압도적인 기세로 밀어붙여 1942년 2월 싱가포르를 함락하고 5월에는 필리핀 침공에서 승리했다. 당시 필리핀에서 미국 극동군 사령관으로 주둔하고 있던 맥아더 장군은 함락 직전에 측근들과 함께 호주로 탈출하여 포로가 되는 신세를 면했다. 맥아더는 본국으로 가서 지원 병력을 데리고 다시 돌아와 1945년 1월 필리핀을 탈환했다.

일본은 남방작전 개시 후 6개월 사이에 동남아의 영국령과 인도네시아의 광활한 네덜란드령을 장악하면서 남방작전을 완료했다. 도중에 필리핀 바탄반도에서 미군의 맹렬한 저항이 있었지만, 이것을 제외하면 남방작전은 계획을 상회하는 속도로 진행되어 일본의 초기 작전 목표를 완전히 달성했다.

일본군은 바탄반도에서 투항한 미군과 필리핀군의 포로 7만 8천 명을 129킬로미터 떨어진 포로수용소로 이송하는 과정에서 식량과 물을 제대로 제공하지 않고 행군을 강요하여 1만 6천 명이 사망하기에 이르렀다. 이른바 '바탄 죽음의 행진'이었다. 일본군이 애초에 예상한 포로 수는 2만 5천 명이었지만 그 3배를 넘는 수로 인하여 철도와 트럭으로 이송하려던 처음의 계획을 포기하고 포로들에게 도보 행군을 강행했다. 이동 과정에서 포로에 대한 비인도적인 학대 행위가 공공연하게 자행되었고 일부 부대장은 포로의 집단 처형을 기도하여 실행에 옮기기도 했다. 바탄에서의 일본군의 만행이 미국에 알려지면서 일본을 철저하게 분쇄하고 응징해야 한다는 대일적개심이 더욱 증폭되었다. 실제로 일본 패전 후 마닐라에서 개정된 전범 재판에서는 당시 일본군 사령관과 포로 이송 최고 책임자에 대하여 사형 선고를 내리고 형이 집행되었다.

한편 대부분의 일본 국민은 초반의 승전보에 환희하여 승리에 도취했다. 정부와 언론은 일본이 아시아를 아시아인에게 돌려주기 위해 서양의

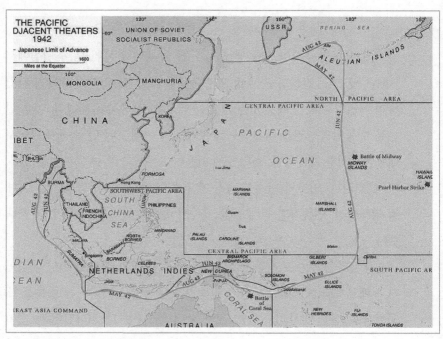

태평양전쟁 초반의 광활한 일본 점령지

백인종과 전쟁을 치르고 있다고 선전하면서 자신들의 침략전쟁을 정당화하고 있었다. 이러한 인식은 일본이 패전한 후에도 자신들의 침략전쟁을 부정하는 역사 인식에 뿌리를 내려 아시아해방 전쟁이라는 미명으로 치장되었다.

전쟁 초반의 승리로 일본은 태평양과 동남아의 광대한 제국을 소유하여 그 규모가 남북으로 6,400킬로미터, 동서로 9,600킬로미터에 달했다. 앞 페이지의 지도를 보면 붉은 선으로 그은 것이 일본의 지배권에 들어간 영역이다. 이렇게 광대한 영토를 조속한 시일에 쉽게 획득할 수 있으리라고는 자신들도 예상하지 못했다.

| 대동아공영권의 허구 |

'대동아공영권'이란 1942년 1월 도조 히데키 수상이 의회 연설에서 "대동아공영권 건설의 근본 방침은 대동아 각국, 각 민족이 제각기 자립하여 백인의 지배를 배제하는 데 있다"라고 한 말에서 유래한다. 이후 일본은 대동아공영권을 실질적으로 구축하기 위해 1943년 11월 도쿄에서 대동아회의를 개최했다. 회의에는 미얀마, 만주, 중국 난징의 친일 정부, 태국, 필리핀, 인도의 반정부군 등이 참가했다. 대동아회의에서는 호혜적 경제발전, 인종차별 철폐 등을 골자로 하는 '대동아 공동선언'을 채택했다.

대동아공영권은 표면적으로 아시아 민족 자신의 힘으로 백인의 식민지 지배로부터 해방하고 아시아 민족의 공존공영을 꾀한다는 명분을 내세웠지만, 실은 일본의 동남아 침략을 정당화하는 데 지나지 않는 것이었다. 무엇보다도 경제적 지역 통합이나 개발을 위한 현실적인 대안이 없이 각 지역의 군사령관이 정책을 좌우했으며, 그 실태는 일본군에 반대하는 독립운동을 억제하고 서양에 반대하는 독립투사 중에서 일본에 충성을 맹세한 자들을 후원하는 것이었다.

따라서 동남아 각지에서 일본군의 점령에 협력하지 않는 자들이 희생당하는 것은 필연이었다. 예를 들면 일본은 1942년 2월 싱가포르 점령 후 영국에 협력하는 화교를 항일분자로 간주하여 대량 학살했다. 당시 일본이 공표한 희생자 수는 5천 명이지만 싱가포르에서는 5만 명이 학살당했다는 것이 일반적인 인식이다. 지금 싱가포르에 있는 시민전몰자 기념비(the Civilian War Memorial)는 1942년부터 1945년까지 일본 점령기에 학살당한 화교와 싱가포르 시민 희생자를 추도하기 위해 1967년 싱가포르 전쟁 기념공원에 세워진 높이 68미터의 위령탑이다. 이 탑을 중국에서는 '인민을 살해한 죄, 피의 부채'라는 의미로 '혈채의 탑'이라고 부르고 있다. 이 밖에도 일본은 베트남을 점령하면서 베트남 독립운동을 가혹하게 탄압했으며 1944년에는 필리핀에 주둔하는 일본군에게 식량을 보급하기 위해 베트남의 쌀을 징발하여 베트남 인민 100만 명이 굶어 죽었다.

또한, 일본군이 점령한 동남아 지역 전체에서 거의 400만 명에 가까운 노무자가 동원되었다. 특히 인도네시아 자바에서는 30만 명의 노무자가 동원되어 7만 명이 희생당했다. 인도네시아에서는 오늘날까지도 '노무자'를 의미하는 일본어의 '로무샤'라는 용어가 그대로 사용되고 있을 정도로 당시의 가혹한 기억이 남아 있다. 영화 '콰이강의 다리'로 유명한 타이와 미얀마 사이의 철도 건설에는 6만 명의 연합군 포로와 20만 명의 민간인 노무자가 동원되었으며 그 가운데 7만 4천 명이 희생당했다. 동남아 정글에서의 가혹한 노동과 식량 부족으로 인한 영양실조, 의약품 부족 등이 겹쳐 더 많은 희생을 불러온 것이다. 이 밖에 비행장이나 진지 구축에 동원된 노무자들이 연합국의 폭격으로 희생당하는 경우도 있었으며 심지어는 연합국의 스파이로 누명을 쓰고 처형당하는 경우도 적지 않았다. 그런데도 일본에서는 오늘날까지 자신들의 침략행위를 부정하고 '아시아해방'을 위한 전쟁이었다는 주장이 끊이지 않고 고개를 내밀고 있다. 대동아공영권은 대일본제국의 패망으로 붕괴했지만, 그 망령은 아직도 일본 우파들의 뇌리에 깊이 각인되어 떠나지 않고 있다.

| 미국의 반격 |

1942년 4월 미국은 일본의 진주만 기습공격에 대한 보복 조치로 일본 본토를 폭격기로 공습했다. 그러나 그것은 시작에 불과했다. 같은 해 6월 미국의 본격적인 반격으로 전황이 역전되는 분수령은 미드웨이 해전이었다. 미드웨이는 하와이에서 서북쪽으로 1천 킬로미터 이상 떨어진 곳에 있는 섬과 그 주변 지역을 말한다. 여기서 미국 해군과 일본 해군이 격돌하여 일본은 항공모함 4척과 순양함 1척을 잃고 대패했다. 양측의 희생자 수도 일본 측 전사자가 3,057명인 데 비하여 미국 측은 그 10분의 1에 지나지 않는 307명이었다. 그러나 일본 정부는 국민에게 패배의 진상을 제대로 알리지 않고 은폐했다. 8월에는 미 해병대가 과달카날에 상륙하고 솔로몬 해전에서는 치열한 공방전 끝에 미국이 우세를 차지했다. 이때부터 일본은 미국과의 전투에서 단 한 번도 유리한 고지를 차지하지 못하지만, 국민에게 전황의 진상을 은폐하고 무모한 전쟁을 3년이나 더 계속했다.

미드웨이 해전 이후 제해권과 제공권을 장악한 미군은 잠수함과 전투기 공격으로 일본군의 수송선을 파괴하여 물자보급로를 완전히 봉쇄했다. 미군이 보급로를 차단하면서 태평양 각지의 섬을 점령하여 주둔하고 있던 일본군은 식량 부족, 물자 부족 등으로 굶어 죽는 자들이 속출했다.

1943년부터 미국은 '일본 격멸 작전'을 수립하고 본격적으로 일본에 대한 대공세를 취했다. 이 작전에서 남서태평양 지역 총사령관 맥아더는 일본군이 요새화한 섬을 피하면서 주요 거점을 탈취하여 일본 본토로 진격하는 이른바 '징검돌 작전'을 펼치는 한편, 중부태평양 지역 총사령관 니미츠 제독은 중부태평양에서 일본 본토와 태평양에 산재한 섬으로의 보급로를 차단하는 데 주력했다.

이후 1943년 5월 애투섬 수비대가 전원 집단자결로 전멸한 것을 시작으로 일본군이 무너지기 시작했다. 1944년 7월에는 도쿄까지 폭격기가 왕복할 수 있는 거리에 있는 사이판이 함락하면서 수비대 3만 명이 전멸했다. 이때 민간인 3천 명도 절벽에서 뛰어내려 집단 자살했다. 지금도 그곳을 '만세 절벽'이라고 부르며, 많은 위령비가 세워져 있다. '만세 절벽'이란 '천황폐하 만세!'를 외치면서 뛰어내렸다고 해서 붙여진 이름이다.

사이판 함락 후 미국은 사이판을 전진기지로 삼아 1944년 11월부터 연일 수백 대의 폭격기로 일본의 대도시에 폭탄을 투하하는 본토 공습을 본격적으로 시작했다. 도조 내각은 사이판 함락에 대한 책임을 지고 총사직했다. 사실상 전쟁은 이 시점에서 끝난 것이었지만 일본은 1년을 더 버티면서 병사들의 무모한 희생이 계속되고 있었다.

| 전진훈 |

태평양에 산재한 섬에서 일본군 수비대가 미군에 투항하지 않고 집단

자결을 한 것은 일본인이 아니면 좀처럼 이해하기 어려운 일이다. 일본 군들이 '천황폐하 만세!'를 외치면서 죽어갔다는 것은, 그만큼 병사들에게 신성한 신의 자손인 천황에 대한 절대적인 충성을 강조하는 정신주의를 주지시켰기 때문이었다. 일본군이 포로가 되기보다 자결을 선택한 또하나의 배경에는 도조 히데키가 1941년 1월 7일 전체 장병에게 하달한 '전진훈(戰陣訓)'이라는 훈령이 있었다. '전진훈'이란 전투에 임할 때 병사들이 마음에 새겨야 할 훈시라는 의미이다. '전진훈'은 같은 날 신문에도 크게 보도되었으며 내무성에서는 '전 국민이 마음에 새겨야 할 것'이라하여 민간인에게도 그 실천을 강요했다.

그 내용은 먼저 일본은 신의 자손인 천황이 지배하는 신국이라는 점을 강조하고, 공격 정신, 필승의 정신 등의 정신주의를 비롯하여 경신, 효도, 경례, 솔선수범, 책임 등의 여러 가지 덕목을 나열하고 있다. 이 가운데 가장 주목을 모은 부분은 "살아서 포로의 치욕을 받지 말고 죽어서 죄과와 오명을 남기지 말라"라는 구절이었다. 요컨대 포로가 되기보다는 자결을 하라는 의미이며, 이로 인하여 군인뿐만 아니라 민간인의 집단자결에도 영향을 미쳤다. 사이판에서 민간인 3천여 명이 절벽에서 뛰어내린 것은 그 대표적인 사례라고 할 수 있다.

일본에서는 군인들이 집단 자결하는 것을 '옥쇄(玉碎)'라고 한다. 그 의미는 구슬을 바위에 던지면 산산조각이 나면서 그 파편이 햇볕에 반사되어 아름다운 빛을 발하는 것처럼 아름답게 죽으라는 것을 의미한다. 그 옥쇄의 대표적인 사례가 '사이판 옥쇄'였다. 사이판은 도쿄에서 남쪽으로 2,400킬로미터 떨어진 곳으로, 이곳이 함락되면 홋카이도를 제외한 일본 전역이 폭격기의 공격 범위 안에 들어오기 때문에 필사적으로 사수해야 했다. 1944년 6월 15일부터 7월 9일에 걸쳐 벌어진 사이판 전투에서 일본군은 미군의 집중 공세를 물리적으로 도저히 막을 수 없게 되자 집단자결을 선택했다. 사이판 전투에서 일본군의 전사자는 2만 5천 명이며 이 가운데 자결은 민간인 3천 명을 포함해서 5천 명이 된다. 물론 자결하지 않은 병사도 있어 포로가 921명 있지만 자결한 사람의 수가 압도적으로 많다.

| 전쟁의 막바지 |

1944년 10월 미군이 필리핀의 레이테만으로 진공을 개시하고 일본군이 최후의 저항을 하면서 전쟁은 더욱 치열해졌다. 1945년 1월 일본은 동남아의 요충지 필리핀을 상실하면서 말레이반도와 베트남 등지에서 일본 본토로의 자원 수송이 불가능하게 되었다. 자국의 자원이 부족한 상태에서 전쟁을 계속할 수 있는 능력이 고갈되는 것은 시간문제였다. 미국이 필리핀을 공략한 것은 일본과 동남아를 연결하는 보급로를 차단하고 필리핀을 발판으로 오키나와로 북상하여 오키나와를 먼저 함락시킨 후 본토를 공략하기 위해서였다.

미국은 필리핀을 탈환하고 3월부터 오키나와를 공격하면서 일본수비대와의 사이에 치열한 전투가 벌어졌다. 오키나와 전투에서 일본수비대 10만 명이 전멸했으며 여기에 민간인까지 전쟁의 소용돌이 속에 희생되어 도합 약 20만 명이 사망했다. 동시에 사이판 함락 이후 대도시 공습도 계속되었다. 특히 1945년 3월 10일의 도쿄 대공습에서는 무차별 폭격으로 민간인 10만 명 이상이 사망했다. 이후에도 5차례의 대규모 공습으로 도쿄 시가지의 50%가 파괴되고 공습에 의한 피해자의 수는 전국에서 약 55만 명에 달했다. 무모한 저항으로 국민의 희생이 계속되고 있었지만, 지도층은 계속해서 결사 항전을 외치고 있었다.

7월 26일에는 연합국이 포츠담 선언에서 일본에 무조건 항복을 최종적으로 요구하면서 이를 받아들이지 않으면 나머지 선택지는 신속하고도 완전한 괴멸이 있을 뿐이라고 경고했다. 그러나 일본 정부는 이를 '묵살'하고 전쟁 계속을 외쳤다. 만약 여기서 일본이 포츠담 선언을 수락했다면 히로시마와 나가사키의 원폭 투하는 결코 없었을 것이다. 그러나 일본이 이를 무시함으로써 8월 6일 히로시마에 원폭이 투하되었고, 8월 9일 미명 소련이 만주로 공격을 시작했으며, 같은 날 나가사키에 원폭이 투하되었다. 만약 일본이 여기서 계속 버텼다면 그야말로 연합국이 경고한 대일본제국의 완전한 괴멸이 있었을 것이다. 결국, 일본도 더 버티지 못하고 포츠담 선언을 수락하면서 제2차 세계대전이 종결되었다.

다만 일본이 포츠담 선언 수락을 연합국에 통보한 것은 8월 14일이지만, 8월 9일 미명부터 만주와 사할린, 한반도, 치시마 열도로 일제히 침공을 개시한 소련군의 작전은 9월 2일 일본과 연합군과의 사이에 항복문서가 조인될 때도 계속되었으며 9월 5일 만주, 한반도 북부, 남사할린, 그리고 치시마 열도 전역을 장악한 후에야 공격을 종료했다. 그 과정에 많은 일본군과 민간인들이 희생당했다.

| 오키나와 전투 |

오키나와는 미일 간의 전쟁에서 최대의 격전지였다. 이 전쟁에서 일본군 수비대 10만 명이 전멸하고 민간인도 약 10만 명이 희생되었다. 또한, 미군의 사상자가 약 5만 명이나 나왔다는 것은 이 전투가 얼마나 치열했는지를 여실히 말해주고 있다. 미군이 한 지역의 전투에서 이렇게 많은 사상자를 내는 일은 극히 드문 일이었다.

미군이 오키나와의 가장 큰 섬인 본도로 상륙하기 직전인 3월 28일에는 게라마 제도의 도민 300여 명이 집단 자결했다. 그리고 4월 1일부터 미군의 오키나와 본도 상륙이 개시되자 이를 저지하기 위해 4월 6일부터 자살 특공이 시작되었다. 4월 7일에는 일본 최대의 전함 야마토가 오키나와를 구원하러 가던 중 미군 전투기의 집중 공격을 받고 격침되었다. 5월 4일에는 오키나와 수비대가 총반격을 시도했지만, 실패로 돌아가고 6월 14일에는 오키나와의 해군 근거지가 전멸했다. 희망이 없다고 판단한 오키나와 주둔군 사령관 우시지마 미쓰루(牛島滿)는 할복 자결했다. 오키나와 전투는 사실 이 시점에서 종결되었지만, 6월 26일에는 잔존 수비대가 자신들이 자결하기 전에 먼저 주민을 학살하는 사건이 발생했다. 일본군이 주민들을 죽인 이유는 미군들에게 정보를 제공하는 스파이라는 혐의를 씌우거나, 또는 스파이 활동을 막기 위해서였다.

오키나와 전투에서 희생된 민간인 약 10만 명은 전체 오키나와 주민의 약 3분의 1에 해당하는 숫자이다. 이 가운데 일본군의 명령이나 강요로 집단자결한 주민의 수는 약 천 명에 이른다. 오늘날 일본의 우익들은 당시 군의 명령이나 강제성이 없었다고 주장하지만, 생존자들의 증언으로 볼 때 이는 부정할 수 없는 사실이다.

오키나와 요미탄손(讀谷村) 마을의 경우 치비치리가마(동굴의 이름)에서 집단자결한 주민 가운데 과반수가 12세 이하의 어린이였다. 대부분 아버지를 비롯한 성인 남성들이 아이들에게 우유에 청산가리를 태워서 먹이고 부녀들은 창으로 목이나 가슴을 찌른 후 자신들도 자결했다고 한다. 당시 동굴에 피신한 요미탄손의 주민 140명 가운데 83명이 자결하고 나머지는 생존하여 이런 증언을 남겼다.

오키나와 전투에서는 잊어서는 안 될 또 하나의 희생이 있었다. '히메유리 학도대'라는 여고생 간호부대의 200여 명이 전쟁의 소용돌이 속에서 희생당한 것이다. 히메유리 학도대는 1944년 12월 오키나와 사범학교 여자부와 오키나와현립 제일고교 여학교의 교사와 생도로 구성된 간호부대의 이름이었다. 이들은 1945년 4월 미군이 상륙할 당시 인솔 교사 18명을 포함하여 240명이 오키나와 육군병원의 간호 요원으로 동원되었다가 희생당했다. 가장 최근인 2007년 조사에 의하면 최종적으로 226명의 사망이 확인되고 있다. 이 가운데 교사 1명을 포함하여 10명은 집단자결을 했다. 오키나와에서는 이들을 위령하기 위해 1946년 4월 히메유리탑을 세우고 1989년 6월에는 '히메유리 평화기념 자료관'을 개관했다. 자료관에는 오키나와 전투 당시 히메유리 학도대의 활동 모습과 희생자들의 영정사진이 전시되어 있다.

일본은 1995년 6월 오키나와 전투 종결 50주년을 기념하여 오키나와의 이토만시(糸滿市)에 있는 평화기념공원에 '평화의 초석'으로 명명한 위령비를 건립했다. 위령비를 세운 취지는 세계의 항구 평화를 기원하기 위한 것으로 국적이나 군인, 민간인의 구별 없이 오키나와 전투에서 희생된 모든 사람의 이름을 새기고 있다. 위령비는 해안선을 내려다보는 평화의 광장에 세워진 병풍형 화강암으로 구성되어 있으며, 높이 1.5미터에 총길이가 2.2킬로미터에 이른다. 2000년 6월까지 화강암에 새겨진 희생자의 수는 24만 856명이며 현재도 희생자의 이름을 새기는 작업은 진행되고 있다. 여기에는 오키나와인, 일본군인뿐만 아니라, 조선인, 미군 등 오키나와 전투에서 희생된 모든 사람의 이름이 새겨져 있다.

| 종전 공작의 좌절 |

전쟁 막바지에는 일본 지배층 내부에서도 조속히 전쟁을 종결해야 한다는 이른바 '종전 공작'이 있었다. 1944년 6월 사이판 함락 이후 고노에 후미마로와 그 측근 엘리트들은 전쟁을 계속하면 소련이 참전할지도 모른다는 공포심을 가지고 비밀리에 종전 공작을 계획했다. 소련에 대한 공포심은 천황제가 위협받을지도 모른다는 우려 때문이었다. 더구나 전쟁의 장기화로 인하여 소련이 참전하고 이것이 일본 내부에 있는 공산주의자들의 혁명 기도와 결합한다면 천황제의 지배체제가 완전히 붕괴할 수도 있다는 불안감이 있었다.

이러한 불안감은 1945년 2월 고노에 후미마로가 천황에게 전쟁의 조기 종결을 호소한 '고노에 상주문'에도 잘 나타나고 있다. 고노에는 "무조건 항복이라는 희생을 감수하더라도 미국과 강화하는 것만이 국민을 전쟁의 참화에서 구하고 '국체'(천황제)를 지키며 황실의 안전을 도모하는 길"이라고 상주했다. 만약 당시 천황이 고노에의 상주를 받아들여 조기 항복의 결단을 내렸다면 1945년 3월부터 6월에 걸쳐 20만 명이 희생당하는 오키나와 전투는 물론이고 미군의 공습으로 55만 명의 민간인 희생자가 나오는 일은 없었을 것이다. 또한, 두 발의 원폭 투하나 소련 참전도 피할 수 있었을 것이다. 그리고 한국에서 볼 때 소련의 참전이 없었다면 남북이 분단되는 일도 없었을 것이다. 결국 천황이 '고노에 상주문'을 무시한 것은 역사적으로 엄청난 희생을 초래하는 결과를 가져왔다.

또한, 당시에는 일본 정부가 결사 항전을 외치는 가운데, 특고 형사들과 헌병대가 눈을 부라리고 감시를 하는 상황에서 전쟁 종결을 입 밖에 내는 것은 국가에 대한 반역행위로 간주되고 있었다. 실제로 고노에 상주문 작성에 가담한 외무대신 출신의 요시다 시게루(吉田茂)를 비롯한 고노에의 측근들은 헌병대에 연행되어 투옥당했다. 요시다 시게루는 패전 이후 석방되어 일본의 보수 정권을 이끌었던 거물급 정치인이다.

도조 히데키의 뒤를 이어 수상으로 취임한 고이소 구니아키(小磯国昭)

는 1년을 넘기지 못하고 사임하고 해군대장 스즈키 간타로(鈴木貫太郎)가 수상으로 취임했지만, 전쟁 계속은 포기하지 않았다. 스즈키와 천황의 측근들은 계속되는 국민의 죽음과 파괴라는 '확실한 전쟁'보다도 천황제가 붕괴할지도 모른다는 '불확실한 강화'를 더욱 우려하고 있었다. 다시 말하자면 패전으로 인하여 천황제가 붕괴할지도 모른다는 불확실한 불안감 때문에 국민의 희생을 아랑곳하지 않고 전쟁을 계속한 것이다. 오키나와 전투에서 엄청난 희생을 치르면서도 전쟁을 계속하던 일본은 두 발의 원폭 투하와 소련 참전으로 항복했다.

| 특별공격대와 가미카제 특공대 |

역사적으로 1274년과 1281년에 려몽연합군이 일본으로 침공해 왔을 때, 두 차례 모두 태풍으로 인하여 실패로 끝난 사실이 있다. 당시 일본인들은 이 태풍을 자연현상으로 생각하지 않고 신국 일본을 지키기 위해 신이 불어준 바람이라고 믿고 이를 '가미카제(神風)'라고 불렀다. 이런 인식이 패전을 목전에 두고 부활하여 더 많은 희생을 초래했다. 전쟁 막바지에 자살특공대의 이름을 '가미카제 특공대'라고 붙인 것도 이러한 황당무계한 인식으로 실낱같은 기대를 걸고 있었기 때문이었다.

그런데 정확하게 말하면 자살특공대는 '특별공격대'와 '가미카제 특공대'로 나누어져 있었다. 특별공격대는 결사를 전제로 필사의 공격을 한 일본 육군의 자살특공대를 말한다. 특별공격대는 필리핀 전투부터 시작하여 오키나와 전투까지 2,550기가 출동했지만, 전체의 성공 비율은 그다지 높지 않았다. 미군의 군함에 치명적인 피해를 주거나, 근거리에 명중한 것은 필리핀 전투와 오키나와 전투를 합하여 475기로 18.6%였다.

1985년 가고시마현 치란(知覽)에 특공평화회관이 개관되었으며 여기에는 특공대원들의 사진과 유서 등의 유품 약 4,500점과 특공대원들의 영정사진 1,036주가 전시되어 있다. 이 가운데 조선인 특공대도 24명 포함되어 있다. 가고시마의 치란에 기념관이 세워진 것은 바로 이곳이 육군 특공대의 출격거점이었기 때문이었다.

가미카제 특공대는 1944년 10월 오니시 다키지로(大西瀧治郎) 제1 항공함대 사령관이 필리핀 전선으로 출발하기 전에 해군 수뇌부에 특공의 결의를 전달한 것에서 비롯되었다. 해군 수뇌부는 지시나 강요는 하지 않지만, 자발적으로 실시한다는 것을 조건으로 이를 승인했다. 인간의 본성이라면 누구도 자살특공대로 죽고 싶은 사람은 없을 것이다. 따라서 자발적 지원이라는 것은 명분일 뿐이고, 눈에 보이지 않는 주변의 압력으로 하는 수 없이 특공대로 출동할 수밖에 없는 것이 현실이었다. 가미카제 특공대는 1944년 10월 필리핀 전투에서 최초의 특공지원자 24명으로 가미카제 특공대라는 명명식과 함께 편성되어 미군의 항공모함을 포함하여 5척의 군함에 손상을 입히는 전과를 올렸다. 이 사실이 천황에게 보고되었을 때, 천황은 "그렇게까지 해야 하는가"라고 반문한 후에 "그렇지만 정말 장하구나"라고 말했다고 한다. 천황이 '장하다'라고 한 말 한마디를 해군은 천황의 격려로 받아들여 전군에 '천황의 말씀'으로 전달하면서 특공대원들의 분발을 더욱 독려하여 특공대의 규모가 확대되었다.

심지어 1945년 3월 이후에는 초보자들을 훈련하기 위한 훈련용 연습기까지 특공에 편입하여 해군부대 전체의 특공화를 기도했다. 이후 1945년 8월 15일 패전 당일까지 출격을 계속하여 약 3,860명의 특공비행사가 사망했다. 유효율은 육군의 경우와 비슷한 19%였다. 8월 15일은 정오에 포츠담 선언을 수락한다는 것을 천황의 육성으로 발표했지만, 방송을 듣지 못하고 당일 아침에 출격한 특공대원들은 안타깝게도 무모한 죽음을 피하지 못했다. 가미카제 특공대를 창설한 오니시는 일본이 항복한 이튿날인 8월 16일 열십자로 자신의 배를 가르고 목과 가슴을 칼로 찔러 자결했다.

| 연합국의 전후 구상과 포츠담 선언 |

미국과 영국을 중심으로 한 연합국은 이미 1941년부터 제2차 세계대전 종결 후의 전후 세계질서에 대한 구상을 검토하기 시작했다. 그 최초의 구상은 1941년 8월의 대서양회담이었다. 여기서 미국의 루스벨트 대통령과 영국의 처칠 수상은 파시즘 타도와 전후 세계질서에 대한 14개조의 평화구상을 발표했다.

이후 1943년 1월에는 카사블랑카회담에서 미·영·중의 루스벨트, 처칠, 장제스가 추축국 독일·이탈리아·일본에 대한 무조건 항복의 원칙을 확인했으며, 같은 해 11월에는 카이로회담에서 위의 세 명이 대일전쟁의 방침을 논의했다. 그 주된 내용은 전쟁 종결 후 일본이 침략한 영토를 어떻게 처리할 것인가를 논의한 것으로, 여기서 조선의 독립이 명시되었다.

1944년 8월부터 10월에 걸쳐서는 국제연합을 창설하기 위한 예비회담으로 미·영·중·소의 대표들이 미국 워싱턴 D.C. 조지타운의 덤버턴 오크스에서 회의를 열었다. 여기서 모든 회원국으로 구성되는 총회와 5대강대국이 상임이사국이 되고, 2년 임기의 6개국 비상임이사국으로 구성되는 안전보장이사회(안보리), 국제사법재판소, 그리고 사무국의 4개 조직안이 합의되었다.

이때 미국의 루스벨트 대통령은 소련의 스탈린에게 대일전쟁에 참전할 것을 계속해서 촉구했다. 일본의 처절한 항전으로 미군 병사들의 희생이 늘어가는 상황에서 소련의 도움이 절실했기 때문이다. 이에 대하여 스탈린은 참전의 대가로 무기 제공과 사할린 남부, 그리고 치시마 열도(쿠릴 열도: 북해도에서 캄차카반도까지의 섬들)를 소련에 넘겨 달라고 요구했다. 이는 곧 러일 전쟁 이후 일본에 빼앗긴 사할린의 남부와 치시마 열도를 다시 돌려받겠다는 것이었다. 이에 대하여 루스벨트는 사할린까지는 안 되지만 치시마 열도는 인도하겠다는 것을 조건으로 일소 중립 조약을 파기하고 참전할 것을 촉구했다.

그 연장선에서 나치 독일에 대한 연합국의 승리가 임박한 1945년 2월 얄타회담에서 미·영·소의 대표들이 모여 세계대전 종결 후의 국제질서와 국제연합 설립 문제, 그리고 소련이 대일전쟁에 참전할 경우의 일본 영토 분할 등에 관한 비밀 협정을 체결했다. 루스벨트는 일본의 조기 항복을 끌어내기 위해서는 소련의 협력이 필수적이라고 생각하고 있었지만 2개월 후에 급사하면서 상황이 바뀌었다. 부통령이었던 트루먼이 대통령으로 취임하면서 소련의 참전을 배제하고 일본에 대한 무조건 항복안이 모색되었다. 트루먼은 가능하면 소련이 참전하기 전에 전쟁을 종결하여 소련의 세력이 극동에까지 미치는 것을 사전에 막고 싶었기 때문이었다.

1945년 7월에 독일 포츠담에서 개최된 회담에서는 유럽의 전후 처리 문제, 일본군의 무조건 항복과 전후 처리 등을 논의하여 7월 26일 미·영·중·소의 이름으로 포츠담 선언이 발표되었다. 포츠담 선언은 13개 항목으로 되어 있는데 그 요지만 보면 다음과 같다.

6. 일본 국민을 속이고 세계정복에 착수하는 과오를 범한 세력을 영

구히 제거한다. 무책임한 군국주의가 세계에서 제거될 때까지는 평화와 안전과 정의의 신질서도 나타날 수 없기 때문이다.

7. 6항의 신질서가 확립되고 일본의 전쟁 능력이 사라진 것이 확인될 때까지는 우리가 지시하는 기본적 목적의 달성을 확보하기 위해 일본국 영토 내의 제 지점은 점령되어야 한다.

8. 일본의 주권은 혼슈(本州), 홋카이도(北海道), 규슈(九州) 및 우리가 결정하는 몇 개의 작은 섬에 한정되어야 한다.

10. 일본에서의 포로 학대를 포함한 전쟁 범죄인은 처벌되어야 한다. 일본 정부는 일본 국민에게 민주주의적 경향의 부활을 강화하고 이를 방해하는 모든 장애는 제거되어야 하며 언론, 종교 및 사상의 자유와 기본적 인권의 존중은 확립되어야 한다.

12. 일본 국민이 자유롭게 표명한 의지에 의한 평화적 경향의 책임 있는 정부의 수립을 추구한다. 이 항목과 이미 기재한 조건이 달성되면 점령군은 철거할 것이다.

13. 우리는 일본 정부가 전 일본군의 즉시 무조건 항복을 선언하고 또한 그 행동에 관하여 일본 정부가 충분히 보장할 것을 촉구한다. 이 외의 선택지는 신속하고도 완전한 괴멸이 있을 뿐이다.

포츠담 선언 발표 후 일본 외무성은 선언의 수락은 부득이하지만, 아직 교섭의 여지가 있으므로 응답하지 않는 것이 현명하다고 판단하고 언론에는 노코멘트로 보도하도록 결정했다. 당시 외무대신 도고 시게노리(東鄕茂德)는 최고전쟁지도자회의와 각의에서 "이 선언을 거부하면 중대한 결과를 초래할 것"이라고 하여 선언의 수락을 종용했다. 그러나 정부는 선언을 공식적으로 보도는 하지만 내용에 대해 언급은 하지 않기로 각의에서 결정했다.

그러나 7월 29일 스즈키 간타로 수상은 기자회견에서 포츠담 선언에 대하여 "정부로서는 중대한 가치가 있는 것으로 보이지 않으므로 이를 '묵살'하고 단호하게 전쟁 완수에 매진한다"라고 발언했다. 수상의 발언은 내용에 대한 코멘트를 하지 않는다는 각의 결정을 어긴 것인데, 전 국민에게 전쟁 완수를 외치면서 전쟁 협력을 강요하는 상황에서 최고 지도자가 약한 목소리를 내면 안 된다고 생각했기 때문이었다. 수상의 '묵살' 발언은 일본의 동맹통신사를 통해서 '전면적 무시(ignore it entirely)'로 번역되고 로이터통신과 AP통신에서는 'reject(거부)'로 번역되어 외신으로 보도되었다.

포츠담 선언 13항에서 "무조건 항복 이외의 선택지는 신속하고도 완전한 괴멸이 있을 뿐"이라고 경고했음에도 불구하고 일본은 이를 무시함으로써 원폭 투하라는 인류 역사에 남는 엄청난 재앙을 자초했다.

| 원폭 투하 |

1945년 8월 6일 오전 8시 15분 히로시마 상공에서 투하된 원폭은 실전에서 사용된 세계 최초의 핵병기로 역사적 기록에 남아 있다. 원폭의 암호명은 '리틀 보이(little boy)', 원폭을 탑재한 폭격기의 애칭은 '에놀라 게이(Enola Gay)'라 불렀다. 에놀라 게이가 히로시마 상공 약 1만 미터 지점에 나타난 것은 8월 6일 오전 8시 9분이며, 폭탄 투하로 지정한 지점에 도착한 것은 8시 12분이었다. 여기서 폭탄 투하 책임자가 조준기로 투하지점을 정확하게 맞춘 후 8시 15분 17초에 '리틀 보이'가 투하되었다. 투하된 '리틀 보이'는 약 43초간 상공에서 선회하면서 낙하하다가 고도 약 600미터 상공에서 작열했다.

이 원자폭탄 하나로 히로시마 인구 35만 명 가운데 9만~16만 6천 명이 피폭으로부터 4개월 이내에 사망했다. 특히 폭심지에서 500미터 이내의 피폭자는 즉사 또는 당일 사망률이 90%를 넘었으며 500미터~1킬로미터 이내의 피폭자는 즉사 또는 당일 사망률이 60~70%에 달했다. 게다가 살아남은 피폭자도 일주일 사이에 약 반수가 사망하고 그다음 주에 25%가 사망했다. 3개월이 지난 11월까지의 집계에서는 폭심지에서 500미터 이내의 피폭자는 98~99%가 사망하고 500미터에서 1킬로미터 이내의 피폭자는 90%가 사망했다. 그리고 12월까지의 피폭 사망자는 9만 명에서 12만 명으로 추정되고 있다.

2019년 11월 히로시마시가 발표한 조사 결과에 의하면 1945년 말까지의 희생자 이름이 확인된 것은 89,025명이라고 한다. 그러나 이 밖에도 일가족이 전멸하거나 조선인 등 외국인의 희생자는 파악하기 어려우므로 이보다 훨씬 많은 사람이 사망했을 것으로 보인다. 원폭에 직접 피폭당한 사람은 1호 피폭, 원폭 투하 2주 이내에 폭심지에서 2킬로미터 이내에 있던 사람은 2호 피폭, 피폭자의 구호 활동 등으로 방사능의 영향을 받는 상황에 있던 사람을 3호 피폭, 그리고 1~3호 피폭자의 태아를 4호 피폭이라고 한다. 따라서 원폭 투하 당시 피해를 보지 않았더라도 피폭자의 수는 계속해서 늘어나고 있다. 1989년 현재 일본 정부가 원호를 위해 피폭자 수첩을 교부한 사람의 수는 약 36만 명에 달하고 있다.

히로시마에 원폭이 투하된 사흘 후에는 두 번째 원폭이 나가사키에 투하되었다. 1945년 8월 9일 오전 11시 2분 나가사키 상공에서 투하된 원폭은 실전에서 사용된 두 번째 핵병기였다. 원래 최초의 투하 목표는 나가사키가 아니라 규슈의 북단에 있는 오쿠라(小倉)였다. 오쿠라는 메이지 시대부터 북규슈 공업지대의 중심지로서 군수산업이 발달한 곳이며 1933년에 건설된 병기공장에서는 풍선 폭탄을 제조하고 있었기 때문에 원폭 투하의 후보지로 지정되었다. 그런데 8월 9일 오전 오쿠라 상공은 날씨가 흐리고 구름으로 인하여 목표지점을 맨눈으로 확인하기가 어려웠다. 폭격기는 3차례 원폭 투하를 시도했지만 실패한 후 잔여 연료 부족과 일본군의 고사포 사격을 피해 귀환하는 도중 나가사키의 상공이 맑았기 때문에 목표 지점을 전환하여 투하한 것이다.

나가사키에 투하된 원폭은 TNT 화약 환산으로 22,000톤 상당의 규모로 히로시마에 투하된 원폭의 약 1.5배의 위력을 가지는 것이었다. 이 원폭 투하로 나가사키 인구 24만 명 가운데 그 반이 넘는 약 14만 9천 명이 사망하고 나가사키 시가지의 건물 약 36%가 파괴되었다.

| 1차 성단 |

'성단'이라는 말은 천황의 '성스러운 결단'이라는 의미로 사용된다. 전쟁 막바지에도 군부의 강경파들은 본토 결전을 각오하고 결사 항전을 주장했지만, 천황의 '성스러운 결단'으로 전쟁을 종결하고 국민을 더 이상의 참화에서 막았으므로 국민은 천황에게 감사해야 한다는 의미가 포함되어 있다. 그러나 정말 천황이 국민의 희생을 막고 전쟁을 종결하려는 의지가 있었다면 좀 더 일찍 '성단'을 내려야 했을 것이다. 천황은 두 발의 원자폭탄과 소련의 참전으로 전쟁을 종결하겠다는 결단을 내렸을 뿐이었다. 따라서 '성단'이라는 것은 일본의 패전이나 항복을 은폐하고 천황의 결단을 미화하기 위해 만들어낸 허구라고 할 수 있다.

천황이 전쟁 종결 결단을 공식 석상에서 발언한 것은 1945년 8월 10일과 8월 14일에 두 번 있었다. 8월 10일의 결단을 '1차 성단', 8월 14일의 결단을 '2차 성단'이라고 한다. 천황은 히로시마 원폭 투하 후에도 전쟁 종결의 결단을 망설이고 있다가 8월 9일 오전 소련의 참전을 보고 받고 전쟁 종결을 결심했다. 이 부분은 2018년 간행된 『쇼와 천황 실록』에 상세하게 서술되어 있다. 천황은 오전 9시 37분 참모총장으로부터 소련 참전의 보고를 받고 그 18분 후인 9시 55분 내대신을 불러 소련과의 교전 상태에 돌입한 것에 대하여 수상과 신속하게 전황의 수습을 연구하라고 지시했다. 천황의 지시에 따라 10일 오전 0시 3분 천황의 임석 하에서 개최된 최고전쟁지도자회의에서는 천황제 존속 문제, 일본군의 자발적인 무장해제, 전쟁 책임자의 자발적인 처벌이라는 3가지를 조건으로 포츠담 선언을 수락하자는 의견이 우세했다. 그러나 육군대신 아나미 고레치카(阿南惟幾)와 육군참모총장 우메즈 요시지로(梅津美治郎), 그리고 해군 군령부총장 도요다 소에무(豊田副武)는 본토 결전을 주장했다. 결국, 좀처럼 결론이 나지 않자 스즈키 수상이 오전 2시 30분경 천황의 판단을 물었고 여기서 천황이 포츠담 선언을 수락하자는 의사를 처음으로 표명한 것을 '1차 성단'이라고 한다.

그러나 천황이 전쟁 종결 의사를 표명하고 퇴출한 후 다시 열린 각료회의에서 육군대신 아나미는 천황의 대권을 존속시켜 준다는 보장(즉, 천황제를 폐지하지 않는다는 것)이 없으면 전쟁을 계속해야 한다고 강하게 주장했다. 이에 따라 일본 정부는 미국에 천황제 존속을 조건으로 포츠담 선언을 수락하겠다는 의사를 전달했다. 이에 대하여 미국은 8월 12일 18시경 스위스 경유로 미 국무장관 제임스 번즈(James Byrnes)의 회답문을 전달했다.

'번즈 회답'에서는 일본이 가장 중요하게 생각하는 '천황제 존속' 문제에 관해서는 직접 언급하지 않고 일본이 항복한 후 일본에 대한 통치권은 연합군 최고사령관의 '제한 하에 둔다(subject to)'는 것을 명시하고 있었다. 그 요지는 다음과 같다.

일본국 정부의 통보에 관한 우리의 입장은 아래와 같다.

항복한 시점에서 천황 및 일본 정부의 국가통치 권한은 항복 조항을 실시하는 데 필요하다고 인정되는 조처를 하는 연합군 최고사령관의 제한 하(subject to)에 두는 것으로 한다.

최종적인 일본 정부의 형태는 포츠담 선언에 따라 일본 국민이 자유롭게 표명하는 의사에 의해 결정되는 것으로 한다.

연합국 군대는 포츠담 선언에서 제시한 제반 목적이 완수될 때까지 일본 국내에 주둔한다.

여기서 '제한 하에 둔다'라는 문장에 매우 중요한 의미가 있다. 전쟁을 속히 종결하고 싶은 외무성은 영어 원문의 'subject to'를 '제한 하에 둔다'라고 하여 부드러운 표현으로 번역한 것이다. 그러나 군부는 이를 '예속 하에 둔다', 즉 종속시킨다는 의미의 매우 강한 어감으로 받아들이고 천황제 존속을 보장해 주는 내용이 없으므로 본토 결전을 해야 한다고 주장했다. 지배층은 전쟁터에서 병사들이 죽어가고, 공습으로 국민이 죽어가는 것은 아랑곳하지 않고 오로지 천황제 존속만을 고집하고 있었다.

| 2차 성단 |

8월 13일 오전 2시 스웨덴 주재 일본 공사로부터 미 국무장관의 회답은 일본 측의 요구를 받아들이는 의미가 함축되어 있다는 보고가 도착했다. 그러나 육군대신, 육군 참모총장, 해군 군령부총장은 여전히 천황제 존속을 보장할 수 없다는 이유로 포츠담 선언 수락에 반대하고 본토 결전을 주장했다. 이런 상황에서 8월 14일 오전 10시 50분 천황 임석 하에 개최된 최고전쟁지도자회의에서 11시경 천황은 재차 포츠담 선언 수락 의사를 표명하는 발언을 했다.

천황은 발언하는 사이에 몇 번이고 흰 장갑을 낀 손가락으로 안경과 볼을 닦고 있었다. 당시 외무대신으로 출석한 도고 시게노리의 회고록에 의하면 출석자 23명 전원이 천황의 발언을 들으면서 '통곡'했으며 회의를 마치고 궁중을 떠나는 차 안에서도 모두 눈물을 흘렸다고 한다. 마지막까지 본토 결전을 주장하던 아나미 육군대신은 통곡을 하고 육군성으로 돌아가 "'성단'에 불복하는 자는 내 시신을 밟고 가라"라고 훈시한후 15일 새벽 자택에서 할복 자결했다.

실은 아나미 육군대신은 8월 13일 육군 장교 5명의 쿠데타 계획과 결행에 대한 상세한 내용을 보고받고 본인도 이에 동조하고 있었다. 그는 8월 14일 오전 7시 우메즈 참모총장을 만나 쿠데타 계획의 결행에 동조를 구했다. 그러나 참모총장이 궁성 안으로 병력을 동원하는 것을 비난하면서 전적으로 반대하는 바람에 실행에 옮기지 못했다. 만약 아나미의 계획에 우메즈 참모총장이 동의했다면 사태는 걷잡을 수 없을 정도로 커다란 혼란을 초래했을 것이며 일본 국가는 파멸로 치달았을 것이다. 아나미는 무인으로서 자신의 의견이 거부되자 깨끗이 승복하고 할복 자결을 선택한 것이다.

아나미의 자결은 군인으로서의 발상이 파탄되었을 때 책임을 지는 하나의 방식이라 할 수 있다. 그러나 다른 정치 지도자들의 눈물에는 자신의 책임이나 앞으로 일본이 어떤 방향으로 나아가야 할 것인가에 대한 냉정한 판단은 보이지 않는다. 오로지 이 전쟁이 패전이라는 결말을 가져온 것에 대해 분통함과 천황제의 앞날을 걱정할 뿐이었다. 그야말로 전쟁에 대한 반성이나 국민에 대한 배려는 추호도 발견할 수 없는 '무책임의 체계' 그 자체였다. 설령 미국이 이미 원폭 투하를 계획하고 있었다고 하더라도 포츠담 선언의 시점에서 항복했더라면 히로시마와 나가사키의 33만 명이나 되는 민간인의 희생을 막을 수 있었을 것이다. 그러나 패전이라는 미증유의 사태에 직면해서도 그들은 오로지 '천황제'를 지킬 수 없게 될지도 모른다는 불안감에 사로잡혀 있을 뿐이었다.

일본 정부는 8월 14일 오후 8시 30분 스위스와 스웨덴 주재 일본 공사를 통해서 포츠담 선언 수락을 연합국 측에 통고했다. 천황이 직접 라디오 방송을 통해서 국민에게 포츠담 선언 수락을 알리기 위한 '종전의 조서'는 이미 '1차 성단'이 있었던 8월 10일부터 준비하고 있었다. 이후 14일 천황이 '2차 성단'에서 발언한 내용을 가필하여 천황의 승인을 얻었다. NHK 방송국의 장비를 천황의 집무실로 가져와 천황의 육성 녹음을 마친 것은 8월 14일 밤 11시 50분경이었다.

포츠담 선언을 수락하는 '종전의 조서'를 천황의 육성으로 녹음하여 8월 15일 정오에 라디오 방송으로 발표한다는 소문이 퍼지자 육군의 강경파 장교들이 이를 저지하기 위해 쿠데타를 일으켰지만, 실패로 끝났다. 강경파 장교들은 8월 14일 심야 쿠데타 계획에 동조하지 않는 근위 제1사단장과 그 참모 두 명을 살해한 후 사단장 명령서를 위조하여 근위 보병 제2연대를 이끌고 궁성을 점거했다.

그들이 천황이 있는 궁성을 점거한 것은 천황의 육성을 녹음한 녹음판을 탈취하여 15일 정오의 라디오 방송을 막기 위해서였다. 그러나 그들은 궁성에서 녹음판을 찾지 못하고, 육군 수뇌부를 설득하는 데도 실패하자 주모자 두 명은 궁성 앞에서 자결하고 나머지는 진압군에 의해 체포되었다. 반란군이 녹음판 탈취에 혈안이 되어 있을 때 아나미 육군 대신은 관저에서 할복 자결했다.

| 옥음방송 |

8월 14일 어전회의에서 천황이 2차 성단을 내린 후 1차 성단 때부터 내각 서기관장을 중심으로 준비하고 있던 '종전의 조서'에 가필·정정을 가하고 오후 4시경에 그 원안이 각의에 제출되어 국무대신들이 여기에 서명했다. 그리고 오후 8시 30분경 '종전의 조서'에 천황이 마지막으로 서명한 후 연합국에 포츠담 선언 수락을 통고했다. 따라서 일본이 연합국에 대하여 항복한 것은 8월 15일이 아니라 8월 14일이었다.

십 년이 넘도록 국민을 전쟁에 동원하면서 전쟁 협력과 내핍생활을 강요하던 정부가 갑자기 전쟁이 끝났다고 발표하면 국민의 반발을 초래할 수도 있었다. 따라서 국민의 반발을 최소화하고 모든 국민이 이해할 수 있도록 전쟁 종결을 선언할 수 있는 사람은 천황밖에 없었다. 이미 1차 성단이 있었을 때부터 천황의 측근은 천황에게 '종전의 조서'를 작성하여 천황이 직접 라디오 방송으로 국민에게 알리는 것이 좋겠다고 조언했고, 천황도 2차 성단에서 직접 마이크 앞에 서겠다고 말했다. 이제까지 국민은 천황의 육성을 한 번도 들어본 적이 없으므로 그 효과는 더욱 큰 것이었다. 일본인들이 살아 있는 신으로 생각하는 천황이 직접 라디오 방송을 통해서 국민에게 패전이 아니라 전쟁 종결을 의미하는 '종전'을 알리면 국민도 받아들이리라 생각한 것이다.

천황의 대국민 방송을 '옥음방송'이라 한 것은 천황의 목소리를 인간이 아닌 신의 목소리라고 인식하기 때문이다. 14일 저녁부터 NHK방송은 15일 정오에 천황의 '옥음방송'이 있을 예정이라고 매시간 되풀이해서 알렸다. 물론 그 내용에 대해서는 극비에 부쳤다. 천황이 전쟁 종결을 발표할 것이라고 미리 알리면 '옥음방송'의 극적인 효과를 기대할 수 없기 때문이었다. 14일 심야 정부는 신문 기자들에게 '종전의 조서'를 발표하고 배부하면서 15일 조간신문은 정오 천황의 '옥음방송'이 있을 때까지는 배달하지 못하도록 했다. 따라서 1945년 8월 15일은 일본 신문 역사상 유일하게 조간신문이 정오 이후에 배달된 날이 된다.

1945년 8월 15일 정오 천황의 육성을 통해서 방송된 '옥음방송'은 천황이 사상 처음으로 자신의 육성을 라디오 방송을 통해서 국민에게 전달함으로써 천황의 카리스마를 더욱 고조시켰다. 조서의 내용이 일반 민중에게는 알아들을 수 없을 정도로 어려운 한문 투의 문어체로 구성되었던 것도 천황의 권위를 유지하기 위한 것이었다. 천황의 '방송'이 끝난 후 아나운서가 알기 쉬운 어조로 전문을 해설한 것도 계획적인 시나리오에 의한 것이었다. 그런 점에서 '옥음방송'은 천황만이 극적으로 새로운 상황을 만드는 힘을 가진다는 것을 내외에 입증하는 '의식(儀式)'이기도 했다.

| 종전의 조서 |

'종전의 조서' 초안은 8월 10일 1차 성단 이후부터 내각 서기관장이 천황의 발언을 바탕으로 한학자들의 도움을 받아 작성하고 여기에 14일 천황이 2차 성단에서 발언한 내용을 가필하여 완성했다. '종전의 조서'의 내용은 일본의 항복/패전을 내외에 선언하기 위한 것이 아니라, 자신들이 일으킨 전쟁을 '자존과 자위'를 위한 전쟁으로 정당화하고 나아가 천황제를 지키기 위해 용의주도하게 작성된 것이었다.

구체적인 내용을 살펴보면 '패전'이나 '항복'이라는 말은 단 한마디도 사용하지 않고 있다. 특히 일본이 "미영 2개국에 대하여 선전포고한 까닭도 또한 실로 제국의 자존과 동아시아의 안정을 기원했기 때문"이라고 한 부분은 오늘날까지 침략전쟁을 부정하고 '자위전쟁'이었다고 강변하는 왜곡된 역사 인식의 원형이라고 할 수 있다.

또한, 포츠담 선언을 수락하지 않을 수 없는 이유를 전황이 일본에 불리한 데다가 "적이 새롭게 잔학한 폭탄을 사용하여 몇 차례나 무고한 백성을 살상"하고, 나아가 "인류 문명까지도 파괴하게 될 것"이기 때문이라고 한 것은 천황의 성단으로 원폭에 의한 더 이상의 희생을 막고 국민을 구원한 '인자'한 군주로 정당화하는 새로운 이미지 창출의 토대가되었다.

조서의 또 하나의 중요한 의도는 '국체호지(國體護持)', 즉 '천황제 계속 선언'을 국민에게 재차 확인시키고 변함없는 충성을 요구하는 데 있었다. 조서의 마지막 부분에서는 '신국불멸(神國不滅)', '국체발양(國體發揚)'을 강조하여 패전에 대한 국민의 심리적 공황 상태를 최소화하고 사회적인 질서를 유지하면서 '천황제'를 지키기 위해 변함없이 충성을 다하도록 요구하고 있었다.

결국 천황의 '옥음방송'에 의한 '종전'은 '미화된 항복'이자 '왜곡된 항복'이었다. 천황의 '성단'과 '인자'를 강조하고 천황에 대한 국민의 '충절'을 계속해서 요구하는 가운데 천황과 지배층이 침략전쟁에 대하여 반성하는 낌새는 티끌만큼도 찾아볼 수 없다. 그런 점에서 오늘날까지 이어지는 일본의 왜곡된 역사 인식의 뿌리는 바로 이 '종전의 조서'에 있다고해도 결코 과언이 아니다.

| 뒤늦은 성단 |

1945년 8월 15일 《아사히신문》 조간 2면에 '자갈을 움켜쥐고 궁성을 향해서 오로지 눈물'이라는 머리기사가 실렸다. 그 내용은 기자가 '옥음 방송'을 듣고 궁성 앞으로 가서 눈물을 흘리면서 천황에게 용서를 빌고 있는 장면이지만 이것은 완전히 날조, 조작된 기사였다. 왜냐하면, 8월 15일 조간신문은 정오에 '옥음방송' 이후 배달되었기 때문에 당일 정오 까지 일반 국민이 일본이 항복했다는 사실을 알 리가 없었다.

이 기사를 쓴 기자는 이미 8월 14일 정부로부터 '종전의 조서'를 전달 받고 그날 밤 기사를 쓰면서 작문을 한 것이다. 이러한 언론의 작태도 국 민이 전쟁에서 패한 원인을 천황이나 정부에 추궁하지 않고 오로지 자 신들의 노력이 부족했다고 생각하게 만드는 데 일조했다. 천황의 '옥음 방송'을 듣고 황송해하면서 눈물을 흘리고 천황의 성단에 감사하는 마 음을 가지게 만든 것이다.

그러나 천황의 성단은 결코 허구에 지나지 않는 것이다. 천황이 정말 국민의 희생을 차마 더 볼 수 없었다면 전쟁 종결의 결단을 내릴 기회는 몇 번이나 있었다. 지도에 검은색으로 표시한 번호를 보면, 일본이 일찌 감치 전쟁을 종결할 첫 번째 기회는 미드웨이 해전에서 패배(1942년 6월) 했을 때였다. 이때부터 일본은 미국과의 전쟁에서 단 한 번의 우세도 차 지하지 못하고 3년 이상 무모한 전쟁을 계속했다.

두 번째 기회는 과달카날 전투에서의 패배(1943년 3월), 세 번째 기회는 애투섬 수비대가 전멸(1943년 5월)했을 때였다. 그리고 네 번째 기회는 사 이판의 함락(1944년 7월)이 거의 결정적이었다. 이때부터 일본 본토가 미 군 폭격기의 공습에 노출되어 민간인 희생자가 계속해서 늘어났지만 항 복하지 않았다. 오키나와 함락(1945년 6월)은 마지막 기회였다. 여기서 전 쟁을 종결했다면 히로시마, 나가사키 원폭은 물론이고 소련의 참전도 결 코 없었을 것이다. 그리고 덧붙여 말하자면 소련의 참전이 없었다면 한반 도의 분단도 없었을 것이다. 그런 의미에서 천황의 너무도 뒤늦은 성단

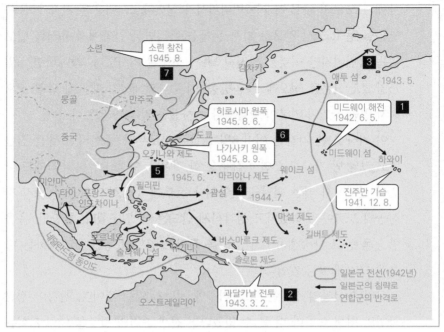

태평양전쟁을 종결할 수 있었던 5번의 결정적 순간

으로 인하여 한반도 분단의 고통은 지금도 계속되고 있다고 할 수 있다.

| 전쟁의 상처와 유산 |

일본이 일으킨 전쟁은 피아간에 엄청난 상처를 남기고 끝났지만, 그 후유증은 아직도 남아 있다. 일본이 일으킨 전쟁으로 서양 세력을 동남 아시아에서 추방하여 아시아식민지 해방에 도움이 되었다고 하는 것은 특히 일본의 우익들이 강하게 주장하는 부분이다. 일본의 우익들은 자 신들이 일으킨 전쟁은 침략전쟁이 아니라 백인종의 아시아 침략으로부터 황인종을 대표해서 싸운 자위전쟁이며, 아시아해방전쟁이었다고 강변하고 있다.

그러나 실은 일본이 아시아를 백인들의 지배로부터 해방해 주기 위해서 일으킨 전쟁이 아니라 자신들의 침략 야심을 채우기 위해서 일으킨 전쟁이었다. 결과적으로는 일본이 일으킨 전쟁으로 인하여 필리핀, 인도네시아, 말레이시아, 싱가포르, 베트남 등의 동남아 각국이 독립할 수 있었지만, 그것을 일본의 도움으로 아시아가 백인들의 지배로부터 독립했다고 주장하는 것은 일종의 궤변에 지나지 않는다.

일본의 우파들은 일본 제국주의의 식민지 지배에 대해서도 같은 논리를 펼치고 있다. 즉, 한국과 대만은 일본의 식민지 지배에 도움을 받아 근대화되었으며 그러한 근대적 산업 기반은 전후 한국과 대만의 산업화와 경제성장을 촉진하는 데 도움이 되었다. 따라서 한국과 대만은 일본의 식민지 지배에 감사해야 한다는 식이다.

실제로 일본은 문명화가 뒤떨어진 한국과 대만에 철도, 교량, 도로, 댐 건설 등으로 산업 인프라를 구축하고 병원, 학교 등의 제반 시설을 확충한 것은 사실이다. 그러나 일본이 식민지를 근대화한 것은 식민지 조선과 대만을 위해서가 아니라 자신들의 식민지 지배를 원활하게 수행하기 위해서였다.

예를 들면 일본은 한국을 강점하기 전인 1900년대 전반에 이미 경부선 철도를 개설했지만, 그것은 조선인들에게 편의를 제공해 주기 위한 것이 아니었다. 철도 건설에는 많은 조선인이 동원되어 열악한 환경에서 노동력을 수탈당했다. 이후 철도는 신의주까지 연결되고 만주로 이어지면서 일본의 만주 침략에 발판이 되었다.

또한, 일본은 침략에 저항하는 의병운동과 독립운동을 무력으로 진압했으며 전시체제에서는 창씨개명과 신사참배 등의 황민화정책을 비롯하여 강제징용, 징병, 일본군 위안부 동원 등과 같은 억압적인 식민 통치를 통해서 식민지 민중들의 희생을 강요했다. 이에 대한 반감은 지금까지도 이어지는 반일 감정의 근원이 되었다. 더구나 오늘날 한일 관계 개선에 가장 커다란 걸림돌이 되는 일본군 위안부는 10만~20만 명으로 추정되며 그 80%는 조선인 여성이었다.

현재 생존한 몇 안 되는 위안부 할머니들의 존재는 일본이 일으킨 전쟁의 상처가 전후 70년 이상이 지나서도 치유되지 않고 있다는 것을 말해주는 산증인이라고 할 수 있다. 이 문제는 일본 정부의 성의 있는 사죄와 반성 없이는 해결하기 어려운 문제이지만 2010년대 이후 일본의 우경화와 함께 정반대의 방향으로 가고 있는 것이 현실이다. 또한, 난징학살을 비롯한 동남아 각지에서의 양민 학살의 만행들, 3만 6천 명에 이르는 연합군 포로의 사망 등은 일본의 우익들이 강변하는 '아시아해방전쟁'의 실태가 얼마나 야만적이고 가혹한 것이었던가를 여실히 말해주고 있다.

한편 전쟁은 일본인들에게도 많은 상처를 남겼다. 1937년 중일 전쟁 발발부터 1945년 패전까지 일본군 전사자는 170만 명에 달한다. 이들 가운데 100만 명 이상이 마지막 1년간의 전쟁에서 죽었다는 것은 일본이 얼마나 무모한 전쟁을 계속했는지를 말해주고 있다. 또한, 관동군을 비롯한 만주에 주둔하던 일본군들은 모두 소련의 포로가 되어 혹한의 시베리아에서 강제노동으로 혹사당했으며, 약 6만 명이 포로수용소에서 사망했다. 이 역시 일본이 끝까지 버티는 사이에 소련의 참전 구실과 명분을 주었고, 그로 인하여 화를 자초한 것이라고 할 수 있다. 마찬가지로 미군의 일본 주요 도시에 대한 무차별 폭격으로 900만 명이 가옥을 잃고 20만 명 이상이 사망했으며, 두 발의 원폭으로 30만 명 이상이 사망하고 10만 명 이상이 원폭 후유증을 앓으면서 살아가야 했다.

일본이 세계에서 유일한 피폭국이라는 사실은 일본인의 평화주의에 대한 인식에도 영향을 미쳤다. 사실 침략전쟁을 일으킨 것은 일본이고 끝까지 항복하지 않고 최후의 결전을 하겠다는 각오로 임했기 때문에 두 발의 원폭과 소련의 참전을 불러왔다. 그런데 일본은 자신들이 일으킨 전쟁으로 인하여 아시아 민중들이 희생당한 부분에 대해서는 외면하고 두 발의 원폭과 시베리아 억류로 인한 자신들의 희생만을 기억하는 경향이 강하다.

중일 전쟁부터 패전까지 일본인 희생자는 민간인을 포함하여 250만 ~300만 명이라고 하지만 일본이 일으킨 전쟁으로 인하여 희생된 아시아 민중은 그 열 배에 달하는 2,500만 명이 넘는다. 그런데도 일본은 아시아에 대한 가해 책임의 의식이 희박하고 오히려 원폭으로 상징되듯이 전쟁의 피해자라는 인식이 강하다.

매년 8월 6일이 되면 히로시마에서는 원폭 희생자를 추도하는 행사와 함께 핵무기 사용 금지를 주장하는 평화운동이 세계적인 규모로 대대적으로 열리고 있다. 그러나 이러한 평화운동은 대체로 자신들이 유일한 피폭국이라는 인식을 바탕으로 하는 것이지, 일본이 일으킨 전쟁을 반성하는 인식에 바탕을 둔 것이 아니다. 그런 의미에서 일본의 평화운동은 공허한 평화주의에 지나지 않는 것이다.

7

연합국의
일본 점령과 냉전

일본은 패전 후 포츠담 선언에서 명시한 바에 따라 일본에 새로운 민주적인 정부가 수립될 때까지 약 7년간 연합국의 점령 지배를 받고 1952년 4월 28일에 주권을 회복했다. 오늘날 일본에서는 4월 28일을 '주권 회복의 날'이라고 한다.

일본의 점령 지배가 1952년에 끝난 배경에는 한국전쟁을 비롯하여 미국과 소련의 대립이 격화되는 냉전의 심화가 있었다. 냉전의 심화에 따라 일본의 군국주의적인 요소를 일소하고 일본을 민주화하겠다는 연합국의 목표는 대폭 수정되었고, 이로 인하여 연합국의 점령개혁은 불완전하게 끝난 '미완의 점령개혁'이 되어 버렸다. 특히 '미완의 점령개혁'으로 일본의 군국주의자들을 철저하게 응징하지 않았던 것은 과거의 침략전쟁을 반성하지 않는 일본의 역사 인식에도 영향을 미쳤다. 따라서 현대 일본의 왜곡된 역사 인식의 뿌리를 이해하기 위해서는 점령기 일본의 역사에 대한 이해가 불가결하다. 여기서는 연합군의 점령정책이 구체적으로 어떻게 전개되었으며, 그것이 냉전의 심화로 인하여 어떻게 방향 전환했는지를 중심으로 살펴보기로 한다.

| 하늘에서 내려온 맥아더 |

일본이 포츠담 선언을 수락하면서 전쟁은 끝났지만, 항복문서 조인이라는 형식적인 절차가 남아 있었다. 일본의 패전 당시 연합국의 최고사령관으로 임명된 맥아더는 아직 필리핀 마닐라의 미군 사령부에 있었다. 따라서 일본의 항복사절단은 항복 절차를 교섭하기 위해 마닐라로 가야 했다. 8월 19일 항복사절단의 대표로 마닐라로 간 가와베 도라시로(河辺虎四郎) 참모차장의 회상에 의하면, 만약 연합국 측이 항복 조인에 천황의 출석을 요구하면 그 자리에서 자결할 각오까지 했다고 한다. 그러나 가와베의 우려와 달리 연합국 측에서 항복문서 조인에 출석을 요구한 것은, 일본 정부의 대표와 일본 군부의 대표 한 명씩이었으며 그 밖에 회의에서 결정된 사항은 ①항복 조인식은 8월 31일, ②맥아더 사령관의 일본 도착은 8월 28일, ③미군 주력부대의 파견은 8월 26일이었다

그러나 태풍의 영향으로 전 일정이 2일씩 연기되어 맥아더 사령관이 도쿄 인근의 아쓰기(厚木) 공항에 도착한 것은 1945년 8월 30일이었다. 일본이 연합국에 포츠담 선언을 수락한 것은 8월 14일이지만, 연합국 최고사령관 맥아더가 8월 30일에 일본으로 부임하면서 보름 이상의 공백이 생겼다. 이 보름간의 공백이 일본에는 유리하게 작용했다. 일본은 연합국의 전쟁책임자 처벌에 대한 불리한 증거 자료들을 은닉하거나, 소각할 수 있는 시간을 벌 수 있었다.

옆의 사진은 맥아더가 아쓰기 공항에 도착하여 전용기 트랩에서 내려와 발을 땅에 대는 그 순간을 전속 카메라맨이 찍은 것으로 상당히 상징적인 의미가 있다. 이제까지 일본은 하늘에서 내려온 신의 자손인 천황이 지배했지만, 이제부터는 비행기를 타고 하늘에서 내려온 맥아더가 일본을 지배하게 된다는 것을 과시하기 위해 이 순간을 카메라에 포착한 것이다.

연합국의 점령조직과 초기의 점령정책

연합국의 일본 점령조직으로는 크게 극동위원회, 대일이사회, 그리고 연합국 최고사령부(GHQ)의 3가지가 있다. 극동위원회는 본부가 워싱턴에 있고 의장국은 미국이며 구성국은 미국, 영국, 소련, 프랑스, 중국, 네

일본 아쓰기 공항에 도착한 맥아더의 모습

덜란드, 호주, 인도, 뉴질랜드, 필리핀 등의 11개국 대표가 참가하고 있었다. 극동위원회의 주된 역할은 연합국의 기본방침을 미국에 전달하는 역할을 하는 것이지만, 실제로는 의장국인 미국의 의향이 거의 지배적으로 반영되고 있었다. 예컨대 극동위원회가 기본방침을 미국 정부에 전달하면 미국 정부가 이를 검토하여 연합국 최고사령부(GHQ)에 지령을 내리고 GHQ는 그 지령을 일본 정부에 권고하여 이를 실시하게 하는 일종의 간접통치 방식이었다. 대일이사회는 도쿄에 설치된 GHQ의 자문기관으로서 미·영·중·소의 4개국으로 구성되어 있으며, 여기서도 미국이 의장국으로서 주도권을 행사하고 있었다.

GHQ는 포츠담 선언을 집행하기 위해서 일본에 설치된 연합국의 최고 통치기관으로 정식명칭인 General Headquarters of the Supreme Commander for the Allied Powers의 줄인 말이다. 번역하면 '연합국 최고사령관의 총사령부'가 된다. GHQ의 총사령부는 1945년 10월 2일 도쿄 제일생명 빌딩에 설치되어 미국, 영국, 중국, 소련, 캐나다, 호주, 뉴질랜드를 비롯한 연합국 군대가 파견한 최대 43만 명의 점령군을 총괄하고 있었다.

GHQ의 초기 점령정책의 최대 목표는 일본의 비군사화와 군국주의적인 요소를 제거하고 일본을 민주화하는 것이었다. GHQ는 먼저 군국주의적인 요소를 제거한다는 목표를 실천하기 위해 9월 11일부터 도조 히데키를 비롯한 전쟁범죄자들을 체포하기 시작했다. 그리고 10월 4일에는 인권지령을 내려 정치적, 종교적 자유에 대한 제한을 철폐했다. 이로써 군국주의 시대에 악명을 떨쳤던 치안유지법이 폐지되고 10월 10일에는 정치범, 사상범들이 석방되었다. 그 이튿날에는 여성의 참정권, 교육의 민주화, 비밀경찰(특별고등경찰)의 폐지, 경제기구의 민주화(재벌해체와 농지개혁), 노동조합 결성의 장려를 골자로 하는 '5대 개혁 지령'을 내렸다. 그리고 이듬해 1946년 1월 4일에는 전쟁에 관여한 자가 공직 기관이나 특정한 직무에 임하는 것을 금지하는 '공직 추방령'을 내렸다. 이로써 군인이나 전시 중의 전쟁 협력자, 그리고 군국주의자 20만 명 이상이 공직에서 추방당했다.

이 밖에도 일본의 군사화와 군국주의적인 요소를 제거하기 위해 일본군을 무장해제하고 사용 가능한 무기를 모두 폐기 처분했으며, 군국주의 교육을 폐지하고 충혼탑과 같이 군인을 찬양하는 시설을 파괴했다. 문화면에서는 무사도와 관련된 영화나 가부키 연극도 금지했다. 특히 영화나 연극에서 복수극과 같은 내용은 철저한 검열로 걸러내고 있었다.

그리고 12월 15일 GHQ가 내린 신도지령으로 국가신도(國家神道)가 폐지되었다. 국가신도란 국가가 신도를 관리하는 시스템으로 천황의 조상신 아마테라스 오오카미를 모시는 이세신궁(伊勢神宮)을 정점으로 전국의 신사를 서열화하여 천황·황실과 관련이 있는 신사를 상위에 두고, 역사적인 충신들을 이에 버금가는 위치에 자리매김하여 국가가 이들 신사에 대하여 재정적인 지원을 하는 것이었다. 특히 국가신도에서 중요한 위치를 차지한 것이 야스쿠니 신사였다. 야스쿠니 신사는 천황을 위해 목숨을 바친 자들을 영령으로 모시는 곳으로서 국민의 천황에 대한 무조건 충성을 유도하는 장으로 활용해 왔다. GHQ는 이러한 야스쿠니 신사를 군국주의적인 요소의 핵심으로 보고 정치와 종교를 분리한다는 정교분리 원칙을 내세워 야스쿠니 신사를 종교 법인으로 바꾸고 이에 대한 국가의 재정적인 지원을 금지했다. 이것은 야스쿠니 신사 측에서 보면 철퇴와 같은 것이었다.

| 여성 참정권과 교육의 민주화 |

일본이 패전할 때까지 여성에게는 참정권이 없었다. GHQ는 일본 민주화의 일환으로 10월 11일 5대 개혁 지령에 '참정권 부여에 의한 일본 부인의 해방'을 포함시켰다. 그리고 11월 3일에는 패전 전부터 여성운동을 지도하던 이치가와 후사에(市川房枝)를 회장으로 하는 '신일본 부인동맹'이 창립되어 부인참정권 획득 운동을 전개했다. 이러한 움직임을 배경으로 12월 17일 개정 중의원 선거관리법 공포로 여성의 국정 참가가 인정되었다. 다만 여성의 지방 참정권은 1946년 9월 27일 지방 제도 개정으로 실현되었다. 그리고 1946년 4월 10일 전후 최초의 중의원선거에서 일본 최초로 여성 의원 39명이 탄생했다. 이것은 현재까지도 최고 기록으로 남아 있다.

근대 일본에서 여성의 지위가 얼마나 열악했는지는 전전과 전후를 비교해보면 확연하게 드러난다. 전전에는 남성에게만 호주권이 규정되어 있었지만, 전후에는 이러한 호주 규정을 없앴다. 또 혼인의 경우 25세 이하의 여성은 호주의 동의가 필요했지만, 전후에는 20세 이상은 부모의 동의가 불필요하다고 규정했다. 여성의 정조 의무에 대해서는 전전의 경우 아내의 간통은 이혼 사유가 되지만 남편은 간통죄의 적용이 없으며 이혼 사유가 되지 않았다. 이것은 일방적으로 여성에게 불리한 규정이었지만, 전후에는 아내든 남편이든 배우자가 부정행위를 하면 이혼이 가능해졌다. 재산에 대해서도 전전의 경우 남편은 아내의 재산을 관리하고 무상으로 사용한다는 규정이 있었지만, 전후에는 해당 조문을 없앴다. 친권에 대해서도 전전에는 일방적으로 부친에게 있었지만, 전후에는 양친에게 있는 것으로 바뀌었다. 상속에 대해서도 전전에는 직계 남자가 먼저 상속권을 가지는 단독상속이었지만 전후에는 남녀평등 상속으로 바뀌었다.

또한, 점령군은 일본의 민주화를 위해서는 교육의 민주화도 중요하다고 판단하여 미국 정부에 교육사절단의 파견을 요청했다. 이에 따라 두 차례에 걸쳐 미국의 교육사절단이 일본을 방문하고 그 보고서를 바탕으로 메이지 유신 이후 시행되어 오던 학제를 근본적으로 개조하여 초등, 중등, 고등교육 과정의 학교 교육제도를 새롭게 도입하고 6, 3, 3, 4의 학교 제도를 신설했다.

그리고 군국주의 시대에 천황에 대한 충성심을 키우는 데 중점을 두었던 수신(도덕)과목과 교육칙어를 폐지하고 교과서에 황국사관이나 국가주의적인 색채가 강한 내용은 검은 붓으로 내용을 지우고 사용하도록 했다. 이것을 '스미누리 교과서'라고 하는데, '스미'는 붓글씨를 할 때 사용하는 '묵(墨)'을 말하고 '누리(塗り)'는 칠한다는 의미니까 붓으로 칠한 교과서를 말한다. 붓으로 황국사관이나 국가주의를 고취하는 교과서의 내용을 지워서 사용한 것은 당시 물자가 극히 부족해서 교과서를 새로 만들 종이를 구하기도 쉽지 않았기 때문이었다.

| 정치범 석방 |

1945년 9월 26일, 치안유지법 위반 피의자를 숨겨준 혐의로 체포된 철학자 미키 기요시(三木淸)가 옥중에서 병사한 것은 GHQ에 커다란 충격을 안겨다 주었다. 그것은 곧 패전 후 1개월 이상이 지나서도 여전히 정치범들이 옥중에서 가혹한 억압을 받고 있다는 사실을 알게 되었기 때문이다.

실제로 패전 1개월이 지난 시점에서도 군국주의 시대에 악명을 떨치던 치안유지법과 특별고등경찰이 기능하고 있었다. 더구나 당시 일본 지배층의 의식도 전혀 바뀌지 않았다. 예를 들면 10월 3일 내무대신 야마자키 이와오(山崎巖)는 영국 기자와의 인터뷰에서 "현재로서는 정치범 석방은 전혀 고려하지 않고 있다"라고 하면서 치안유지법을 존속시키고 공산당원의 체포와 투옥을 속행한다는 취지를 표명했다. 이는 곧 구체제의 파탄에 대하여 일본 지배층의 자각이 얼마나 희박했는지를 잘 보여주고 있다.

내무대신이 위와 같은 발언을 한 이튿날 GHQ는 '정치적 · 민사적 · 종교적 자유에 대한 제한 철폐의 각서'를 일본 정부에 제시하고 내무대신의 파면을 요구했다. 당시 히가시쿠니노미야(東久邇宮) 내각은 GHQ의 요구를 도저히 감당하지 못하고 10월 5일 총사직했다. 그리고 10월 7일 GHQ는 옥중에 있는 공산당 간부 정치범 도쿠다 규이치(德田救一), 시가 요시오(志賀義雄), 야마베 겐타로(山辺堅太郎) 등을 심문한 후 10월 10일 공산당원 정치범 약 500명을 석방했다. 출옥한 당 간부들은 점령군을 '해방군'으로 부르면서 열렬하게 지지했다. 그러나 머지않아 냉전의 심화로 점령군이 다시 그들의 숨통을 조를 것이라고는 미처 예상하지 못했다.

| 재벌해체와 농지개혁 |

재벌해체는 침략전쟁의 경제적 기반이었던 재벌을 해체하여 군국주의적인 경제체제를 붕괴하기 위한 경제의 민주화 정책을 말한다. 1945년 9월 미국 정부가 발표한 '항복 후 미국의 대일 초기 방침'에서는 '일본의 상업 및 생산 상의 대부분을 지배해 온 산업 및 금융 상의 재벌해체를 촉진할 것'이라는 내용이 있었다. 이에 따라 1947년까지 재벌의 자산을 동결하고 '독점금지법'을 제정했으며 재벌이 지배하던 지주회사의 소유권과 지배권을 박탈했다.

그리고 미쓰이(三井), 미쓰비시(三菱), 스미토모(住友), 야스다(安田)로 대표되는 재벌 일족의 구성원과 지주회사의 임원, 감사 등을 산업계에서 추방했다. 그러나 재벌해체는 냉전체제가 심화하자 점령정책을 전환하면서 불완전하게 마무리되고 일본의 경제적 자립화를 추진하여 재벌이 부활하게 된다. 특히 재벌계 은행은 일본의 경제 재건을 위해서 해체되지 않고 기업집단을 형성하여 일본의 경제성장과 함께 경제계의 지배적인 지위로 복귀했다. 미쓰이은행, 미쓰비시은행, 스미토모은행 등이 대표적이라고 할 수 있다.

농지개혁은 점령군이 실시한 개혁정책 가운데 그나마 성공을 거둔 것으로 평가되고 있다. 농지개혁이 필요했던 이유는 소수의 대토지를 소유한 지주들이 도시에 거주하면서 소작인들의 노동력을 수탈하는 기생지주제로 인하여 농촌의 곤궁을 심화시켰고, 이러한 농촌사회의 궁핍은 일본의 대외침략에도 중요한 배경이 되었기 때문이다. 군국주의 시대에 군부는 만주와 중국을 침략하여 일본의 지배하에 두게 되면 국내 농촌의 곤궁을 해결할 수 있다고 믿었고, 궁핍한 생활에 시달리던 대다수 농민도 이를 지지하고 있었다.

따라서 점령군의 농지개혁은 기생지주제를 해체하고 자작농이 다수를 차지하는 안정된 농촌을 만들기 위한 것이었다. 이를 위해 GHQ는 일본 정부에 '농지개혁에 관한 각서'를 제시하여 "수 세기에 걸친 봉건적 압제하에서 일본 농민을 노예화한 경제적 질곡을 타파할 것"을 지시했다. 일본 정부는 이 지시에 따라 '농지개혁법'을 작성하고 1946년 10월에 이 법안을 성립시켰다. 법안의 내용은 기생지주를 일절 인정하지 않고 재촌지주의 소작지는 1정보('정보'는 넓이의 단위로 1정보는 약 3천 평)까지로 제한했으며 토지가 넓은 홋카이도는 예외로 그 4배인 4정보까지 허용했다. 그리고 이 제한을 넘는 토지는 정부의 농지위원회가 강제로 싼 가격에 매수하여 실제로 경작하고 있는 소작인들에게 염가로 양도했다.

농지의 매수와 양도는 1947년부터 1950년까지 시행되어 최종적으로 193만 정보의 농지가 237만 명의 지주로부터 매수되어 475만 명의 소작인에게 매도되었다. 이로써 전전 일본의 농촌을 특징짓던 기생지주제도가 완전히 붕괴하고 대량의 자작농이 탄생했다.

| 노동의 민주화 |

전전 일본의 노동자들은 상당히 열악한 상황에 있었다. 노동조합법 자체가 없었고 노동쟁의 정지법으로 인하여 노동쟁의도 할 수 없었으며 노동자에 대한 보호 행정이 없었기 때문에 저임금과 열악한 노동환경에서 일해야 했다. 따라서 노동의 민주화도 GHQ의 개혁정책 가운데 중요한 과제의 하나였다. GHQ는 1945년 12월 노동조합법을 공포하여 노동자의 단결권, 단체 교섭권, 쟁의권을 보장하고 이것을 1947년 5월부터 시행되는 새로운 일본국헌법에 명기했다. 또한, 1946년 9월에는 노동관계

조정법을 공포하여 노동쟁의의 자주적 해결이 원칙이라는 것을 명시하고 노동위원회에 의한 알선, 조정, 중재 등을 규정했다. 그리고 1947년 4월에 공포한 노동기준법에서는 노동자 보호를 위해 8시간 노동제 등 노동조건의 최저 기준을 제정하고 시간 외 노동의 제한, 임금 할증 등을 규정했다.

GHQ에 의한 노동의 민주화와 노동조합의 육성정책으로 노동조합이 급성장했다. 특히 전시 중에 탄압을 받던 공산주의자, 사회주의자, 무산운동가, 노동운동가 등이 활발하게 활동을 재개하여 노동조합에 의한 노동운동이 고조되었다. 1946년 노동조합원의 수는 국철 노조 50만 명, 체신 노조 40만 명, 민간기업 노조 70만 명에 관공서 노조까지 포함하여 총 400만 명 이상으로 팽창했다.

한편, 18년간 장기수로 복역하다가 1945년 10월의 정치범 석방으로 정치 활동을 재개한 일본공산당의 서기장 도쿠다 규이치(德田球一)는 대중연설에서 "데모만으로 내각은 무너지지 않는다. 노동자는 파업으로, 농민과 시민은 대중 투쟁으로 단호하게 요시다 내각을 타도해야 한다"라고 연설하여 노동자의 파업을 부추겼고 이로 인하여 각지에서 폭력행위를 수반하는 파업이 빈발하였다.

노동운동이 절정에 달한 것은 1947년 2월 1일 계획된 2·1 총파업이었다. 노동단체는 1월 15일 전국노동조합 공동투쟁위원회를 결성하고 2월 1일까지 자신들의 요구를 수용하지 않으면 무기한 파업하겠다고 정부에 통고했다. 만약 이것이 실행되면 철도, 전신, 전화, 우편 등이 모두 정지되어 정치상황의 불안과 사회불안의 만연을 초래할 수 있었다.

이렇게 긴박한 상황에서 GHQ가 개입하여 파업 중지를 명령했다. 공동투쟁위원장 이이 야시로(伊井弥四郎)는 GHQ의 명령을 단호하게 거부하고 계획대로 파업을 실행하겠다고 저항했다. 이에 대하여 GHQ는 마지막 카드로 1월 31일 맥아더가 직접 "현재의 쇠약한 일본에서 파업은 공공복지에 반하는 것이므로 이를 용납하지 않는다"라는 중지 명령을 공포하고 이이 공투위원장을 GHQ로 연행하여 NHK 라디오의 마이크 앞에서 직접 파업 중지 방송을 하도록 강요했다. 결국, 이이 위원장은 GHQ의 압력에 굴복하여 눈물을 흘리면서 파업 중지를 발표하게 된다. 이후부터 GHQ의 반정부적인 색채가 강한 운동에 대한 통제가 강화되고 그것은 곧 초기의 점령정책을 전환하는 '역코스 정책'으로 이어져 갔다.

| 군국주의자들의 공직 추방 |

GHQ는 군국주의 요소를 제거한다는 초기의 목표를 달성하기 위해 1946년 1월 4일 공직 추방의 지령을 내렸다. 정식명칭은 '공무 종사에 적합하지 않은 자의 공직에서의 제거에 관한 건'이다. 이 공직 추방령으로 전쟁범죄자, 육·해군 직업군인, 초국가주의 단체(우익단체) 등의 유력분자, 전쟁에 협력한 정치단체의 유력지도자, 해외금융기관과 개발 조직의 임원, 만주·대만·조선 등 점령지의 행정장관, 기타 군국주의자·초국가주의자 등이 정부나 민간기업의 요직에서 배제되었다. 이에 따라 1948년 5월까지 약 20만 명이 공직에서 추방되었다.

그러나 공직 추방은 점령 초기의 목표를 달성하지 못하고 불철저하게 끝나 버렸다. 예를 들면 관료에 대한 추방이 불철저해서 재판관 등의 보수 인맥이 다수 온존하였고 치안유지법을 무기로 인권을 침해하면서 악명을 떨쳤던 특별고등경찰은 공안 경찰로 부활했다. 그리고 전쟁에 협력한 국회의원의 8할이 추방되었지만 세습 후보나 비서 등이 지역구에 출마하여 당선되면서 의석을 유지했다. 그 후손의 일부는 현재까지도 일본의 보수 정당을 이끌어 오고 있다.

교육과 언론 부분에서는 전쟁 협력자들이 공직에서 추방당한 이후 좌익세력이 신장했지만 1948년 이후 냉전체제의 심화에 따라 점령군이 좌익을 공직에서 추방하고 이전에 추방했던 자들이 다시 공직으로 복귀하는 이른바 '역코스 정책'을 펼쳤다. 이로 인해 일본의 군국주의적인 요소를 제거한다는 초기 점령정책의 목표는 유명무실하게 되어 버렸다.

공직 추방이 불철저하게 끝난 것은 과거의 전쟁을 진지하게 반성하지 않는 일본의 왜곡된 역사 인식에도 영향을 미쳤다. 결국, 침략전쟁을 일으킨 자들이 제대로 처벌받지 않고 공직을 유지하거나, 그 후손들이 공직을 세습하면서 자신들이 일으킨 전쟁을 진지하게 반성하지 않고 오히려 정당화하는 결과를 가져왔다.

| 일본국헌법의 성립과정 |

점령군이 일본 민주화를 위해 거둔 성과 가운데 가장 커다란 업적은 대일본제국헌법을 폐기 처분하고 새로운 일본국헌법을 제정 공포한 것이었다. 대일본제국헌법의 개정 문제는 이미 포츠담 선언 제10항에서 "일본국 정부는 일본국 국민 사이에 민주적 경향의 부활 강화에 대한 모든 장해를 제거해야 한다. 언론, 종교 및 사상의 자유와 기본적 인권의 존중은 확립되어야 한다"라고 명시되어 있었으며, 이를 실현하기 위해서는 새로운 헌법을 제정하는 것은 불가결한 일이었다.

따라서 일본 정부로서도 점령군의 간섭을 배제하고 자체적으로 헌법을 개정하기 위해 10월 25일 헌법 문제 조사위원회를 설치하여 헌법 개정에 대한 검토를 시작했다. 그러나 헌법 문제 조사위원회의 위원장으로 취임한 국무대신 마쓰모토 죠지(松本蒸治)는 대일본제국헌법의 제1조 '만세일계' 천황의 주권, 제2조 직계 남손의 황위 세습, 제3조 천황의 신성 불가침, 제4조 천황의 통치권을 규정한 조항은 절대적으로 유지되어야 한다는 신념을 전제로 헌법 개정을 준비했다. 다시 말하자면 헌법은 개정하더라도 천황의 대권에 대해서는 변경을 가하지 않는다는 것을 기본 원칙으로 생각하고 있었다.

1945년 10월 9일 수상으로 취임한 시데하라 기주로(幣原喜重郎)도 기본 적으로 같은 인식을 하고 있었다. 73세의 나이에 수상이 된 시데하라가 취임 인사를 위해 10월 11일 맥아더 사령부를 방문했을 때, 맥아더는 시데하라에게 포츠담 선언을 실현하기 위해서는 수 세기에 걸쳐 일본 인민을 예속해 온 전통적인 사회질서를 개편하는 것이 중요하며 여기에는 의심할 여지도 없이 '헌법의 자유주의화'가 포함된다는 것을 강조했다.

이에 대하여 시데하라는 맥아더에게 미국이 지향하는 민주주의는 일본에서도 1920년대에는 일반적인 '조류'였지만 1931년 만주사변 이후 이러한 흐름이 바뀌었다고 하면서 이제 시국이 바뀌었기 때문에 이전의 '조류'가 다시 돌아올 것이라고 했다. 여기서 시데하라가 말하는 '1920년대의 조류'란 흔히 일본에서 말하는 '다이쇼 데모크라시'를 말한다. 시데하라는 일본에서도 다이쇼 시대에 민주주의적인 조류가 있었고, 이제 군국주의자들이 패배했으니 다시 민주주의적인 조류가 돌아올 것이라고 말한 것이다. 이는 곧 당시 시데하라 수상이 맥아더가 말한 '헌법의 자유주의화'를 제대로 이해하지 못했다는 것을 말해주고 있다. 그는 오로지 만주사변으로 군부가 독주를 시작하기 이전으로 돌아가면 민주주의가 실현된다고 생각하고 있었으며, 대일본제국헌법의 천황 대권을 비롯한 천황의 지위를 바꾼다는 것은 꿈에도 생각하지 않고 있었다.

이러한 인식은 맥아더가 생각하는 '헌법의 자유주의화'와 전혀 동떨어

진 것이었다. 맥아더가 생각한 헌법 개정의 골자는 1946년 2월 3일 GHQ
의 헌법 개정 프로젝트팀에 제시한 맥아더 3원칙에 잘 나타나 있다. 그 3
가지 원칙은 다음과 같다.

1. 천황은 국가 원수의 지위에 있다. 황위의 계승은 세습이다. 천황
   의 의무 및 권능은 헌법에 따라 행사되며 헌법이 정하는 바에 따
   라 국민의 기본적 의사에 응하는 것으로 한다.

2. 국가의 주권적 권리로서의 전쟁은 이를 포기한다. 일본은 분쟁 해
   결을 위한 수단으로써의 전쟁, 그리고 자기의 안전을 지키기 위한
   수단으로써의 전쟁도 포기한다. 일본이 육해공군을 가지는 권능
   은 장래에도 주어지는 일이 없으며 교전권이 주어지는 일도 없다.

3. 일본의 봉건제도는 폐지한다. 황족을 제외한 화족의 권리는 현재
   생존하는 자 일대 이상에 미치지 않는다.

맥아더는 GHQ의 헌법 개정 프로젝트팀에 자신이 제시한 위의 3가지
원칙을 골자로 일본국헌법 초안을 1주일 이내에 완성하라는 극비지령을
내렸다. 한 국가의 헌법을 이렇게 서둘러 만들라는 것은 좀 지나친 생각
이 들지만, 당시 맥아더로서는 헌법 개정을 서두르지 않으면 안 될 상황
에 있었다. 2월 26일부터 활동을 시작하는 극동위원회가 만약에 천황제
폐지를 요구하는 국제여론(특히 소련과 호주)을 대변해서 급진적인 개혁안
을 권고하게 되면 천황의 권위를 이용해서 점령통치를 원활하게 수행하
려는 맥아더로서는 치명적인 장해가 되기 때문이었다. 맥아더는 대다수
의 일본 국민이 여전히 숭배하는 천황을 전범으로 기소하여 도쿄재판에

부치면 일본 국민의 점령통치에 대한 반발이 거세질 것이고, 그것은 결코 자신의 점령통치에 유리하지 않다고 본 것이다. 따라서 맥아더로서는 극동위원회가 활동을 시작하는 2월 26일 이전에 서둘러 헌법 개정 초안을 만들어야 했다.

GHQ의 헌법 개정 프로젝트팀은 2월 4일부터 헌법 개정 초안 작성에 착수하여 2월 12일에 작업을 마쳤다. 작업을 하는 사이에 2월 8일 일본 정부가 마쓰모토 안을 GHQ에 제시했지만, GHQ는 이것을 거부하고 2월 13일 자신들이 작성한 헌법 개정 초안을 일본 정부에 제시했다. 그 가장 중요한 골자는 '맥아더 3원칙'의 첫 번째와 두 번째 내용에 따라 작성한 1조와 9조의 내용이다. 현행 일본국헌법 제1장 제1조의 천황의 지위에 관한 규정과 제2장 9조의 전쟁포기를 규정한 내용은 다음과 같다.

제1장 천황

제1조 천황은 일본국의 상징이며 일본 국민통합의 상징으로서 그 지위는 주권을 가지는 일본 국민의 총의에 의거한다.

제2장 전쟁포기(제9조)

① 일본 국민은 정의와 질서를 기조로 하는 국제평화를 성실하게 희구하며 국권의 발동인 전쟁과 무력에 의한 위협, 또는 무력의 행사는 국제분쟁을 해결하는 수단으로서는 이를 영구히 포기한다.

② 전항의 목적을 달성하기 위해 육해공군 기타 전력은 이를 보유하지 않는다. 국가의 교전권은 이를 인정하지 않는다.

GHQ가 이러한 내용을 골자로 하는 헌법 개정 초안을 일본 정부에 제시했을 때 외무대신 요시다 시게루는 1조의 천황의 지위 규정과 9조의 전쟁포기 조항을 보고 얼굴이 사색이 되어 도저히 받아들이기 어렵다고 했다. 제1조는 국민주권을 명시하여 천황의 지위가 심하게 축소되었기 때문이고 제9조의 일본이 전혀 무력을 보유할 수 없도록 규정한 전쟁포기 조항은 그야말로 국가의 안보를 보장할 수 없기 때문이었다.

이에 대하여 GHQ는 자신들의 헌법 개정안을 받아들이지 않으면 천황의 지위에 대해서도 보장할 수 없다고 강압적으로 나왔다. GHQ가 천황의 지위도 보장할 수 없다고 위협한 것은 천황의 전쟁 책임 문제와 밀접한 관계가 있다. 당시 연합국 가운데 특히 호주는 천황의 전쟁 책임을 추궁하면서 천황을 도쿄재판에 기소해야 한다고 주장하고 있었다. 따라서 GHQ는 일본 정부가 헌법 개정안을 수용하지 않으면 천황을 도쿄재판에 넘길 수도 있다고 암시하는 일종의 협박으로 수용을 강요한 것이다.

결국, 일본 정부는 2월 22일 GHQ의 헌법 개정안을 수용할 것을 각의에서 결정하고 영어로 작성된 헌법 개정안 원문을 일본어로 번역하는 작업에 들어갔다. 그 과정에서 영어와 일본어의 미묘한 차이로 시간이 걸려 4월 17일에 수정을 마친 헌법 개정 초안을 발표했다. 이후 8월 24일 중의원에서 헌법 개정안이 찬성 421명, 반대 8명으로 가결되고 10월 6일 귀족원에서 개정안이 가결되어 다시 중의원으로 송부된 후 11월 3일 정식으로 일본국헌법을 공포했다. 일본국헌법이 시행되는 것은 1947년 5월 3일부터였다. 이것이 지금까지 시행되어 오고 있는 일본국헌법이다.

| 대일본제국헌법과의 비교 |

대일본제국헌법과 일본국헌법의 가장 커다란 차이점을 보면 전자는 흠정헌법이며 후자는 민정헌법이다. 흠정헌법이란 군주가 제정한 헌법으로 군주국가에서 전제군주가 군주의 권력을 유보하고 어느 정도의 권리나 자유를 은혜적으로 인정하면서 제정한 헌법을 말한다. 이에 대하여 민정헌법이란 국민의 의사에 따라 제정한 헌법을 말한다. 물론 GHQ가 일본 국민의 의사를 반영하여 제정한 것은 아니지만 형식은 민정헌법의 형식을 취한 것이다.

주권에 대해서는 대일본제국헌법의 경우 제1조에 "대일본제국은 만세일계의 천황이 이를 통치한다"라고 하여 천황에게 주권이 있음을 명시하고 있다. 한편 일본국헌법에서는 제1조에 "천황의 지위는 주권을 가지는 국민의 총의에 의거한다"라고 하여 천황의 조항 속에 국민주권을 명시하고 있다.

개헌권은 대일본제국헌법에서는 천황에게 있었지만, 일본국헌법에서는 국회의 발의로 국민투표를 하게 되었다. 1990년대부터 일본의 우파 정치인과 우익들이 '전쟁포기' 조항을 고치기 위해 헌법 개정을 주장해오고 있지만 그렇게 간단한 일이 아니다. 헌법 개정을 실현하기 위해서는 먼저 국회에서 의석 3분의 2 이상이 헌법 개정을 위해서 국민투표를 하는 것에 대하여 찬성하면 국민투표를 실행하게 되고 여기서 과반수의 국민이 찬성해야 헌법 개정 작업에 착수할 수 있기 때문이다.

천황의 지위에 대해서는 대일본제국헌법에서는 천황이 통치권과 통수권을 독점하고 천황의 신성불가침을 규정하고 있지만, 일본국헌법에서 천황은 일본국과 국민통합의 상징으로 규정하여 정치적인 역할이 전적으로 배제되어 있다. 따라서 천황은 상징적인 의례 행위를 할 뿐이지 정치적인 발언이나 정치 개입은 할 수 없게 되었다. 예를 들어 만약 천황이 북한의 핵 문제에 대하여 발언하거나, 미국 대통령에게 일본의 안보를 위해 힘써 달라고 말한다면 이것은 헌법 위반으로 커다란 문제가 발생할 수 있다. 실제로 쇼와 천황(지금 천황의 할아버지)은 패전할 때까지 20년간은 대일본제국헌법하에서의 절대적인 군주로 군림했기 때문에 일본국헌법 시행 이후에도 각료들에게 정치적인 발언을 해서 물의를 일으킨 적이 종종 있었다. 그러나 이 경우에도 천황이 처벌받는 것이 아니고 천황의 정치적인 발언을 누설한 각료가 사임하거나 파면당하게 된다. 이러한 사실은 일본이 민주주의 국가로 바뀐 이후에도 여전히 천황은 예외적인 존재로 인식되고 있다는 것을 말해주고 있다.

국민의 권리에 대해서는 대일본제국헌법에서는 신민의 권리는 법률이 허용하는 범위 내로 한정되어 있었다. 이에 대하여 일본국헌법에서는 국민의 기본적 인권과 민주적 권리가 보장되어 있다. 덧붙여 말하자면 일본국헌법의 3대 원칙은 국민주권, 기본적 인권, 평화주의의 3가지이다. 평화주의는 제9조의 전쟁포기 조항이 있기 때문이다.

| 맥아더의 카리스마 |

1945년 점령군 사령관으로 부임할 당시 65세의 맥아더는 GHQ 총사령관으로 재임하는 6년간 일본의 최고 권력자로 군림하면서 자신의 이미지를 극도로 신비롭게 보이기 위해 평범한 일본인과는 전혀 접촉하지 않는 카리스마적인 모습을 연출했다. 맥아더는 6년간의 재임 기간 중 자신의 숙소인 미국대사관과 점령군 사령관의 사무실 이외에는 그 어디에도 가지 않고 판에 박은 생활을 했다고 한다. 매일 아침 10시경 아카사카(赤

坂)에 있는 자신의 숙소에서 GHQ 본부로 출근하여 오후 2시까지 근무하고 숙소로 돌아와 중식과 잠시 휴식을 취한 후 오후 4시경 다시 GHQ로 돌아와 오후 8시경 퇴근하는 생활을 매일같이 되풀이했다.

맥아더는 또한 극단적인 반공주의자로도 잘 알려져 있다. 맥아더의 반공주의는 천황제 존속을 기도하는 일본 지배층에는 커다란 행운이었다. 맥아더는 일본의 공산화를 막기 위해서는 천황을 도쿄재판에 넘기지 않고 지위를 유지하게 하여 일본 국민의 천황에 대한 뿌리 깊은 숭배심을 점령정책에 이용할 필요가 있다고 보았고, 일본 지배층은 맥아더의 반공주의를 이용해서 천황제를 지키고자 한 것이다. 그런 점에서 맥아더와 일본의 지배층은 냉전(반공)을 이용해서 자신들의 이익을 극대화한 것이고 그 최대의 수혜자는 전쟁 책임을 면책받은 천황이었다.

1945년 9월 29일 일본의 신문 1면에 공개된 사진은 당시 일본 사회에 커다란 충격과 파문을 던졌다. 이 사진은 9월 27일 천황이 도쿄의 미국 대사관으로 맥아더를 방문하여 회견하기 직전에 찍은 것이었다. 이제까지는 천황이 누군가를 만나러 가는 것은 있을 수 없는 일이었다. 그만큼 천황이 맥아더를 만나기 위해 몸소 길을 나선다는 사실 자체가 천황에게는 굴욕적인 경험이었다고 할 수 있다.

이 사진은 이러한 양자의 입장을 극명하게 보여주고 있다. 노타이의 카키색 군복을 입고 양손을 허리에 걸친 맥아더의 여유롭고 건장한 모습과는 대조적으로 모닝코트의 정장 차림을 하고 왜소한 체구에 긴장된 얼굴로 부동자세를 취하고 있는 천황의 모습은 승자와 패자의 모습을 상징적으로 보여주고 있다. 당시 40대 중반인 천황의 신장은 165센티미터이고 60대 중반인 맥아더는 180센티미터였다. 나이, 신장, 자세, 장소 등 사진에 비친 모든 점에서 천황은 열위에 있었다.

맥아더는 의도적으로 이 사진을 공개하기로 하고 GHQ를 통해서 각

맥아더를 만나기 위해 미국대사관을 방문한 천황의 모습

신문사에 배부하여 9월 29일 조간신문의 1면을 장식하게 했다. 이는 곧 점령정책에서 자신이 천황의 상위에 있다는 것을 일본인들에게 과시하기 위해 시각적으로 확인시켜주는 것이었다. 내무성은 이 사진이 천황의 존엄에 대한 불경이라는 것을 이유로 회수하려 했지만, GHQ가 이를 제지했다.

당시 맥아더의 전속 카메라맨이 남긴 증언에 의하면 3장의 사진을 찍었다고 한다. 처음 찍은 사진은 천황이 왼쪽 다리를 벌리고 있어 NG가났다. 두 번째는 맥아더가 눈을 감고 있어 또 NG가 나서 세 번째 찍은 사진이 이틀 후 신문에 실리게 되었다. 이 사진에 대해서 미국의 일본사 연구자 존 다워(John D. Dower)는 또 한 가지 중요한 사실을 지적하고 있다. 즉, 대부분 일본인은 이 사진을 두고 일본의 패배와 미국의 지배를 실감하는 순간이라고 말해왔지만, 그들이 간과하고 있는 것은 이 사진이 동시에 맥아더가 천황을 환대하고 있으며 '천황의 옆에 서 있다'라는 것을 명확히 시사하고 있다는 사실이라고 했다. '천황의 옆에 서 있다'라는 영어의 표현 'stand by him(the emperor)'은 '언제라도 천황의 힘이 된다'라는 의미를 포함하고 있다는 것이다. 사실 맥아더는 천황이 도쿄재판에 기소되는 것을 막아주었고 상징 천황으로 그 지위를 유지하도록 만들어준 최대의 조력자였다.

| 천황의 전쟁 책임 발언의 진위 |

천황과 맥아더가 사진을 찍은 후 단 한 명의 통역이 입회하여 약 40분간 회견이 이루어졌다. 당시 회견 내용은 통역을 맡았던 오쿠무라 가쓰조(奧村勝三)가 외무성으로 돌아와 기록해 두었지만, 맥아더와 천황은 회견 내용을 공개하지 않기로 합의했기 때문에 오랫동안 극비에 부쳐졌다. 오쿠무라가 기록한 회견 내용의 문서가 공개된 것은 두 사람이 모두 세상을 떠나고도 한참이 지난 2002년의 일이었다.

천황과 맥아더의 회견에 대하여 세간에서 초미의 관심을 끈 것은 과연 천황이 전쟁 책임에 관하여 어떤 발언을 했을까 하는 점이었다. 다만 주변에서는 모든 책임은 자신이 지겠다고 한 천황의 '헌신적인' 자세에 맥아더가 감동했다는 출처가 불분명한 소문이 나돌 뿐이었다. 그런데, 회견 내용을 비밀에 부치자고 한 약속을 먼저 깨트린 것은 맥아더였다. 1964년 맥아더가 사망하기 직전에 간행된 『맥아더 회상기』에는 천황이 맥아더에게 모든 책임은 자기 자신에게 있다고 말했다는 내용이 있다. 이 구절은 오늘날까지도 일본인들에게 가장 진실로 믿고 싶은 감동적인 부분으로 기억되고 있다. 회상기의 내용을 중요한 부분만 옮기면 다음과 같다.

> 내가 미국제 담배를 권하자 천황은 예의를 표하고 담배를 받았다. 담배에 불을 붙여줄 때 나는 천황의 손이 떨리고 있는 것을 알았다. … 천황이 느끼는 굴욕의 고통이 얼마나 심한 것인지를 나는 잘 알고 있었다. … 나는 천황이 전쟁범죄자로 기소되지 않도록 자신의 처지를 호소하지나 않을까 불안을 느꼈다. 연합국의 일부, 특히 소련과 영국에서는 천황을 전쟁범죄자에 포함하라는 목소리가 상당히 강하게 나오고 있었다. 실제로 이들 국가가 제출한 최초의 전범 리스트에는 천황이 필두에 기록되어 있었다. … 그러나 나의 불안은 근거가 없는 것이었다. 천황의 발언은 다음과 같은 것이었다. "나는 국민이 전쟁을 수행하는 데 있어서 정치, 군사 양면에서 행한 결정과 행동에 대한 모든 책임을 지는 자로서 나 자신을 당신이 대표하는 연합국의 재결에 맡기기 위해 찾아왔습니다." 나는 커다란 감동에 휩싸였다. 죽음을 수반할 정도의 책임, 그것도 내가 알고 있는 모든 사실에 비추어 명백하게 천황에게 지게 할 수 없는 책임을 지려고 하는, 이 용기에 가득 찬 태도에 나는 골수에 사무치는 깊은 감동을 받았다.

『맥아더 회상기』는 맥아더와 천황의 첫 회견 후 19년이 지난 1964년에 간행된 것이며, 당시 맥아더의 나이는 84세였다. 그만큼 고령이 된 맥아더의 기억이 정확한지 의심되는 부분이라 할 수 있다. 맥아더는 소련과 영국이 천황의 전쟁 책임 문제를 거론하고 있었다고 했지만, 영국은 같은 입헌 군주국가로서 천황의 책임을 추궁하지 않았다. 그리고 소련이 천황의 전쟁 책임을 거론하기는 했지만, 천황을 필두로 한 전범 리스트를 제출한 적은 한 번도 없었다. 호주가 천황을 전범 리스트에 포함하여 도쿄재판의 국제검찰국에 제출한 것은 맥아더가 천황과 회견한 이듬해 2월 5일의 일이었고 미국 정부가 최종적으로 천황의 불기소를 결정한 것은 이듬해 4월의 일이었다. 따라서 맥아더는 사실의 전후 관계를 정확하게 기억하지 못한 채 천황이 '굴욕의 고통'을 느꼈으리라고 생각되는 장면을 의도적으로 강조하고 자신이 천황을 구제해 준 것처럼 과장하여 이 장면을 기술했다고 볼 수밖에 없다. 실제로 회상기 간행 이후 내용 전체에 대하여 많은 군사 전문가들이 역사적 사실과 부합하는지 검증한 결과, 사실관계에서 과장과 허위가 많다는 점이 지적되고 있다.

맥아더와 천황의 회견 당시 통역을 맡았던 오쿠무라는 외무성으로 돌아와 곧바로 회견 내용을 2부 작성해서 한 부는 외무성에 보관하고 또 한 부는 궁내청에 보관했다. 그것이 기밀정보공개법에 따라 2002년 10월 17일 먼저 외무성에 보관 중이던 회견문서가 공개되었을 때, 맥아더 회상기에 적힌 것과 같은 천황의 헌신적인 자세를 보여주는 내용은 없었다. 그 1주일 후인 10월 24일에는 나머지 궁내청에 보관하고 있던 문서도 공개했지만, 외무성의 문서와 전적으로 일치하는 내용이었다. 그런데도 맥아더 회상기의 허구는 오늘날까지도 일본인(특히 우익)들에게 국민을 위해 자기 자신을 희생한 헌신적이고 위대한 천황으로 기억하는 중요한 근거가 되고 있다.

| 도쿄재판 |

점령군의 불철저한 점령개혁은 도쿄재판에서도 엿볼 수 있다. 도쿄재판의 정식명칭은 극동국제군사재판(The International Military Tribunal for the Far East)이며 1946년 5월 3일부터 1948년 11월 12일까지 약 2년 반에 걸쳐 연합국이 전쟁 범죄인으로 지명한 일본의 전쟁 지도자들을 처벌한 일심제 군사재판을 말한다. 도쿄재판에서는 관동군이 만주사변을 일으킨 1931년부터 일본이 항복문서에 조인한 1945년 9월 2일까지의 사이에 일본의 전쟁 지도자들이 '침략전쟁'을 공동 모의한 죄를 추궁했다.

도쿄재판에서 특히 주목을 모은 것은 'A급 전범' 28명에 대한 판결이었다. 이 가운데 재판이 진행되는 도중에 1명은 정신병원으로 이송되고 두 명은 병사하여 최종적으로는 25명에 대한 판결이 1948년 11월 4일부터 12일까지 진행되었다. 판결문이 1,212쪽에 달하는 워낙 방대한 분량이어서 판결문을 읽는 데 1주일이나 걸렸다. 11월 12일의 최종 판결에서는 25명 전원에게 유죄판결을 내리고 이들 중 7명이 교수형, 16명이 종신형, 그리고 2명이 유기 금고형을 받았다.

이후 일본 정부는 1951년 10월에 체결한 대일평화조약(샌프란시스코강화조약) 제11조에서 도쿄재판에서의 '판결(the judgments)'을 수락하고 국제사회로 복귀했다. 여기서 일본이 도쿄재판에서의 판결을 수락했다는 것은 연합국이 일본의 전범을 처벌한 것에 대하여 이의가 없다는 것을 전제로 연합국과의 사이에 강화조약을 맺고 국제사회로 복귀한 것을 의미한다. 그런데, 일본의 우익들은 아직도 도쿄재판은 '승자의 재판'이라고 비판하고 있으니, 이것은 국제사회와의 약속을 저버리는 행위와 같다고 할 수 있다.

| 미국의 전범재판 방침 |

미국은 전쟁이 종결되기 전부터 이미 일본의 패전을 전제로 전후 처리 문제를 검토하고 있었다. 1944년 12월에는 일본 점령에 관한 정치적·군사적 문제를 검토하는 상부 기관으로 국무·육군·해군의 3성 조정위원회(State-War-Navy Coordinating Committee: SWNCC)가 설립되었다. 그리고 이듬해 1월에는 SWNCC의 하위 조직으로 극동소위원회(Subcommittee for the Far East: SFE)를 설립했다.

먼저 SWNCC가 SFE에 대일정책에 대한 검토·분석을 지시하면 SFE는 이를 검토·분석하여 그 결과를 SWNCC에 보고하고, 여기에 수정이 필요한 부분이 있으면 SWNCC는 다시 SFE로 재검토를 지시하는 절차가 되풀이된다. 이렇게 해서 최종안이 작성되면 화이트하우스의 재가를 받고 최종적인 지령을 내리게 되는 시스템이었다. 일본 패전 후 전범재판 방침에 대해서도 SFE에서 검토한 내용이 SWNCC로 보고되고 여기서 다시 여러 차례의 검토가 이루어지며, 그때마다 문서 번호를 붙이게 된다. 예를 들면 1945년 8월 9일 SFE의 보고서 'SFE 106'의 '106'은 문서의 일련번호를 말한다.

문서 'SFE 106'은 제2차 세계대전 후의 독일에 대한 정책을 답습하여 '공동모의'에 대한 전범 기소를 만주사변까지 소급할 것, 그리고 일본은 나치와 같은 조직적인 박해행위가 없었기 때문에 인도(人道)에 대한 죄를 물을 수 없다는 내용이었다. '인도에 대한 죄'는 뒤에 다시 설명하겠지만 일본에 인도에 대한 죄가 없다고 한 것은 명백한 오류라고 할 수 있다.

일본이 패전한 직후의 8월 24일 'SWNCC5 7/1' 문서에서는 전범은 점령군이 직접 체포할 것, 전범 용의자가 자살로 인하여 순교자가 되는 것을 막을 것, 연합국 간의 평등성을 보장하여 각국에서 수석 판사를 낼 것, 그리고 판결의 권한은 연합군 최고사령관 맥아더에게 부여할 것 등의 내용이 실려 있었다.

이어서 미국은 10월 2일 'SWNCC 7/3'의 지령으로 맥아더에게 전범재판 설치를 준비할 것을 지시했으며, 12월 6일에는 미국의 수석 검사 조셉 키난(Joseph Berry Keenan)이 일본에 도착했다. 그 이튿날 맥아더는 키난 검사에게 재판의 조기 개정과 도조 히데키 내각의 관련자들을 기소할 것을 명령했다. 맥아더의 지시를 받은 키난은 12월 8일 GHQ에 국제검찰국(International Prosecution Section: IPS)을 설치하고 피고인 선정 작업에 들어가 1946년 1월 최종적으로 피고인 28명을 확정했다.

그리고 이듬해 3월 2일 설립된 국제검찰국 집행위원회는 키난 수석 검사를 비롯하여 영국의 차석 검사, 그리고 소련, 호주, 뉴질랜드, 캐나다, 중국, 프랑스, 네덜란드, 인도, 필리핀의 파견 검사들로 구성되었다. 4월 5일 국제검찰국 집행위원회에서 발표한 기소장 안에서는 '평화에 대한 죄'의 공동모의를 1931년부터 1945년까지의 '전반적 공동모의'와 만주사변, 중일 전쟁, 3국 동맹, 연합국에 대한 전쟁에 대한 '개별적 공동모의'로 분류하고 있었다. 그리고 55개 항목의 범죄 사항은 크게 '평화에 대한 죄'(1~36), '살인'(37~52), '통상의 전쟁 범죄' 및 '인도에 대한 죄'(53~55)의 3가지로 분류하고 있었다.

국제검찰국이 이상의 안을 바탕으로 기소장을 제출한 1946년 4월 29일은 쇼와 천황의 생일이었다. 또한, 1948년 도쿄재판 최종 판결에서 사형판결을 받은 'A급 전범' 7명의 형을 집행한 12월 23일은 황태자의 생일이었다. 우연의 일치라고 보기 어려울 정도로 의도성이 엿보이는 부분이다. 천황의 생일에 천황의 충신들을 기소하고, 황태자의 생일에 천황의 충신들을 형 집행한 것은 다시는 전쟁을 일으키지 말라는 일종의 경고장이었다고 할 수 있을 것이다.

| 전범의 분류 |

도쿄재판에서는 전범을 A급, B급, C급으로 분류하고 있다. 극동 국제 군사재판소의 조례는 영어 원문으로 작성되어 있고 a, b, c의 순으로 a. 평화에 대한 죄(Crimes against Peace), b. 통상의 전쟁 범죄(Conventional War Crimes), c. 인도에 대한 죄(Crimes against Humanity)가 기재되었다. 따라서 a 항목의 '평화에 대한 죄'로 기소된 자들을 'A급 전범'이라고 부르는 것이다. a, b, c의 항목별 내용을 보면 다음과 같다.

a. 평화에 대한 죄
침략전쟁 또는 국제조약, 협정·서약에 위반되는 전쟁의 계획·준비·개시, 또는 수행, 그리고 이러한 각 행위의 달성을 목적으로 하는 공동계획 또는 공동모의에 관여한 자.

여기서 '평화에 대한 죄'라는 것은 침략전쟁을 일으킨 책임을 묻는 것으로, 당연히 여기에는 전쟁터에서 전쟁을 수행한 일반 병사들은 포함되지 않는다. 전쟁을 일으키는 것은 일반 병사들이 아니라 국가의 지도자들이기 때문이다. 따라서 'A급 전범'에는 전쟁을 일으켰을 당시에 '공동모의'에 가담한 수상과 각료, 그리고 군 수뇌부가 여기에 해당한다.

b. 통상 전쟁 범죄
전쟁 법규 또는 관례 위반, 점령지 안에서의 일반 인민의 살해·학대·노예노동 기타 목적을 위한 이송, 포로나 인민 살해, 또는 학대, 인질 살해, 공사(公私)의 재산 약탈, 도시와 농촌의 자의적 파괴, 또는 군사적 필요에 따라 정당화되지 않는 황폐화를 포함한다.

여기서 '통상 전쟁 범죄'는 전쟁터나 점령지의 사령관을 비롯한 군 지휘관을 포함하여 포로나 민간인을 살해하거나 학대한 일반 병사들까지 포함되어 있다. 난징학살 당시 사령관이었던 마쓰이 이와네는 처음에는 'A급 전범'으로 기소되었지만, 재판에서는 b 항목을 적용하여 교수형으로 처벌받았다.

c. 인도에 대한 죄
국가 또는 집단에 의해 일반 국민에 대하여 자행된 모살, 절명을 목적으로 한 대량살인, 노예와 포로 학대 등의 비인도적 행위

'인도에 대한 죄'는 주로 나치 독일이 자행한 유대인 학살이 그 대표적인 사례라 할 수 있다. 일본의 전쟁 범죄에 대해서는 이 항목을 적용하지 않았던 것도 도쿄재판의 문제점으로 지적되고 있는 부분이다. 난징학살은 물론이고 731 군부대의 인체실험 등은 명백히 인도에 대한 죄에 포함되는 것이기 때문이다.

| 전범 지명과 체포 |

GHQ는 1945년 9월 11일부터 1948년 7월 1일까지 도조 히데키를 비롯한 40명을 포함하여 2,636명의 체포영장을 발부하고 2,060명의 용의자를 체포하여 기소했다. 9월 11일 1차 전범 지명으로 체포된 도조 히데키는 체포 직전에 피스톨 자살을 꾀했지만, 총알이 심장을 빗나가 미수에 그치는 해프닝이 있었다. 다행히 체포하러 간 군사경찰 가운데 도조와 같은 혈액형을 가진 병사가 있어 긴급 수혈로 도조는 목숨을 건질 수

있었다. 전진훈에서 '포로가 되는 치욕의 오명을 남기지 말라'라고 훈시한 도조가 체포 직전에 자살 미수에 그치고, 또 전쟁 당시 적이었던 미군의 피를 수혈받아 목숨을 건졌다가 다시 미국이 주도하는 재판에서 교수형 판결을 받고 형장의 이슬로 사라졌다는 것은 참으로 아이러니한 희극이었다.

1차 전범 체포에는 도조를 비롯하여 주로 도조 내각의 각료와 필리핀 방면군 관계자들이 포함되었다. 도조 내각의 각료로는 도고 시게노리 외상, 가야 오키노리(賀屋興宣) 대장대신, 기시 노부스케(岸信介) 상공대신 등이 포함되었고, 필리핀 방면군 관계자로는 혼마 마사하루(本間雅晴) 육군 중장이 포함되었다. 혼마 중장은 1941년 일본이 남방작전으로 필리핀을 공략할 당시의 사령관으로서, '바탄 죽음의 행진'에서 많은 포로가 죽은 것에 대한 책임을 물어 필리핀 마닐라의 군사 법정에 송환되어 총살형을 받았다.

2차 전범 지명에는 주로 육군 상층부 11명과 정치인 3명이 포함되었다. 정치인 가운데 마쓰오카 요스케(松岡洋右)는 외무대신으로 독일, 이탈리아와 삼국동맹을 추진한 책임자로 체포되었지만, 도쿄재판 도중에 옥중에서 병사했다. 3차 전범 지명에서는 육군 고관과 정·재계   인사 59명이 포함되었으며, 4차 전범 지명에서는 정치인과 해군 장성 14명이 포함되었다. 4차 전범으로 지명된 사람 가운데 주목되는 인물은 기도 고이치(木戸幸一) 내대신과 고노에 후미마로 전 수상이다. 기도 고이치는 천황을 지척에서 보필하는 최측근으로서 1941년 도조 히데키를 수상으로 추천한 책임을 물어 전범으로 체포했다. 그리고 고노에는 중일 전쟁 당시 수상으로 그 책임을 물어 체포영장을 내렸다. 고노에는 출두하기 전날 밤 청산가리를 마시고 음독자살했다. 고노에는 명문 집안의 귀족 출신으로 상당히 자존심이 강한 사람이었기 때문에 도쿄재판에 회부되는 것 자체에 견딜 수 없는 수치심을 느꼈을 것이다.

고노에 외에도 전범 지명을 받고 자결한 사람들이 있다. 고노에 내각과 도조 내각에서 후생대신을 역임한 육군 군의 중장 고이즈미 치카히코(小泉親彦)는 9월 11일 전범 지명을 받고 향년 61세로 할복 자결했다. 같은 고노에 내각과 도조 내각의 문부대신을 역임한 하시다 구니히코(橋田邦彦)는 원래 생물학자이자 의학박사였지만 전범 지명을 받고 향년 63세의 나이에 음독자살했다. 이 밖에도 오키나와 전투 당시 오키나와 주둔 제28사단의 사단장이었던 노우미 도시로(納見敏郎) 육군 중장은 12월 2일 전범 지명을 받았지만 이에 응하지 않고 그 이튿날 오키나와로 건너가 거기서 자결했다. 또 관동군 사령관과 시종무관장을 역임한 육군대장 혼죠 시게루(本庄繁)는 11월 19일 전범 지명을 받고 그 이튿날 할복 자결했다. 향년 70세였다.

이들은 모두 도쿄재판의 법정에서 재판받기를 거부하고 죽음을 선택한 것이지만, 대부분 패전 후 1달이나 그 이상이 지나서 전범 지명을 받고서야 자결했다는 것은 석연치 않은 부분이다. 패전 막바지까지 본토 결전을 주장하던 아나미 육군대신은 패전 직후 무인으로서의 책임을 지고 할복 자결했으며 스기야마 하지메(杉山元) 육군 원수는 자신의 가슴에 3발의 피스톨을 쏘고 자결했다. 다만 스기야마는 패전 직후 육군 내부의 혼란을 수습해야 한다는 책임감으로 혼란이 수습된 후 9월 12일에 자결했다. 이들은 전범으로 지명받기 전에 스스로 결단을 내리고 목숨을 끊은 것이다. 이들에 비하여 전범 지명을 받고서야 비로소 자결했다는 것은 만약 전범으로 지명되지 않았다면 속죄하는 마음도 없이 연명했을 것이라는 생각이 드는 것이다.

| 'A급 전범'의 처형 |

도쿄재판에서 재판을 받은 'A급 전범' 28명 가운데 교수형으로 처형당한 사람은 7명이다. 이 가운데 육군이 6명이고 문관은 유일하게 중일전쟁 당시 외무대신을 역임한 히로다 고키(広田弘毅) 1명이었다. 히로다는 문관이지만 난징학살 당시 외무대신으로서 사건을 막지 못한 책임을 물은 것이다. 육군이 6명이라는 것은 그만큼 일본의 침략전쟁에서 육군이 주도권을 행사했다는 것을 의미한다. 전체적으로 보더라도 'A급 전범' 가운데 육군이 12명인 데 비하여, 해군은 3명이다. 그리고 대신 및 관료 출신자가 6명, 외교관 5명, 민간인 2명이었다. 이들 가운데 해군의 나가노 오사미(永野修身)와 외교관인 마쓰오카 요스케는 재판 도중에 병사했고, 민간인인 우익사상가 오가와 슈메이(大川周明)는 재판 도중에 정신 발작을 일으켜 정신병원으로 보내면서 기소를 면제했기 때문에 최종적인 판결은 25명에게 내려졌다. 25명에 대한 판결 내용은 7명 교수형, 16명 종신형, 2명 유기금고였다.

'A급 전범' 7명에 대한 교수형은 1948년 12월 23일 0시부터 약 35분간에 걸쳐 집행되었다. 처형 장소는 전범들이 갇혀 있던 도쿄의 스가모 형무소였다. 이곳은 1952년 일본이 주권을 회복한 후 철거했으며, 지금은 이곳이 재개발되어 선샤인시티라는 고층 건물과 히가시이케부쿠로 중앙공원이 들어서 있다.

처형된 7명의 유체는 요코하마의 화장터에서 화장한 후 미군이 요코하마 앞바다에 뿌렸다. 처형당한 전범들의 유골을 남겨두면 이들을 순국자로 생각하는 우익들이 묘를 만들어 성지로 삼을 우려가 있기 때문이었다. 그러나 역시 점령군이 우려한 현상이 실제로 일어났다. 7명의 시신을 한데 모아서 화장할 때, 미군 감시병들이 잠시 한눈을 파는 사이에 입회한 전범의 변호인이 7명의 유골이 섞인 유해 일부를 은밀하게 회수해서 요코하마의 가까운 절에 보관했다. 이것이 발각되면 점령군이 몰수해서 다시 바다에 버릴 가능성이 있으므로 1949년 5월에는 다시 은밀하게 이즈(伊豆)반도의 산중에 옮겨 보관했다.

1952년 일본이 주권을 회복하고 점령군이 철수한 후 일본은 1953년 'A급 전범'으로 처형된 7명에 대하여 '공무사(公務死)'를 인정하여 명예를 회복시켜주었다. '공무사'가 인정되면 일종의 순직과 같은 의미가 있어서 유족들에게 원호금을 지급할 수 있게 되었다.

이후 이즈반도의 산중에 숨겨 두었던 7명의 유골은 1960년 아이치현 산가네산(三ヶ根山)으로 이장하여 공식적으로 '순국지사'로 미화하였다. 7명을 합장한 분묘 앞에는 '순국칠사묘'라는 글이 새겨진 커다란 석비가 세워져 있다. 이것은 당시 수상 기시 노부스케의 휘호로 만든 것이다.

이 밖에 나머지 전범에 대해서도 명예 회복이 이루어졌다. 1952년 주권 회복 후 스가모 형무소에 있던 나머지 전범에 대한 전국적인 사면 운동에 4천만 명이 서명하고, 중의원 본회의에서 '전쟁 범죄에 의한 수형자의 사면 등에 관한 결의'가 가결되었다. 이후 1956년 3월의 시점에서는 옥중에서 병사한 4명을 제외한 나머지 14명 전원이 가석방되었다. 이들 가운데 7명은 처형된 7명의 전범과 함께 1978년 야스쿠니 신사에 합사되었다. 야스쿠니 신사는 이들 14명을 은밀하게 합사했지만, 이듬해 《아사히신문》의 특종으로 커다란 물의를 일으켰다. 'A급 전범'의 야스쿠니 신사 합사는 오늘날까지 한일, 중일 간에 역사 인식 문제에 갈등을 일으키는 데도 중요한 요인 가운데 하나가 되었다. 도쿄재판에서 전범으로 처벌을 했음에도 불구하고 이들을 야스쿠니 신사에 합사하여 순국 지사로 미화하는 것은 과거의 침략전쟁을 반성하지 않고 여전히 정당화하는 역사 인식과도 전혀 무관하지 않은 것이다.

| 기타 'A급 전범' 용의자들 |

일본이 침략전쟁에 대한 반성이 부족한 것은 'A급 전범' 용의자로 체포되거나 공직에서 추방되었다가 점령군의 역코스 정책으로 공직에 복귀한 인물들의 행적을 보더라도 알 수 있다. 대표적인 인물의 사례를 보면 아오키 가즈오(青木一男)는 패전 전 기획원 총재와 도조 내각의 초대 대동아대신을 역임한 인물로 1948년 가석방된 후 공직 추방에서 해제되면서 정계로 복귀하여 1952년부터 4회에 걸쳐 중의원에 당선되었다. 아오키는 특히 1960년대부터 1970년대 전반에 걸쳐 야스쿠니 신사 국유화 운동을 주도한 인물이다.

오가타 다케도라(緒方竹虎)는 패전 전 국무대신 겸 정보국 총재를 지낸 인물로 1945년 10월 'A급 전범' 용의자로 지명되어 공직에서 추방되었다가 1951년 공직 추방 해제 이후 3회 연속으로 중의원에 당선되었다. 그는 당선 후 요시다 내각의 관방장관으로서 미국 CIA와 접촉하여 일본 정계의 정보를 제공하는 대가로 일본판 CIA를 만들 것을 목적으로 약 4만 달러의 자금 원조를 받기도 했다.

쇼리키 마쓰다로(正力松太郎)는 패전 전 내각의 고문과 귀족원 의원을 역임했으며, 1945년 10월 'A급 전범'으로 지명되어 스가모 형무소에 수감되었다가 1947년 9월 불기소로 석방되었다. 이후 1952년 일본 TV 초대 사장으로 취임하고, 1955년 중의원에 당선되었으며 국무대신을 역임했을 뿐만 아니라 요미우리신문 사주, 요미우리 TV 방송 회장 등을 지낸 인물이다.

기시 노부스케(岸信介)는 도조 내각의 상공대신으로 'A급 전범' 용의자로 수감되어 있다가 1948년 12월 23일 7명의 'A급 전범'이 처형된 이틀 후 맥아더 사령관의 크리스마스 특사로 석방되어 공직에 복귀했다. 기시는 1956년부터 9회 연속으로 중의원에 당선되었으며 56대와 57대 수상을 역임하고 향년 91세로 수를 누렸다. 기시는 자신의 회고록에서 "미국을 중심으로 한 연합국의 점령정책의 기조는 전쟁 책임을 모두 일본인이 지게 하여 일본 국민이 오늘날 받는 곤궁이나 굴욕은 모두 자업자득이라는 것을 주입하는 데 있었다"라고 말하고 있다. 이것만 보더라도 전쟁 책임을 반성하지 않는 기시의 인식이 잘 드러나고 있다고 할 수 있다.

사사가와 료이치(笹川良一)는 패전 전에 우익활동을 하고 중의원을 지낸 인물로, 패전 후 'A급 전범' 용의자로 수감되어 있다가 1948년 기시 노부스케와 함께 가석방되었다. 이후 음으로는 CIA의 정보원으로 활동하면서 애국단체를 결성하고 전범 구제 활동을 했으며 재단법인 일본 선박 진흥협회 회장을 역임하기도 했다.

고다마 요시오(児玉誉士夫)는 전전에 우익활동을 하면서 특히 중국과 만주에 주둔하는 일본군에 군수물자를 조달하는 사업으로 큰돈을 벌었다. 그는 1946년 1월 'A급 전범' 용의자로 수감되었다가 1948년 12월 석방된 후 사사가와 료이치와 마찬가지로 CIA의 정보원 노릇을 하면서 일본 정계의 흑막으로 활약했다. 1975년 다나카 가쿠에이 수상이 5억 엔의 뇌물 수수 혐의로 검찰에 체포되는 사건의 배후에 고다마가 있었다는 것은 잘 알려진 사실이다. 2007년에 기밀 해제된 미국 CIA의 대일본 기밀문서에서는 당시의 고다마를 "거짓말에 프로, 악당, 사기꾼, 대도둑. 정보 공작을 할 수 있는 능력은 전혀 없고 돈벌이 이외에는 관심이 없는 인물"로 평가하고 있다.

이상은 그 대표적인 인물만 예를 들었지만, 나머지 'A급 전범' 용의자와 공직 추방되었던 자들 가운데 정계와 재계, 그리고 언론계 등에서 현대 일본의 보수 정치를 이끌어 온 인물은 부지기수로 많이 있다.

| 도쿄재판의 문제점 |

도쿄재판의 문제점은 지금까지 역사학자들이 많은 지적을 해 오고 있다. 그 가운데 가장 중요한 문제점은 무엇보다도 '아시아 부재'의 재판이었다는 점이다. 일본은 침략전쟁에서 근린 아시아의 곳곳에서 민간인을 강제 연행하고 학살과 약탈, 학대를 일삼았지만, 이것을 모두 불문에 부쳤다. 만주의 하얼빈에 주둔한 731부대의 인체실험에 대한 만행도 도쿄재판에서는 다루지 않았다. 731부대는 병사들의 감염병 예방과 그것을 위한 위생적인 급수 체제를 연구한다는 명분으로 세균전에 사용하는 생화학 병기를 연구 개발하기 위해 인체실험과 생물병기를 사용했다. 이로 인하여 2만 명 이상의 감염자가 나왔지만, 관련자는 아무도 처벌받지 않았다. 일설에 의하면 731부대의 관련자들은 실험 데이터를 미국에 제공하는 조건으로 전범으로 기소되지 않았다고 한다.

또 한 가지 중요한 문제점은 앞서 지적했듯이 '인도에 대한 죄'를 불문에 부쳤다는 점이다. 이것은 독일에 대한 처벌과 비교하면 상당히 관대한 것이었다. 독일에서는 유대인에 대한 학살·박해·추방 등 '인도에 대한 죄'를 중시하여 177명이 기소되고 이 가운데 142명이 처벌을 받았지만, 일본에서 '인도에 대한 죄'로 처벌받은 자는 단 한 명도 없다. 단지 '평화에 대한 죄'로 'A급 전범' 25명에 대하여 유죄판결을 내리고, 1948년 12월 23일 7명에 대하여 형 집행을 했을 뿐이며, 이틀 후에는 크리스마스 특사로 기소되어 있던 나머지 'A급 전범' 19명을 석방하고 더 이상의 재판은 하지 않았다. 처음에는 군국주의자들을 응징하는 것을 중요한 목표로 삼았던 점령군이 동아시아의 냉전이 심화함에 따라 '역코스 정책'을 펼치면서 더 이상의 재판은 없다고 선언하고 전범들에게 면죄부를 준 것이다.

도쿄재판의 조기 종결에는 무엇보다도 미국의 의향이 크게 작용했다. 1948년 10월 7일 자의 미국 국가안전보장회의 문서(NSC13-2) '미국의 대일정책에 관한 권고'를 보면 일본에 대한 징벌을 포기하고 조기에 일본과 강화조약을 맺어야 한다고 되어 있다. 이로써 '역코스 정책(reverse course)'이 본격화되면서 과거의 군국주의자와 전범들이 면죄부를 받고 공직에 복귀하여 전후 일본 보수 정치의 기반을 만들고 이를 이끌어 온 것이다.

| 역코스 정책 |

패전 직후 일본은 국내 경제의 피폐로 사회주의 사상이 유행하고 노동운동이 고조되고 있었으며 주변국의 정세도 더욱 긴박하게 돌아가고 있었다. 1948년 한반도에서는 남북한에서 단독정부가 동시에 수립되었으며 중국에서는 국민당과 공산당의 내전에서 이윽고 1949년 10월 공산당의 승리로 중화인민공화국이 수립되었다.

이로 인하여 영국과 미국으로 대표되는 자유 민주주의 진영과 공산주의 진영을 대표하는 소련과의 대립으로 냉전이 심화하는 가운데 미국은 일본에서 공산당 세력이 확대하는 것을 우려하여 점령정책의 방향 전환을 꾀하기 시작했다. 중국이 공산화된 상황에서 만약 분단된 한반도가 적화되고 그것이 일본의 공산화로 이어져 동아시아 전체가 공산화된다면 미국으로는 동아시아에서의 주도권을 완전히 상실하게 되기 때문이다.

이에 따라 미국과 GHQ는 일본의 군국주의를 제거하고 민주화하겠다는 초기의 점령정책을 방향 전환하여 일본을 반공의 방파제로 만들기 위해 일본의 좌익세력과 공산주의자를 추방하기 시작했다. 동시에 군국주의자 등에 대한 공직 추방을 해제하여 이들을 공직에 복귀시키는 '역코스 정책'을 추진했다.

'역코스 정책'은 점령 초기의 민주화, 비군사화 정책에 역행하는 정치, 사회, 경제의 동향을 일컫는 말로 사용되고 있다. '역코스 정책'의 분기점은 한반도와 중국의 공산화가 우려되는 1948년을 경계로 하지만, 그 이전부터 조짐을 보이고 있었다. 예를 들면 특별고등경찰은 다시 공안경찰로 부활했으며, 노동조합 결성을 장려하던 GHQ가 1947년 2월 1일로 계획된 2·1 총파업에 대하여 중지 명령을 내리고 강압적으로 탄압한 것은, 이미 역코스 정책을 예고하는 것이나 마찬가지였다. 그리고 1948년에는 국가공무원의 파업을 금지하고 1949년에는 수도 도쿄에서의 데모를 규제하는 공안 조례를 시행했다.

또한, 1949년 잇달아 발생한 국철의 '3대 미스터리 사건'을 계기로 GHQ는 이것을 공산당의 테러 파괴 활동으로 간주하고 반공, 반노동 운동의 프로파간다로 이용하였다. 국철의 '3대 미스터리 사건'이란 일본 국유철도의 총재 시모야마 사다노리가 출근 도중에 실종되었다가 6일 후에 익사체로 발견된 시모야마 사건, 주오센 미타카역에서 무인 열차가 폭주하여 6명의 사망자와 20명의 부상자를 낸 미타카 사건, 그리고 마쓰가와역에서 열차가 탈선하여 3명의 사망자를 낸 마쓰가와 사건을 말한다. 세 가지 사건 모두 범인을 잡지 못하고 현재까지 미해결 사건으로 남아 있어 미스터리 사건이라고 하는데, 당시 GHQ는 이 사건을 공산당 탄압에 이용했다.

GHQ는 1950년 한국전쟁이 발발하자 공산당원에 대한 공직 추방을 본격적으로 개시했다. 이를 레드 퍼지(Red Purge)라고 한다. 'Red Purge'의 'red'는 우리말로 하면 공산주의자를 비하하는 표현인 '빨갱이'를 의미하고 'purge'는 숙청, 제거를 의미한다. 레드 퍼지로 일본 공산당원과 그 동조자 1만 명 이상이 공직 공무원이나 민간기업에서 추방당했다. 이 듬해 1951년에는 1946년부터 공직에서 추방된 군국주의자들이 추방 해제로 다시 공직에 복귀했다. 이때 'A급 전범' 용의자로 수감되었던 자들의 대부분이 다시 정치 일선에 복귀하여 전후 일본의 보수 정치를 이끌어 가는 데 주도적인 역할을 하게 된다.

결국, 미국의 역코스 정책은 일본의 지도층이 패전 후에도 과거의 침략전쟁을 반성하지 않는 반동적이고 역사에 역행하는 프로그램을 지속할 수 있는 발판을 제공해 주는 것이었다. 그런 점에서 점령군의 패전국 일본에 대한 개혁정책은 미완의 점령개혁으로 끝난 것이며, 그 잔재는 오늘날까지도 정리되지 않고 남아 있는 것이라고 할 수 있다.

| 일본의 재군비 |

미국은 1950년 한국전쟁 발발로 일본에 주둔하고 있던 연합군의 일부가 한반도로 이동하면서 생긴 안보의 공백을 메우기 위해 일본에 경찰예비대와 해상경비대를 창설하게 했다. 일본국헌법에 전쟁포기를 명시하고 무력 사용을 금지했던 미국이, 동아시아의 냉전이 심화하자 다시 일본에 재군비를 허용한 것이다. 이때 창설된 경찰예비대와 해상경비대는 오늘날 일본 자위대의 전신이다.

경찰예비대는 한국전쟁 발발 직후인 1950년 8월 10일 약 7만 5천 명의 규모로 창설되었다. 이 조직을 이끌어가기 위해서 과거 군국주의 시대에 군 지휘관이었던 사람들이 다시 현장에 복귀하게 되었다. 경찰예비대는 1952년 10월 보안대로 개칭되었고, 1954년 3월 미일상호방위원조

협정으로 일본이 자국의 방위력 증강에 대한 의무를 지면서 같은 해 6월 자위대법과 방위청설치법이 성립되었다. 이 법을 근거로 1954년 7월 자위대를 관리, 운영하는 방위청이 발족하고 보안대는 육상자위대, 해상자위대, 항공자위대로 편성되어 오늘에 이르고 있다. 발족 당시 자위대원의 총수는 약 20만 명이었다.

1954년 설치된 방위청은 2007년 방위성으로 승격했다. 그만큼 자위대의 군사적인 역할이 증대되었다는 것을 의미한다. 이에 따라 자위대원의 수와 예산도 증가했다. 1960년대 자위대의 예산은 세계 16위 정도의 수준이었지만 이후 계속 증가하여 2018년도의 예산은 약 5조 엔으로 세계 7위의 군사 대국이 되었다.

| 단독강화와 전면강화 |

냉전의 격화와 한국전쟁 발발을 계기로 미국과 소련의 관계가 악화하는 가운데, 미국은 일본을 반공의 방파제로 삼기 위해 일본과 연합국 간의 전쟁 상태를 종결하는 평화조약 체결을 서둘렀다. 이러한 국제정세를 배경으로 일본 국내에서는 연합국과의 강화조약을 둘러싸고 국론이 분열되었다. 주로 보수우파는 미국을 비롯한 자유주의 진영과의 단독강화와 동시에 미국과 군사동맹을 체결하고 일본을 공산주의 세력의 위협으로부터 지키기 위해서는 미군이 계속해서 일본에 주둔해야 한다고 주장하고 있었다.

한편 좌파 세력은 자유주의 국가와 공산주의 국가의 냉전 구조 속에서 중립을 지켜야 하며, 따라서 공산주의 국가인 소련, 중국과도 강화조약을 맺어야 한다는 이른바 전면강화를 주장했다. 일본공산당, 사회당,

노동자 농민당 등은 전면강화의 입장에서 단독강화는 공산주의 진영을 가상적국으로 한 미일 군사협정이라고 비판하면서 전면강화 애국운동협의회를 결성하여 단독강화 반대운동을 펼쳤다.

또한, 저명한 정치학자이자 도쿄대학 총장인 난바라 시게루(南原繁)를 비롯하여 철학, 법학, 역사학, 경제학 등에서 제각기 제1인자로 지칭되는 대표적인 지식인들이 전면강화를 지지하면서 1950년 4월 '평화문제간담회'를 결성하였다. '평화문제감담회'에서는 전쟁 반대, 군사기지 제공 반대, 학문과 사상의 자유 옹호 등을 골자로 하는 내용의 성명을 발표했다. 이것은 전후 일본 평화운동의 원점이라고 할 수 있을 정도로 중요한 의미가 있다.

장문에 걸쳐 단독강화의 비합리성을 조목조목 비판하고 있는 성명서의 요지를 보면 단독강화는 상호 대립하는 두 진영의 한쪽에 일본을 편입시켜 그것과의 결합을 강화하는 반면 다른 쪽과의 사이에 여전히 전쟁 상태를 남기는 데 그치지 않고 나아가 이들과의 사이에 불행한 적대 관계를 낳고 세계적인 대립을 격화시키게 될 것이라고 하였다.

이들의 전면강화를 주장하는 노력에도 불구하고 현실은 다른 방향으로 갔다. 1951년 9월 샌프란시스코에서 체결된 대일평화조약은 공산주의 진영을 제외한 자유주의 진영과의 사이에 단독강화로 이루어졌다. 그리고 대일평화조약 직후 미국과 일본과의 사이에 체결된 미일안전보장조약은 일종의 군사동맹으로 이때부터 미군에 제공된 기지는 지금까지도 존재하고 있다.

| 대일평화조약 |

대일평화조약은 1951년 9월 4일부터 8일에 걸쳐 미국을 비롯한 연합국과 일본 사이에 전쟁 상태를 종결하기 위해 샌프란시스코에서 체결된 평화조약을 말하며 일명 샌프란시스코 강화조약이라고도 한다. 당시 한국전쟁이 치열하게 전개되고 있는 와중에서 일본과의 강화는 자유주의 진영과 공산주의 진영과의 사이에 주도권을 둘러싼 문제와도 직결되는 것이었다. 강화회의에 일본은 수석 전권으로 요시다 시게루 수상을 비롯하여 6명이 참석했다. 애초에는 초당파 전권단을 구성하기 위해 사회당에도 참가를 요구했지만, 사회당은 전면강화를 주장했기 때문에 불참했다.

샌프란시스코 강화회의에는 공산주의 진영의 국가도 포함하여 52개국이 참가했지만, 소련·체코·폴란드의 3개국은 조인을 거부했다. 결국, 이들 3개국을 제외한 49개국이 평화조약에 조인했으며 이로써 조약을 비준한 연합국은 일본과 국교를 회복하고 일본의 주권을 승인했다. 국제법상으로 1952년 4월 28일 평화조약이 발효하면서 연합국의 점령통치가 완전히 종결하고 일본은 주권을 회복하게 되었다.

강화조약의 내용 가운데 일본은 한반도의 독립 및 조선에 대한 권리를 포기한다는 것이 명시되어 있지만, 여기에 독도에 관한 내용이 빠진 것이 지금까지 영토분쟁의 불씨를 낳는 결과를 가져왔다. 당시 한국의 이승만 대통령은 한국도 샌프란시스코 강화회의에 참석할 자격이 있다고 미국에 호소했지만, 영국과 미국은 대한제국은 일본에 병합되었고 대한민국 임시정부를 승인한 국가가 없다는 점, 그리고 일본과 교전국이 아니었다는 점을 이유로 초청에서 제외되었다.

이 밖에 일본은 대만과 팽호 제도(중국과 대만 사이의 섬)에 대한 권리 포기, 치시마 열도와 가라후토의 권리 포기(치시마 열도는 국제지리 표기상으로

샌프란시스코 강화조약에 의한 일본 영토의 조정

쿠릴 열도, 가라후토는 사할린), 남양 제도의 권리를 포기하고 오키나와 제도, 아마미 제도(규슈 남단), 오가사와라 제도(태평양)에 대한 미국의 시정권을 승인했다. 이 섬들은 냉전 하에서 미국의 군사기지로 이용하기 위해 1970년대 전반까지 미국이 통치하고 있었다.

특히 오키나와는 강화조약이 발효하여 일본이 주권을 회복한 1952년 4월 28일 이후에도 1972년까지 20년간 미군이 통치하고 있었다. 따라서 오키나와에서는 4월 28일을 '주권 회복의 날'이 아니라 '굴욕의 날'로 기억하고 있다. 오키나와는 1972년 본토로 복귀했지만 미군 기지가 여전히 존재하고 있는 한 오키나와 문제는 해결되지 않고 있다고 보아야 한다.

위 지도에서 마름모는 강화조약으로 일본이 권리, 청구권 등을 포기한 제2차 세계대전 전의 영토와 통치지역을 표시한 것이다. 위의 왼쪽부터 보면 조선, 남사할린, 쿠릴 열도, 그리고 아래에는 대만, 남사 제도와 남양 제도가 있다.

별표는 제2차 세계대전 이후 일시적으로 미국의 통치권에 있다가 일본으로 복귀한 지역이다. 왼쪽의 오키나와는 1972년에 복귀했으며, 중간의 아마미 제도는 1953년, 오른쪽의 오가사와라 제도는 1968년에 복귀했다.

동그라미는 일본 정부가 고유영토라고 주장하고 있지만, 영토분쟁이 남아 있는 지역이다. 중국과의 사이에 센카쿠 제도, 한국과의 사이에 독도, 그리고 러시아와의 사이에 북방영토(4개의 섬)가 있다.

| 냉전 하의 미일안전보장조약 |

미일안전보장조약은 냉전에 의한 동서 진영의 대립 격화와 한국전쟁 발발을 계기로 일본의 안전보장과 동아시아의 반공을 위해 미군이 일본에 주둔하는 것을 정한 미일 양국 간의 조약을 말한다. 미일안전보장조약에서는 일본이 주권을 회복한 후에도 미군이 일본에 주둔하면서 극동에서의 안전보장을 유지하는 데 합의를 보았다.

그런데 이 조약은 조약의 기한을 정하지 않고 일본 국내에서의 내란에 대한 대응은 언급하고 있지만, 미국의 일본에 대한 방위 의무가 명시되어 있지 않아 일본에는 불리한 조약이었다. 이에 따라 안보조약 개정에 관한 논의가 제기되어 1959년 당시 수상 기시 노부스케와 미국의 아이젠하워 대통령과의 사이에 미국의 방위 의무를 명시하고 내란 조항을 삭제한 신미일안전보장조약을 체결했다. 1959년 체결한 신안보조약은 10년을 기한으로 하고 그 후에는 10년마다 자동으로 갱신하도록 개정되었다.

이에 대하여 전면강화를 주장하던 좌파 세력은 미일 간의 개정 안전보장조약에 대하여 일본이 미국의 전쟁에 휘말리게 된다고 하여 이를 반대하는 정치운동을 격렬하게 전개했다. 이것을 일본에서는 안보 투쟁이라고 한다. 안보 투쟁은 현대 일본의 정치운동에서 커다란 분수령을 이루는 것으로 매우 중요한 의미가 있다.

당시 일본은 방위력이 거의 공백 상태에 있었고 독자적인 방위력을 확보하기 위해서는 시간적인 유예가 필요했다. 따라서 일본 정부는 국력을 회복할 때까지 당분간 국방의 문제는 미국에 의지하여 국방에 대한 경제적인 부담을 최소화하고 국력을 경제부흥에 집중하는 방침을 세웠기 때문에 미국과 안전보장조약을 맺은 것이다.

안보조약 이후 일본은 한국전쟁 특수로 호경기를 누리면서 주요 경제지표가 전전의 수준을 회복하게 된다. 1956년 경제백서에서 '이미 전후가 아니다'라고 한 것은 이제는 전쟁의 폐허에서 완전히 벗어났다는 것을 선언한 것이었다. 이후 일본은 70년대까지 매년 경제성장 지수가 두 자릿수 이상을 상회하는 고도 경제성장으로 이행하게 된다.

자민당은 1950년대 후반 경제적으로 부흥이 이루어지고 고도성장으로 진입하는 상황을 배경으로 미국과의 사이에 새로운 안전보장조약을 체결하려 했고, 이에 대하여 사회당을 비롯한 좌파 세력이 반대하여 격렬한 안보 투쟁이 전개된 것이다.

| 냉전 시대의 한일관계와 역사 인식 |

일본은 냉전체제의 최대 수혜자라고 할 수 있는 반면, 한국은 냉전체제의 최대 피해자였다. 냉전체제는 일본의 보수 정권이 과거의 역사에 대하여 진지하게 반성하지 않고 미국의 파트너(반공의 방파제)로서 국가안보를 미국에 맡기고 경제성장에 몰두하여 경제 대국으로 성장할 수 있게 만든 반면, 분단국가 한국은 냉전체제로 인하여 '반공'을 구실로 1980년대까지 장기간에 걸친 군사 독재체제를 유지할 수 있게 만들었다.

냉전 시대에 한국의 군사정권과 일본의 자민당 보수 정권은 '반공'이라는 공동의 목표를 공유하고 있었고, 분단국가이자 후진국인 한국으로서는 미국과 일본의 압도적인 영향 아래서 경제적으로 의존하지 않을 수 없는 상황에 있었다. 그렇기에 한국에서는 군사독재 하에서 일본의 식민지 지배에 대한 책임 문제나 강제 징용공, 일본군 위안부 등과 같은 역사의 상흔에 대한 국민 개개인의 불만이나 비판의 목소리가 봉인되고 있었다.

이러한 냉전체제의 규정성은 결국 1989년 냉전체제가 붕괴하고 한국이 민주화되는 1990년대부터 이제까지 봉인됐던 개개인 피해자의 목소리가 분출되면서 한국과 일본 사이에 역사 인식 문제를 둘러싼 갈등이 표면화되기 시작했다. 다시 말하자면 오늘날 한일관계의 갈등에 중요한 불씨가 되는 강제 징용공 문제와 일본군 위안부 문제는 냉전체제가 붕괴한 이후 비로소 표면화된 문제이며 냉전 시대에는 오랫동안 봉인되어 온 것이다.

그리고 강제 징용공이나 일본군 위안부 문제와 같은 역사의 상흔에 대하여 가해자였던 일본이 진지하게 반성하지 않는 근원적 요인은 점령기에 냉전의 심화로 인하여 일본의 침략전쟁에 대한 응징이 미완으로 종결되었기 때문이라고 할 수 있다. 그런 점에서 냉전체제 하에서 일본을 동아시아 정책의 중요한 동맹국으로 부활시킨 미국의 역할은 결과적으로 근린 아시아에 대한 일본의 침략 책임을 은폐하고 동시에 일본의 아시아에 대한 우월감을 구조적으로 유지하게 만드는 것이었다. 나아가 1952년 점령통치가 끝난 후 새롭게 구축되는 미국과 일본의 긴밀한 동맹 관계는 냉전 구도 하에서 역사의 기억을 망각시키는 데도 큰 영향을 미쳤다.

냉전체제의 붕괴와 역사 인식의 충돌

　제2차 세계대전 종결 후 반세기에 걸쳐 진행된 냉전체제는 일본의 과거사에 대한 반성을 가로막는 장애물로 기능했다. 일본의 침략과 식민지 지배, 그리고 점령 지배를 받았던 동아시아와 동남아시아 국가들은 모두 군사독재 체제와 전제적인 강권 체제하에서 일본과의 사이에 배상과 차관의 형태로 강화를 맺으면서 개인의 보상은 애초부터 차단되었다. 특히 일본의 식민지 지배를 경험한 한국은 서방 진영의 일원으로서, 공산권에 대항하기 위한 최전선으로서 한일기본조약(1965)을 체결하여 '전후 보상' 문제를 사실상 종결하면서 피해자들의 목소리는 오랫동안 봉인되었다. 더구나 안보상 최대의 적인 북한과 대치하는 가운데 같은 자유주의 진영의 일본과 협력관계를 구축할 필요가 있었다.

　그러나 냉전이 종결된 이후 한국의 북방외교로 국제적인 교류 범위가 비약적으로 증대하면서 일본과의 대립을 회피해야 할 전제 조건이 사라졌으며, 역사문제를 둘러싼 개개인의 대일 비판을 억제할 필요성도 소멸하였다. 이에 따라 1965년 한일 간의 청구권 협정으로 해결되었다고 하는 보상 문제에 대하여 개인의 보상과 권리 회복을 요구하는 목소리가 분출하기 시작했다. 1991년 고 김학순 할머니로 대표되는 일본군 '위안부' 희생자들이 직접 목소리를 내기 시작한 것은 그 전형적인 예이다. 이에 따라 1980년대의 역사 교과서 문제와 야스쿠니 신사 문제에 더하여 일본군 '위안부' 문제가 새로운 쟁점으로 떠올랐다.

한국을 비롯한 근린 아시아의 대일 비판에 대응하여 일본에서도 새로운 상황이 출현했다. 주로 진보적인 역사학자들의 노력으로 침략전쟁의 가해 책임에 관한 실증적인 연구 성과가 축적되었으며, 전쟁 책임과 식민지 지배의 책임, 그리고 일본군 '위안부' 등에 대한 논의가 새로운 수준에서 전개되었다. 이에 따라 일본의 중고교 역사 교과서에도 일본의 침략전쟁과 일본군 '위안부'에 관한 기술이 실리게 되었다.

1993년에는 자민당 단독정권이 무너지고 연립정권의 수상으로 취임한 호소카와 모리히로(細川護熙)가 첫 기자회견에서 과거의 전쟁에 관한 기자들의 질문에 대하여 '침략전쟁', '잘못된 전쟁'이라고 발언하여 일본 내에서 논란이 되었다. 1995년에는 무라야마 도미이치(村山富市) 수상이 '전후 50년 담화'를 통해서 침략전쟁과 식민지 지배에 대하여 불충분하나마 '사죄'와 '반성'을 표명했다. 이렇게 일본 정부의 자세가 바뀐 배경에는 1990년대 이후 아시아 시장의 중요성이 증대한 시점에서 아시아의 비판과 반발을 계속해서 무시할 수 없게 되었다는 측면도 있었다.

한편, 이러한 상황에 반발하여 일본의 보수우파들은 역사의 흐름을 역행하는 움직임을 보이기 시작했다. 일본의 침략전쟁을 부정하고 한국 병합을 정당화하며 일본군 '위안부'에 대한 국가의 책임을 부정하는 각료들의 '망언'이 빈번하게 표출된 것도 이때부터였다. 한국과 중국의 대일 비판에 대하여 사과하고 양보하는 일본 정부의 태도는 보수우파들에게 연약 외교라는 비판을 받았고, 이에 대한 반발로 '망언'이라는 형태의 왜곡된 역사 인식이 공적인 장을 통해서 빈번하게 표출된 것이다. 일본의 식민지 지배를 정당화하고 과거의 침략전쟁을 부정하는 '역사 수정주의'로 불리는 새로운 국가주의 운동도 이러한 상황에 반발하여 대두했다. 한국과 중국의 비판과 일본 정부의 사죄, 그리고 이에 대한 일본 보수우파들의 반발이라는 연쇄가 되풀이되기 시작한 것이다.

일본에서 역사 수정주의가 대두하고 그것이 대중 속으로 확산하는 배경에는 일본이 안고 있는 또 다른 시대적인 위기 상황이 있었다. 1990년대에 들어오면서 일본은 정치적인 혼란, 교육의 황폐, 청소년 흉악범죄의 증가, 한신 대지진과 옴진리교 사건에서 드러난 위기관리 시스템의 결여, 장기적인 경기침체 등으로 인하여 전에 없는 위기에 직면하게 되었다.

이에 더하여 대외적으로는 1991년의 걸프 전쟁에서 130억 달러라는 막대한 군비를 지출하면서도 국제사회로부터 군사적인 공헌을 하지 못했다는 비난을 감수해야 할 정도로 냉전 후의 국제정세에 능동적으로 대응하지 못했다. 역사 수정주의는 이러한 내외의 정세변화를 '망국의 위기'로 받아들이고, '아름다운 일본의 전통'을 지키고 '국가에 대한 긍지'를 가질 수 있는 '새로운 국가와 국민 만들기'를 주장하면서 국가주의적인 역사관의 확립을 위해 국민적인 운동을 전개하기 시작했다.

1990년대 후반부터 역사 수정주의의 등장에 보조를 맞추어 일본 정부의 국가주의적인 행보도 진행되었다. 1999년 일본 정부는 침략전쟁과 식민지 지배의 기억이 각인된 '히노마루'와 '기미가요'를 국기와 국가로 규정하는 '국기국가법'을 통과시켜 국민통합과 애국심 강화를 꾀했다. 2001년에는 보수우파 단체 '새로운 역사 교과서를 만드는 모임'의 『새로운 역사 교과서』와 『새로운 공민 교과서』가 문부과학성의 검정을 통과하여 한국과 중국으로부터 격렬한 항의와 비판을 불러일으켰다. 또한

2001년 취임한 고이즈미 준이치로(小泉純一郎) 수상은 2006년까지 내외의 반대를 무릅쓰고 매년 야스쿠니 신사 참배를 강행하여 한일관계와 중일 관계를 극도로 냉각시키는 일도 주저하지 않았다. 패전 후 반세기 동안이나 냉전체제의 최대 수혜자로서 경제성장을 이룩해 온 일본은 냉전 붕괴 이후 급변하는 내외정세의 변화에 능동적으로 대응하지 못하고 결국은 국가주의적인 요소 속에서 돌파구를 찾으려 한 것이다.

1990년대 이래 등장한 역사 수정주의는 '아름다운 나라 일본'을 지키고 '긍지를 가질 수 있는 국가 만들기'를 위해 종래의 역사 교과서를 '자학사관'이라고 공격하고 일본인으로서의 자부심을 회복해야 한다고 주장한다. 일본인의 민족적 긍지와 명예를 강조하면서 국민통합을 강화하고 대국화를 지향하는 역사 수정주의자들의 입장에서 일본이 침략 국가, 나아가 성범죄국가로 지목된다는 것은 국가의 이미지에 치명적인 상처를 입히는 끔찍한 일이 아닐 수 없다. 따라서 명예롭고 순수한 일본의 정체성을 구축하려는 이들의 시도는 당연히 '위안부'를 비롯하여 전쟁 책임이나 전쟁범죄와 관련되는 모든 사실을 부정하고 심지어는 이를 날조된 것이라고 강변하는 것이다. 역사 수정주의자들이 부정론을 취하는 세 가지의 전쟁범죄는 일본군 '위안부', 난징대학살, 그리고 731부대이지만, 이 밖에도 일본 근현대사에서 일본의 전쟁 책임이나 전쟁범죄와 관련되는 모든 부분에 대하여 이를 적극적으로 부정하거나 축소, 은폐하는 데 전력을 다하고 있다. 이들의 운동으로 1990년대 중고교 교과서에 실렸던 일본군 '위안부'에 관한 기술이 대부분 모습을 감추어 버렸다.

또한 냉전체제 붕괴 이후 국제정세의 급격한 변화는 일본의 대국화를 지향하는 보수우파들의 목소리에 힘을 실어주는 계기가 되어 '전쟁 포기'를 규정한 일본국헌법의 개정 논의가 더욱 활발해졌다. 물론 북한의 핵미사일 시험 발사와 일본인 납치 문제도 그 중요한 요인의 하나가 되었다. 이러한 국제적 요인을 배경으로 일본의 보수우파는 패전 후 새롭게 제정된 헌법은 미국의 강요로 만들어진 것이기 때문에 일본인의 정신과 의지가 담겨 있지 않으며, 전후의 교육도 이러한 헌법의 틀 속에서 이루어진 것이기 때문에 근본적인 문제가 있다고 본다. 따라서 일본인의 국가 의지와 '주권'을 되찾기 위해서도 개헌이 필요하다는 것이다. 그들은 이미 경제력만으로는 국제사회에서 강대국으로 인정받지 못한다는 것을 걸프전을 통해서 절실하게 깨달았다. 따라서 헌법 9조에 명시된 '전쟁 포기' 조항을 고치고 자위대의 군사적인 행동이 해외에서도 가능할 수 있도록 하기 위해서는 개헌이 필요하다는 것이다. 현재 일본의 역사 수정주의는 전후의 냉전체제 속에서 식민지 지배와 침략전쟁의 책임을 지속해서 부정해 온 보수우파의 본심과, 냉전체제 붕괴 이후의 새로운 국제질서 속에서 '전쟁을 할 수 있는 국가 만들기'를 지향하는 보수 세력의 의향이 결합하여 대두한 것이라 할 수 있다.

2010년 8월 10일에는 일본 민주당 정권의 칸 나오토(菅直人) 수상이 일본의 한국 강제병합 100년을 맞이하여 조선인의 의사에 반하여 단행된 식민지 지배에 대하여 '사죄'를 표명하는 담화를 발표했지만, 보수우파 세력은 '사죄 담화'의 철회를 요구하는 성명을 발표했다. 그리고 2012년 출범한 자민당의 아베 신조(安倍晋三) 수상은 '사죄 담화'를 무력화하고 야스쿠니 신사에 참배했으며, 자위대를 해외에 파병할 수 있도록 하기 위한 헌법 개정을 추진했다.

이에 대하여 일본의 침략전쟁과 식민지 지배에서의 가해 책임을 분명히 해야 한다는 진보적 지식인과 시민단체는 역사 수정주의의 국가주의적인 동향에 대하여 일본과 주변 국가들 사이에 또다시 단절이 생기게 된다는 점에 심각한 우려를 표명하면서 끈질기게 대항하고 있다. 그들은 역사 수정주의가 추구하는 자민족 중심적인 국가나 사회와는 다른, 타자와 공존·공생할 수 있는 국가상과 사회상을 제시하고 호소하는 운동을 전개하고 있다. 그런 점에서 일본에서의 역사 인식의 충돌은 동아시아의 역사 인식 갈등의 문제에 그치지 않고 향후 일본의 국가와 사회의 진로를 크게 좌우하는 중요한 문제라고 할 수 있다.

참고문헌

국내서

강동진, 『일본근대사』, 한길사, 1991
구태훈, 『일본근대사』, 재팬리서치21, 2017
구태훈, 『일본 근세・근현대사』, 재팬리서치21, 2008
국사편찬위원회 엮음, 『우리 역사 길라잡이 1・2』, 교학사, 2008
김희영, 『이야기 일본사』, 청아출판사, 2013
동북아역사재단편, 『동아시아사 입문』, 동북아역사재단, 2020
박영준, 『제국 일본의 전쟁 1869~1945』, 사회평론아카데미, 2020
박진우, 『근대일본 형성기의 국가와 민중』, 제이엔씨, 2003
박진우, 『메이지 천황』, 살림, 2019
박훈, 『메이지유신을 설계한 최후의 사무라이들』, 21세기 북스, 2020
방광석, 『근대일본의 국가체제 확립과정』, 혜안, 2008
유용태 외, 『함께 읽는 동아시아 근현대사 개정판』, 창비, 2016
일본사학회, 『아틀라스 일본사』, 사계절, 2011
이영・서민교, 『일본 근세 근현대사』, 한국방통대출판문화원, 2017
정혜선, 『일본사 다이제스트 100』, 가람기획, 2011
최승표, 『메이지 이야기』, BG북갤러리, 2015
하종문, 『일본사 여행』, 역사비평사, 2014
함동주, 『천황제 근대국가의 탄생』, 창비, 2009

번역서

가와이 아쓰시/원지연 옮김, 『하룻밤에 읽는 일본사』, 알에이치코리아, 2020
가토 요코/김영숙 옮김, 『만주사변에서 중일전쟁으로』, 어문학사, 2014

가토 요코/윤현명 외 옮김, 『그럼에도 일본은 전쟁을 선택했다』, 2018
나리타 류이치/이규수 옮김, 『다이쇼데모크라시』, 어문학사, 2012
다카하시 데츠야/이규수 옮김, 『일본의 전후 책임을 묻는다』, 역사비평사, 2000
도널드 킨/김유동 옮김, 『메이지라는 시대 1・2』, 서커스, 2018
마리우스 잰슨/김우영 외 옮김, 『현대 일본을 찾아서 1・2』, 이산, 2006
앤드루 고든/김우영 옮김, 『현대일본의 역사』, 이산, 2005
아르고 인문사회연구소 편역, 『태평양전쟁사 2 광기와 망상의 폭주』, 채륜, 2019
아메미야 쇼이치/유지아 옮김, 『점령과 개혁』, 어문학사, 2012
아사오 나오히로/이계황 옮김, 『새로쓴 일본사』, 창비, 2003
야마다 아키라/윤현명 옮김, 『일본 군비확장의 역사』, 어문학사, 2014
요시다 유다카/최혜주 옮김, 『아시아태평양전쟁』, 어문학사, 2012
윤건차/박진우 외 옮김, 『교착된 사상의 현대사』, 창비, 2009
이로가와 다이기치/박진우 옮김, 『메이지의 문화』, 2015
이에나가 사부로/현명철 옮김, 『전쟁책임』, 논형, 2005
이와나미신서 편집부/서민교 옮김, 『일본근현대사를 어떻게 볼 것인가』, 어문학사, 2014
일본역사교육자협의회/송완범 외 옮김, 『동아시아 역사와 일본』, 동아시아, 2005
존 다우어/최은석 옮김, 『패배를 껴안고-제2차 세계 대전 후의 일본과 일본인』, 민음사, 2009
피터 두우스/김용덕 옮김, 『일본근대사』, 지식산업사, 1992
하라다 게이지/최석완 옮김, 『청일 러일전쟁』, 어문학사, 2014
허버트 빅스/오현숙 옮김, 『히로히토 평전』, 삼인, 2010
W.G. 비즐리/장인성 옮김, 『일본 근현대사』, 을유문화사, 2004

한국인이라면 반드시 알아야 할
일본 근대 100년사
대일본제국의 등장과 몰락의 역사

1판 1쇄 찍은날 2023년 10월 6일
1판 2쇄 펴낸날 2024년 5월 24일

지은이 박진우
펴낸이 정종호
펴낸곳 ㈜청어람미디어

마케팅 강유은
제작 · 관리 정수진
인쇄 ㈜프린탑

등록 1998년 12월 8일 제22-1469호
주소 04045 서울 마포구 양화로 56(서교동, 동양한강트레벨), 1122호
이메일 chungaram@naver.com
전화 02) 3143-4006~8
팩스 02) 3143-4003

ISBN 979-11-5871-212-9 03910